행정통계학개론

박 주 문

도서출판 대영문화사

머리말

많은 통계학 교재들이 시중에 나와 있지만 통계이론을 설명하면서 행정학 분야에서의 응용을 쉽게 적용해 다루고 있는 교재는 발견하기 쉽지 않다. 이러한 점을 감안하여 저자가 15여 년간 학부 및 대학원에서 학생들을 강의해 오면서 통계학의 중요한 개념과 원리를 어떻게 하면 학생들이 쉽게 이해할 수 있을까에 대해 나름대로 생각하고 행정통계학을 쓰게 되었다.

이 책은 통계학의 기초가 없는 학생이나 통계학을 공부한 경험이 있더라도 어렵다고 생각하는 학생을 대상으로 통계학에 대한 이해를 좀 더 쉽게 할 목적으로 쓰였다. 또한 행정통계학을 배운 학생이라 할지라도 실제 연구에서 전혀 활용하지 못한다는 안타까운 현실을 감안하여 이론과 실제 적용이 이 책을 통해 연계될 수 있도록 했다.

행정통계학은 통계학에 그 뿌리를 두고 사회 현상, 특히 행정 현상에 대해 통계학적 방법을 도입하여 파악하고 기술·정리하며, 나아가 현상의 변화를 확률론을 기초로 하여 추론하는 학문이다. 이러한 점에서 이 책은 통계학의 큰 흐름에 따라 기술통계학을 설명하고, 다음으로 확률론을, 그리고 마지막으로 추론통계학을 기술하고 있다.

이 책의 내용을 살펴보면, 1장에서는 통계학의 의의를 알아보고 행정통계학의 개념과 영역을 소개하고 있다. 2장에서 3장까지는 자료를 수집하여 정리 · 기술하는 방법인 기술통계학을 기술하고 있다. 4장에서 6장까지는 확률의 기본 개념과 행정 분야에서 많이 활용되고 있는 이항분포, 푸아송분포, 정규분포 등 주요 확률분포에 대해 소개하고 있다. 7장에서는 모집단으로부터의 표본추출 과정을 소개하고, 표본추출 방법과 표본분포에 대해 설명하고 있다. 8장에서 12장까지는 추정, 가설검정, 분산분석, 상관분석과 단순회귀분석, 그리고 다중회귀분석 등 추론통계학을 다루고 있다.

이 책이 나오기까지 여러분의 조언과 격려가 있었다. 먼저 저자에게 학문의 깊이를 더해 주신 텍사스주립대학교의 Aday 교수님과 Charles 교수님 그리고 듀크대학교 인구연구소의 동료 연구원들에게 고마움을 전하고 싶다. 또한 강의 시간마다 완성된 교재가 아닌 조악한 강의 노트로 수업을 받았던 학생들도 이 책이 세상에 나오게 된 동기가 되었다. 그리고 이 책의 출판을 흔쾌히 수락해 주신 대영문화사 임춘환 사장님께도 감사를 드린다. 끝으로 저자에게 이 책을 마무리할 수 있도록 늘 관심과 애정을 아끼지 않은 아내와 딸 초의, 지민 그리고 벗들에게도 고마움을 전한다.

2010년 2월

저자 박주문

차 례

제 1 장 행정통계학의 본질

현대 사회는 정보화사회 또는 지식기반사회로서 현실 생활에 필요한 정보를 얻기 위해 많은 시간과 비용이 들게 된다. 이는 어떤 문제 해결를 위한 합리적인 의사결정을 내리기 위해 정보의 획득이 필수적이기 때문이다.

오늘날과 같이 불확실성이 높은 시대에는 정보의 가치가 점차 증가할 수밖에 없어 정보를 많이 소유하고 있는 사람들은 그렇지 못한 사람들에 비해 정확한 판단을 내릴 가능성이 더 높기 때문에 의사결정을 내려야 할 입장에 있는 사람들은 정보를 획득하기 위해 많은 노력을 하게 된다.

그러나 문제는 이러한 정보에 입각한 의사결정을 할 때 결과가 좋을 것이냐 하는 것이다. 정확하게 수집된 자료에 입각한 의사결정은 더 나은 결과를 가져올 것이다. 미래의 불확실성으로 말미암아 오늘 내리게 되는 의사결정은 어렵고 확신이 없게 된다. 따라서 좀 더 확신이 있고 합리적인 의사결정을 하기 위해 필요한 정보와 자료를 수집하고 정리하려는 노력이 나타나게 된다.

우리는 수많은 정보 속에서 살고 있다고 할 정도로 매일 정보의 홍수 속에 젖어 살고 있지만, 실제로 우리가 접하는 것들은 정보라고 하기보다는 자료인 경우가 많다. 가치 있는 정보는 자료를 정리하고 분석해 얻게 된다. 자료를 다듬어서 가치 있는 정보를 만들어 내는 기술 중에서 가장 과학적인 방법이 통계학이다. 즉, 불확실한 상황에서 합리적인 의사결정을 할 수 있도록 돕는 도구가 통계학인 것이다. 정부나 산업체, 병원, 교육기관 등에서 의사결정을 할 때 또는 행정학, 경제학, 정치학, 심리학, 경영학, 교육학, 의학, 농학, 토목학 등 모든 학문 분야에서 연구하는 사람들도 인간 행태와 같은 불확실한 요인에 관한 결정을 내리기 위해서는 그 기초로서 통계자료가 필요하다.

이 장에서는 통계학의 본질적 특성을 개념 위주로 설명한다. 통계학은 어떤 학문이고, 어떤 종류가 있으며, 행정통계학은 무엇인지 그 정의를 내리고, 통계학이 행정학 연구에서 이용되는 분야에 대해 알아보기로 한다.

제 1 절 통계학의 의의

통계란 무엇이며 통계학이란 어떤 학문인가? 인간 생활에서 통계는 많은 영향을 주고 있다. 공무원이 행정 업무를 수행하면서도 여러 가지 형태의 통계를 이용하고 있으며, 통계에 대한 명확한 의미를 모르고 막연하게 단순한 수치로만 생각하는 사람들도 많은 것 같다.

통계라는 말의 의미는 다양하다. 즉, 체계적으로 수집된 통계자료나 통계수치, 자료를 수집하고 분석하는 방법론을 다루는 학문으로서의 통계학, 그리고 표본으로부터 산출된 값을 의미하는 통계량 등이 있다. 그러나 통상적으로 통계라고 하면 수치화된 통계자료를 의미하고, '행정의 과학화를 위해 계획의 수립과 평가는 통계에 입각해야 한다'고 할 때의 통계가 이에 해당한다.

통계학은 일정한 수의 표본을 기초로 특정 현상을 추정하기 위한 학문이다. 통계학의 어원은 라틴어 'status'에서 유래되었다고 한다. status는 영어의 'state'와 동일한 의미의 단어인데, state가 가지고 있는 뜻은 국가, 상태, 기술 등이다. 따라서 통계학은 state의 뜻을 모두 합하여 '국가와 같은 집단의 상태를 기술하는 학문'이라고 정의내릴 수 있다. 그러므로 통계학은 국가와 같은 집단을 연구 대상으로 하고, 연구 대상의 특성에 관한 자료를 수집, 정리, 분석, 해석함으로써 예상되는 일이나 미래의 불확실성 속에서 추측하고 예측하는 방법론을 제시하는 학문이다.

학문으로서 통계학은 수리통계학과 응용통계학으로 나뉜다. 전자는 추정을 위한 통계 방법을 개발하는 분야이며, 후자는 행정학, 경제학, 정치학, 심리학, 보건학과 같은 특정 학문 분야에 수리통계 방법을 적용하는 분야이다. 또 통계학을 다루는 분야에 따라 기술통계학과 추론통계학으로 분류할 수 있다. 기술통계학은 통계집단에 대해 그 구조나 특성을 파악하여 기술하는 방법을 논하는 것으로 평균, 분포론, 상관분석, 회귀분석, 시계열분석, 지수론 등이 여기에 해당한다. 예를 들면 행정학과 신입생 1,000명의 신장을 측정했다면 그 1,000개의 신장 측정값, 즉 원자료(raw data)를 그대로 놓고는 전체를 파악할 수 없으므로 이것들을 표나 그림을 사용해서 표현하고, 자료를 요약하여 중심경향성이나 산포도와 같은 자료의 전반적 특성을 수량화해서 나타내는 방법을 다루는 분야가 기술통계학이다.

그러나 추론통계학은 모집단에 대한 지식을 이끌어 내기 위해 아직 알려지지 않은 사실에 대한 추론을 하는 분야이다. 관찰에 의해 얻은 자료는 관찰한 표본에 대해서만 타당한 것에 그치지 않고 모집단에 대한 지식을 이끌어 내기 위한 자료가 되는 것이다. 이와 관련된 추리 내지 추론적 분석을 취급하는 것을 추론통계학이라 한다. 표본분포론, 모수의 추정, 가설검정 등이 포함되는데, 확률론이 이의 기초가 된다.

제 2 절 행정통계학의 개념과 영역

앞에서 우리는 통계학을 크게 수리통계학과 응용통계학으로 분류함을 알았다. 이제 응용통계학의 한 분야인 행정통계학에 대한 정의를 내려야 할 때이다. 행정통계학은 수리통계학에서 개발한 통계 방법을 행정의 각 분야나 정책학에 적용하는 응용통계학이다. 따라서 행정통계학은 행정학이나 정책학 분야에서 다루는 여러 현상에 대해 기술통계학이나 추론통계학적 방법을 도입하여 그 현상들의 일반성이나 법칙성을 파악하며, 그 현상을 기술·정리하여 표현하고, 나아가 현상의 변화를 확률론을 기초로 하여 추론하는 학문이다.

통계는 집단의 사실을 숫자로 확인해 주는 것인데, 아울러 확인된 사실이 어떠한 원인에 의한 것인가를 규명하고, 이러한 집단에 대한 일정한 법칙을 찾아낼 수 있게 한다. 따라서 통계는 합리적이고 효율적인 의사결정을 위해 개인, 국가에 불가결한 역할을 하고 있는데, 역시 중요한 것은 정부에 의한 이용이다. 통계를 생산하고 이용하는 개인 또는 집단은 크게 개인, 정부, 그리고 국제기관으로 구분할 수 있는데, 어느 국가에서나 통계의 가장 큰 생산자나 이용자는 정부이다. 정부가 통계를 생산하는 이유는 첫째는 정부 스스로가 정보의 이용자로서 행정, 정책결정, 계획 수립에 사용하며, 둘째는 국가의 현상에 관해 국민에게 알리기 위해 생산한다. 통계는 처음 국가가 조세의 징수나 징병의 기초자료로서 인구, 농산물의 생산량에 관한 통계를 작성하게 된 데서 시작되었으나 국가행정의 요구에 따라 크게 발전되어 왔다.

정부에 의한 통계의 이용을 살펴보면, 첫째로 행정 업무의 수행을 위해, 계획 수립에 필요한 지식의 체계로서 또한 행정 업무 실태 파악의 지표로서 통계가 이용되고 있다. 예를 들면 지역별 질병에 관한 정기적인 보고자료는 방역 및 보건의료 서비스가 필요한 지역을 선정하는 기준이 되고, 월별 물가 동향, 산업활동 동향에 관한 자료는 물가, 고용, 소비, 생산, 투자 등에 관한 주요 경제지표로서 경기 동향에 대응하는 적절한 대책을 세우는 데 유용한 지표이다.

둘째로 행정의 수행에는 각 행정 분야에서 체계화된 행정 목표와 이를 달성하기 위해 필요한 정책 수단이 명확해야 하는데 행정의 계획화는 이들 행정 시책의 체계화, 효율화를 기하는 데 중요한 방법이다. 이러한 행정계획과 관련하여 객관적이고 공정하며 과학적인 합리성을 확보하기 위해 광범위한 통계가 이용된다.

셋째로 행정 운영상 또는 행정계획을 실시하는 데 필요한 개념, 기준, 요건 등을 법령에 규정하는 데에 통계가 명시되기도 하고 또는 법령을 기초로 하지 않으나 실제적으로 행정 수행에 이용되기도 하는데, 예를 들어 시승격에 필요한 인구를 법령에 규정한다든지, 학교 신설이나 증설의 경우 통계로 이용하는 것 등이다.

마지막으로 정부는 국가의 목표가 달성되고 진전되는 상황을 국민에게 알려 주어야 하므로 정부 시책의 현황 및 실적을 국민에게 알리는 데 통계가 필요하다.

행정학 연구에서 통계학이 이용되는 분야는 다양하다. 조직론과 행태론의 경우, 예를 들면 '목표 달성도'를 의미하는 효과성의 측정이나 척도의 개발에 관한 조직효과성의 연구라든가 공무원 개인이나 공무원집단의 가치나 행태 연구 등에 통계학이 적용된다. 1995년 본격적인 지방자치제의 실시로 행정학에서 지방자치행정이 차지하는 비중도 상대적으로 높아져, 주민 참여와 지방공무원의 행태 그리고 자치단체장 및 지방의원의 역할과 자질에 관한 조사연구가 행정통계학의 적용 분야에 해당된다. 도시의 제반 문제, 즉 주택, 교통, 그리고 환경 문제와 도시 서비스에 대한 주민 불만 그리고 지역 격차 문제들을 좀 더 합리적이고 민주적으로 해결하기 위해 지역 현안들을 합리적으로 분석할 때 통계학의 각종 기법들이 필수적으로 적용되어야 한다. 인사관리를 좀 더 과학적이고 합리적으로 하기 위해 공무원의 사기 진작과 인력 수급 계획 등의 인사행정 분야에도 통계학이 적용될 수 있다. 또한 정책학에서도 정책분석이나 정책평가 등에서 통계적 분석 기법이 많이 활용되고 있다. 따라서 행정통계학은 행정조직의 인적·물적 자원을 객관적이고 합리적으로 관리하기 위해 유용하게 이용될 수 있다. 과학적이고 객관적인 방법을 사용해 정확한 자료를 수집하고 분석하여 그 결과를 토대로 조직관리와 인사 및 재무관리를 하고, 나아가 정책의 분석과 평가를 통해 행정의 과학화와 합리화에 기여할 수 있다. 또한 오늘날 행정의 전산화는 필수불가결하다. 일선 주민자치센터에까지 컴퓨터가 보급되고 있으며, 각종 행정전산망의 구축과 프로그램 개발로 필요한 자료를 쉽게 활용할 수 있게 되었고, 주민등록 업무, 토지기록 관리 업무, 자동차 등록 업무, 그리고 주택 업무 등이 이미 전산 처리되고 있는 실정이다. 따라서 일선 행정기관에서도 행정 업무의 통계 처리가 전보다 훨씬 쉬워졌으며, 통계학을 적용할 수 있는 영역도 점차 확대되고 있음을 알 수 있다.

연습 문제

1. 통계란 일반적으로 무엇을 의미하는지 설명하시오.

2. 통계학은 어떤 학문이며, 어떤 종류가 있는지 설명하시오.

3. 정부가 통계를 생산하는 이유를 설명하시오.

4. 행정통계학은 무엇인지 설명하시오.

5. 행정학 연구에서 통계학이 이용되는 분야를 기술하시오.

제 2 장 자료의 수집과 측정

통계분석이란 특정 집단을 대상으로 자료를 수집하고 정리한 후 그 자료를 활용하여 대상 집단에 대한 통계적 추론을 하는 과정을 말한다. 아무리 훌륭한 통계분석 방법을 활용하여 통계분석을 실시해도 대상 집단에 대해 수집된 자료가 그 집단의 특성을 잘 대표하지 못한다면 분석 결과는 아무 의미가 없게 된다. 따라서 자료는 대상 집단의 특성을 잘 대표하도록 수집되어야 한다.

가령 '지방자치단체장 선거 연기에 대한 우리나라 국민의 지지율'을 구하고자 하는 정보라고 하자. 여기에서 우리나라 국민이란 투표권을 가진 사람들이라고 생각할 수 있으므로 대상 집단은 '우리나라 19세 이상의 남녀 유권자들'이라고 할 수 있다. 이와같이 전국의 유권자를 대상으로 정보를 얻고자 하는 경우 전국의 유권자 모두를 조사하는 것은 불가능하다. 따라서 유권자 중에서 일부를 표본으로 추출하여 조사를 실시해 조사 대상 1,000명 중 500명이 선거 연기를 지지했다면, 지방자치단체장 선거 연기에 대한 유권자의 지지율은 50%라고 할 수 있다. 이와같이 대상 집단의 일부를 표본으로 추출해 대상 집단의 특성을 파악하는 자료 수집 방법을 표본조사라고 한다. 표본조사에서 유의해야 할 점은 표본이 대상 집단을 잘 대표할 수 있도록 추출해야 한다는 것이다.

연구자가 조사 대상의 일부를 특정한 처리를 가하고 결과를 관찰하여 자료를 수집하는 방법을 실험이라고 한다. 실험을 행하는 연구자는 필요한 조작을 조사 대상에게 가하기도 하고, 연구자가 원하는 방향으로 환경을 통제하기도 한다. 실험은 전통적으로 자연과학이나 의학에서 사용하던 자료 수집 방법이었지만 근래에는 보편화되어 사회과학이나 인문과학에서도 널리 사용된다.

일반적으로 실험은 표본조사에 비해 더욱 정확한 자료를 얻을 수 있다. 그러나 실험 결과는 인위적인 환경이나 조건에서 나타난 것이기 때문에 항상 실험에서 얻은 자료가 관찰을 통해 얻은 자료보다 질적으로 우수하다고 말할 수는 없다. 질이 좋은 자료란 표본조사와 실험을 막론하고 연구자의 합리적이고 체계적인 노력의 산물임을 알아야 한다.

이와같이 자료 수집 방법으로는 표본조사와 실험이 있는데, 이 장에서는 자료의 수집 방법과 측정 방법에 대해 설명하기로 한다.

제 1 절 표본조사

오늘날 통계조사는 연구와 행정 목적을 위해 여러 대상에 관한 통계자료를 공급하는 수단으로 널리 인식되고 있으나 통계청에서 매 5년마다 실시하는 「인구 및 주택 총조사」와 같이 대상 집단 전체를 조사하는 전수조사는 시간과 비용이 너무 들기 때문에 현실적으로 어려움이 생긴다. 그래서 연구자가 주어진 시간과 비용을 고려하여 표본을 추출해서 조사하는 것이 표본조사(sample survey)이다. 표본조사란 표본(sample)과 조사(survey)라는 두 단어의 합성어로 '표본을 조사한다'는 의미를 가진다. 표본조사의 궁극적인 목적은 표본조사의 결과를 사용해서 모집단의 특성을 추정하는 데 있다. 오늘날 많은 조사가 사회학, 정치학, 인구학, 경제학, 그리고 행태학 분야에서 연구 가설을 설정하고, 이를 검정하기 위해 행해지고 있다. 특히 중앙정부는 취업과 실업, 소득과 지출, 주거 실태, 교육, 영양, 보건, 그리고 시민 의식과 관련해 많은 조사를 하여 정보를 얻고, 제조업체, 농가, 학교, 그리고 병원과 같은 조직에 대한 조사도 하고 있다. 지방정부도 마찬

가지로 목적에 따라 조사를 실시하고 있다.

현재 널리 사용되는 조사에 비추어 표본조사가 짧은 역사를 지니고 있다는 사실은 다소 놀라운 일이다. 20세기 초에 시작한 표본조사의 역사는 1930년대 이후에 조사 방법, 특히 표본추출 기법에서 상당한 진전이 이루어져 왔다. 통계조사라 하면 표본조사를 지칭할 정도로 오늘날 표본이론의 발달로 표본조사가 많이 행해지고 있다. 표본조사는 조사표의 배포, 기입, 수집을 누가 하느냐에 따라 면접조사, 우편조사, 전화조사, 실측조사 등이 있다. 조사설계는 표본추출법, 자료 수집 방법, 문항 개발, 그리고 자료 처리 방법 등에 관한 상호 관련된 결정들을 함축한다. 그러나 표본추출은 전반적인 조사설계의 통합 부분으로 개발되어야 함을 인식해야 한다. 특히 자료 수집 과정에서의 경제성은 표본추출법의 선택에 상당한 영향을 미치고 있다.

제 2 절 실 험

표본조사는 대상 집단의 일부를 추출하여 그 대상들이 지니고 있는 어떤 특성을 관찰 또는 조사하여 자료를 수집하는 방법인데 비해 실험이란 특정 목적 하에서 실험 대상에게 처리를 가한 후에 그 결과를 관찰하여 자료를 수집하는 방법이다. 가령 인천광역시에서 서로 다른 두 가지 강의 방법(주입식, 토론식)의 학습 효과를 분석하기 위해 지방공무원연수원에서 연수 중인 공무원 두 반을 무작위로 선발하여 각각의 교육 방법으로 강의한 후에 동일한 평가시험을 실시했다고 하자.

여기에서 실험에 의한 자료 수집 방법에서 고려해야 할 사항을 알아보면 첫째, 서로 다른 두 가지 강의 방법의 학습 효과의 차이점을 비교하고 나아가 어떤 방법이 더 효과적인가를 판단하고자 하는 것이 실험 목적이다. 이와같이 실험 목적이 무엇인가에 대한 개념이 확실하게 확립되어 있어야 한다. 또 실험 결과의 관찰이 실험 목적에 타당한가를 평가해야 한다. 즉, 공무원들의 평가시험 결과가 서로 다른 강의 방법을 비교하는 데 적절한가,

평가시험은 두 번 이상 실시하는 것이 합리적이지 않은가? 등에 대해 종합적으로 고려해야 한다.

둘째, 각 실험집단에 할당된 실험 단위들은 모든 조건 하에서 고루 분포되어 있어야만 주어진 처리 효과를 정확하게 파악할 수 있어야 하며, 실험 결과인 평가실험 결과에 미치는 요인들 중에서 실험으로 가해지는 처리(두 가지 강의 방법) 이외의 요인, 즉 모든 외생변수들이 각 집단에 유사하게 분포되도록 실험 단위를 배정해야 하며, 연구자가 주관적으로 결정하는 것을 배제하여 공무원들이 각 반에 무작위하게 분포되어 있어야 한다.

셋째, 실험대상자인 공무원이 자기들이 실험당하고 있다는 것을 모르게 하고 연구자도 실험 결과에 영향을 미칠 수 있다면 어느 공무원이 어느 반에서 교육을 받고 있는지를 모르도록 해야 한다. 이러한 실험에서 실험 대상자인 공무원이 자기에게 가해진 처리가 무엇인지 모르도록 하는 실험을 단일 눈가리개 실험(single-blind experiment)이라고 하고, 실험 대상자뿐만 아니라 연구자도 실험 대상자에게 가해진 처리가 무엇인지 모르게 실시하는 실험을 이중 눈가리개 실험(double-blind experiment)이라고 한다.

이중 눈가리개 실험은 일반적으로 두 가지 범주를 비교하는 데 효과적인 방법이다. 이것은 실험하는 기간 동안에는 실험의 대상이나 심지어 실험하는 사람까지도 누가 어떤 종류의 처리를 받는가를 모르게 하는 것이다. 물론 모든 자료를 다 얻은 후에는 누가 어떤 처리를 받았는가가 밝혀지고 그 대상과 처리를 연결시키게 된다. 이렇게 실험하는 동안 '눈가리개'를 하는 이유는 아주 미묘한 오류가 발생할 수 있는 가능성을 없애기 위해서이다.

통계학자들은 이 밖에도 많은 유형의 실험계획 방법을 발전시켜 왔으나 이 책에서는 생략하기로 한다.

제 3 절 자료 측정과 척도

모집단을 규정하고 이를 잘 대표할 수 있는 표본을 결정한 다음, 측정할 것이 무엇인가를 정해야 한다. 우리가 정보를 얻고자 하는 대상의 특성을 나타내는 개념으로 변화하는 값을 가지고 있는 것들을 변수(variable)라고 하는데, 우리가 측정하고자 하는 '무엇'이 바로 변수에 해당한다. 예를 들면 성, 몸무게, 키, 가족 수 등이다. 이 예들은 모두 고정된 값을 가지고 있지 않다. 즉, 여성이든지 남성이든지, 10kg이든지 30kg이든지, 160cm이든지 180cm이든지, 또는 4명이든지 8명이든지 그 값이 대상에 따라 변화하는 것이다. 이때 관찰된 특성을 그에 알맞은 크기나 수로 표현한 것을 변수의 값이라고 한다. 만약 변수를 몸무게, 키, 가족 수와 같이 양적으로 나타낼 수 있으면 양적 변수(quantitative variable)라 하고, 변수를 여자인가 남자인가와 같이 질적인 척도에 의해서만 나타낼 수 있다면 질적 변수(qualitative variable)라고 한다. 양적 변수는 1급 공무원의 수, 분기별 민원 처리 건수 등 셀 수 있는 경우에는 이산변수(discrete variable)라고 하고 무게, 시간, 부피 등과 같이 한 변수의 값이 연속적인 척도에 의해 얻어, 셀 수 없는 경우에는 연속변수(continuous variable)라고 한다. 실제로 우리가 기록하는 대부분의 값은 이산값(discrete value)이다. 왜냐하면 단순화나 계량화를 위해 올림을 하거나 내림을 하기 때문이다. 그러나 통계분석에서는 궁극적으로 모든 관찰값을 연속값(continuous value)으로 변환하여 다루게 된다.

이러한 변수를 관찰하여 기록한 결과를 자료라고 한다. 자료는 크게 질적 자료와 양적 자료로 나눌 수 있다. 질적 자료는 명목자료와 순위자료를 포함한다. 성, 직위, 행정구역 등은 수치로 나타낼 수 없는 질적 자료의 예이다. 반면 양적 자료는 간격자료와 비율자료를 포함하는데 수치로 나타낼 수 있다. 자료는 또한 셀 수 있느냐의 기준에 따라 이산적 자료와 연속적 자료로 나눌 수 있다. 이산적 자료는 5급 공무원의 수, 분기별 민원 처리 건수 등과 같이 하나하나 셀 수 있는 값을 갖는 자료를 말한다. 반면에 연속적 자료는 키, 몸무게, 온도 등과 같이 셀 수 없는 값, 즉 소수점 이하의 값을 갖는 자료를 말한다.

자료는 통계분석의 원료이다. 따라서 이러한 원료는 통계적 방법을 통해 재가공되거나 처리되지 않으면 아니 된다. 이때 이와같이 처리하는 방법을 측정(measurement)이라고 한다. 즉, 측정은 우리가 탐구하고자 하는 대상의 특성에 대해 어떤 기호나 숫자를 부여하는 것이라고 할 수 있다. 예를 들면 표본추출 단위 각각에 대해 그 특성(몸무게)을 나타내는 변수값을 $S_1 \rightarrow 56.8$kg, $S_2 \rightarrow 57.6$kg, $S_3 \rightarrow 60.8$kg, $S_4 \rightarrow 55.8$kg, $S_5 \rightarrow 58.6$kg, $\cdots$, $S_{n-1} \rightarrow 50.5$kg, $S_n \rightarrow 52.8$kg와 같이 부여하는 것을 측정이라 한다.

위에서 설명한 변수들은 측정 결과를 나타내기 위해 척도(scale)를 사용하는데, 측정의 척도는 측정의 정도에 따라 명목척도, 순위척도, 간격척도, 비율척도 등 네 가지로 나뉜다. 이 중 우리가 적절한 측정을 위해 사용해야 할 척도는 어느 것인가는 연구의 목적에 따라 좌우된다. 개개의 연구 목적에 따라 측정 도구도 달리 사용되어야 하므로 각 척도를 설명하면 다음과 같다.

1 명목척도

측정 대상을 단순히 분류하기 위해 사용되는 척도로서 성별을 남자와 여자로 구분한다든지, 출생지를 서울, 경기도, 충청도, 전라도, 경상도, 강원도, 제주도로 구분한다든지, 직위를 실장, 국장, 과장, 계장으로 구분한다든지 등이 이에 해당한다. 명목척도에 의해서는 양적 속성의 크기를 나타내는 것이 불가능하므로 명목척도에 의한 측정은 가장 약한 단계의 측정이다. 예를 들면 직위별 구분에서 실장을 1, 국장을 2, 과장을 3, 계장을 4로 나타내는 것이다. 근무 부처가 중앙부처일 경우 1, 광역자치단체일 경우 2, 기초자치단체일 경우 3으로 나타내는 것이나, 남자를 1, 여자를 0으로 나타내는 것도 명목척도에 의한 측정값이다.

이러한 척도로 측정된 값은 최빈값, 빈도 수, 막대그래프 등에 사용되지만, 산술 평균과 같은 것은 가법적이 아니기 때문에 무의미하다. 그러나 명목척도 수준에서 이루어진 변수 사이의 관계는 χ^2검정에 의해 통계적으로 분석할 수 있다.

2 순위척도

측정 대상이 어떤 범주에 속하고 있는가는 물론 측정 대상의 특성 간 순위 관계를 결정하는 척도로서 특정한 숫자값은 갖고 있지 않다. 따라서 일반적인 산술 계산은 의미가 없어, 순위척도에 의한 측정값의 크기 비교는 할 수 없으나 측정값의 크기 순서에는 결정적인 의미가 있기 때문에 전이적이다. 즉, $A = B$이고 $B = C$이면 $A = C$이다. 그러나 실제로 얼마나 차이가 나는지는 알 수 없다. 즉, $A - B = d_1$이고 $B - C = d_2$이면 $A - C = d_1 + d_2$이지만, $d_1 = d_2$이라고 볼 수 없다.

예를 들면 공무원의 직위라든가 대학교수의 직급 등에서는 장관 > 차관 > 실장 > 국장 > 과장 > 팀장과 교수 > 부교수 > 조교수 > 전임강사 등의 서열 관계가 성립된다. 그러나 장관과 차관의 차이가 차관과 실장의 차이와 같다든지, 부교수와 조교수 간의 차이가 조교수와 전임강사 간의 차이와 같다고 가정할 수는 없다. 따라서 순위척도에 의해 측정된 값은 측정 대상들의 실제 크기를 나타낸다고 볼 수 없다. 따라서 순위척도에 의해 측정된 대상에는 실제로 의미 있는 값을 부여할 수 없으므로 평균을 구하거나 표준편차를 구하는 것은 의미가 없다. 그래서 순위척도로 측정한 자료의 중심 경향성은 주로 중앙값으로 나타낸다. 순위척도로 측정된 변수 간의 관계는 비모수 통계법을 사용하여 분석해야 한다. 특히 스피어맨의 로(Spearman's rho)가 순위척도 자료에 적합하다.

3 간격척도

측정 대상이 어떤 특성을 얼마나 갖고 있는가를 측정하는 것으로 측정 결과가 숫자로 표현되므로 측정 대상 상호간의 대소 관계와 그 차이를 나타내는 척도이다. 그러나 해당 특성이 전혀 없는 상태인 절대값 0(absolute zero)이 존재하지 않아 간격척도로 측정된 변수들 간에는 가감(- 또는 +)은 가능하지만 승제(× 또는 ÷) 계산은 아무런 의미가 없다.

온도나 달력의 날짜 등의 측정 방법이 간격척도에 해당된다. 예를 들면 섭씨 온도에서 15도와 30도의 차이는 15도인데, 이것은 15도와 0도의 차이인 15도와 같은 값, 즉 간격이다. 그러나 섭씨 온도 30도는 15도보다 2배 더 뜨겁다는 것을 의미하지는 않는다. 간격척도로 측정된 값은 일반적인 산술 계산이 가능하므로 그 중심 경향성은 주로 산술 평균으로 나타내고, 산포도는 표준편차로 나타낸다.

4 비율척도

간격척도가 갖고 있는 특성 외에 절대값 0이 존재하여 비율척도에 의해 측정된 값들의 비율을 몇 분의 일 또는 몇 배로 나타내는 것이 의미가 있는 척도이다. 공무원의 월급, 근무 연수, 신장, 몸무게, 나이, 월별 업무 처리 건수 등 숫자로 나타낼 수 있는 양적 자료의 측정이 비율척도에 해당한다. 월급 200만 원과 150만 원의 차이는 100만 원과 150만 원의 차이인 50만 원으로 같고, 근무 연수 20년은 10년보다 2배 많이 근무했다고 말할 수 있다. 요컨대 비율척도로 측정된 변수들 간에는 가감승제 계산이 모두 가능하고, 다른 척도보다 훨씬 많은 정보를 나타낼 수 있다. 또 간격척도와는 달리 비율척도는 절대값 0이 존재한다. 그래서 근무 연수 0년은 실제로 근무 연수가 없다는 것을 의미한다. 여기서 주의해야 할 점은 어떤 측정 대상이 간격척도에 의해 측정되었다면 비율척도에 의해서도 나타낼 수 있으나 그 반대 경우는 반드시 성립하지 않는다는 것이다. 일반적으로 비율척도로 측정된 자료의 중심 경향성은 기하 평균(geometric mean)으로 나타낸다.

위에서 살펴본 각 척도 간의 포함 관계를 다이어그램으로 나타내면 [그림 2-1]과 같다.

[그림 2-1] 각 척도 간의 포함 관계

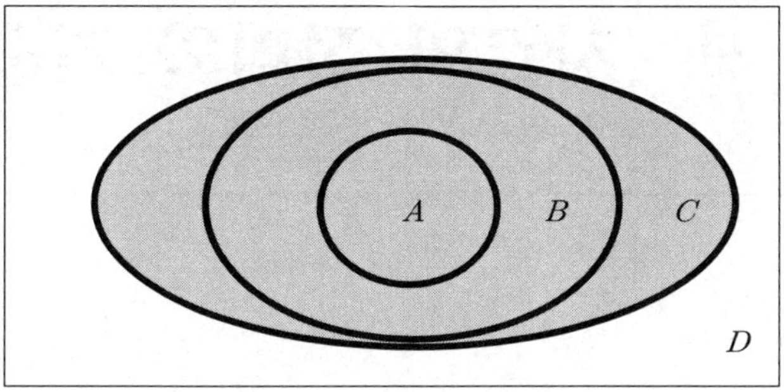

A=명목척도
B=순위척도
C=간격척도
D=비율척도

연습 문제

1. 자료 수집의 방법에는 몇 가지가 있으며 이들 각각에 대해 설명하시오.

2. 실험계획 방법에는 많은 유형이 있다. 이중 눈가리개 실험이 사용되는 이유를 설명하시오.

3. 다음 측정의 척도에 대해 한 가지 예를 들어 설명하시오.
   1) 명목척도
   2) 순위척도
   3) 간격척도
   4) 비율척도

4. 다음 문제를 읽고 ○, ×로 답하시오.
   1) 자료에는 양적 자료와 질적 자료가 있다 ………………………… ( )
   2) 연속변수에는 가족 수, 나이 등이 있다 ………………………… ( )
   3) 책의 시리즈 번호(Volume 1, …, Volume N)는 간격척도이다 ……………………………………………………………………… ( )
   4) 간격척도에는 온도와 날짜 등이 있고 절대값이 존재한다 …… ( )
   5) 비율척도로 측정된 변수들 간에는 가감승제 계산이 가능하다 ……………………………………………………………………… ( )

제 3 장 자료의 정리와 기술

우리가 공무원의 직무 만족도를 조사한다고 할 때, 공무원의 직무 만족도에 영향을 미치는 특성은 공무원의 나이, 월급, 근무 연수, 직책, 교육 수준, 근무 부서 등 이루 헤아릴 수 없이 많다. 마찬가지로 한 공무원의 특성을 말할 때에도 수없이 많은 항목이 논의될 수 있다. 어떤 연구자는 공무원의 많은 특성 중에서 공직윤리관만을 대상으로 연구하기도 하고, 또 어떤 연구자는 공무원의 업무 처리 능력에 관심을 두기도 한다. 즉, 연구 목적에 따라서 목적에 맞는 연구 대상의 특성은 모두 다를 수가 있다. 이와같이 연구자가 관심을 갖게 되는 연구 대상의 특성을 변수라고 하는데, 관찰이나 연구 목적에 따라 변수는 하나 또는 여러 개 있을 수 있다. 이러한 변수를 관찰하여 기록한 결과를 자료라고 한다.

그러나 자료는 그 자체만으로 의미 있는 정보를 제공해 주지 못한다. 가령 서울시 공무원의 직무 만족도를 알아본다고 하자. 이때 연구자가 6급 공무원을 대상으로 조사했다면 6급 공무원의 직무에 대한 만족도가 변수가 되며, 6급 공무원의 직무 만족도를 기록한 것은 자료가 된다. 많은 시간과 비용을 들여 양질의 자료를 수집했다고 해도 가공하지 않은 상태인 원자료(raw data)로는 모집단에 대한 유용한 정보를 파악하기가 어렵다. 따라서 한 집단의 특성을 쉽게 알아보고 분석하기 위해서는 수집된 자료를 의미 있는 형태로 간결하게 분류하고 정리하여 기술하는 것이 중요하다. 작은 규모의 연구는 자료를 단순히 나열하면 되지만 자료의 양이 방대할 때에는 이러한 작업이 힘들고 불가능하며, 가능하다 할지라도 자료의 특성을 전반적으로 파악하기 힘들다. 그래서 컴퓨터를 활용하여 방대한 자료를 정리하게 된다.

그러나 자료가 정리되었다고 해서 자료가 가지고 있는 특성을 충분히 파악할 수 있는 것은 아니고, 다만 이 작업은 자료의 특성을 파악하기 위한 출발점일 뿐이다. 따라서 자료의 기초적인 정보는 자료를 요약·정리를 통해 얻는데, 자료를 요약·정리하는 방법에는 도표를 사용하여 자료의 특성을 표현하는 방법과 숫자를 사용하여 표현하는 방법 등이 있다. 도표를 이용하여 자료를 표현하는 방법에는 도수분포표, 막대그래표, 도수다각형, 히스토그램, 원그래프, 줄기와 잎 그림, 상자그림 등이 있다. 또한 숫자를 이용한 자료의 표현 방법에는 자료의 중심 경향성을 나타내는 평균, 최빈값, 중앙값 등과 자료의 흩어진 정도를 나타내는 분산, 표준편차, 사분위값, 범위 등이 있는데, 이와 같은 통계량을 기술통계라고 한다. 이 장에서는 자료분석의 첫 단계인 통계적 기술의 주요 방법인 표나 그래프를 이용하여 자료의 특성을 파악하는 기술 방법과 자료를 숫자로 표현하는 방법에 대해 설명하기로 한다.

제1절 도표에 의한 자료 정리

자료를 요약해서 설명하는 가장 효과적인 방법은 표나 그래프로 나타내는 것이다. 그래프란 가로축, 세로축, 점, 선, 숫자, 글자, 상징물 등을 복합적으로 사용해서 양적인 숫자를 시각적으로 표현하는 것이다. 그래프를 대하는 사람의 입장에서는 익숙하지 않은 많은 숫자를 머리를 써서 생각할 필요 없이 단지 보는 것만으로 숫자 속에 포함된 사실을 쉽게 파악할 수 있다.

많은 숫자(자료)를 그래프로 그릴 때에는 가능한 한 간단하게 자료가 갖고 있는 정보를 시각적으로 전달해야 한다. 이때 자료를 단순화하면서도 자료가 갖고 있는 사실을 정확하게 전달하는 것이 무엇보다 중요하다.

우리는 TV나 신문 등의 대중 언론매체들이 사회에서 일어나는 사건이나 문제를 알리기 위해 표나 그래프를 자주 사용하는 것을 볼 수 있다. 예를 들어 정부의 정책결정에 따른 찬반 양론의 결과를 표나 그래프로 제시한다. 사회 현상뿐 아니라 IMF 이후 공무원의 봉급 삭감과 같은 사실을 좀 더 쉽게 설명하기 위해 표나 그래프를 자주 사용한다. 그렇다면 왜 자주 표나 그래프를 이용하는가? 그것은 그래프가 기술통계의 중요한 기능인 자료의 주된 경향을 쉽게 알려 주고, 추론통계를 사용하여 자료의 어느 부분을 더 상세하게 살펴보아야 할 것인가에 대한 정보를 제공해 주기 때문이다. 또한 표나 그래프는 연구자가 자신의 연구 결과를 발표하여 전달하는 데도 중요하다. 왜냐하면 자신의 연구 분야가 아닌 다른 사람의 연구를 비판적으로 평가할 시간이 없어서 단순한 기술통계에 의해 영향을 받기 때문이다. 따라서 그래프나 표에 모든 내용이 포함되어 있어서 기술한 내용을 보지 않고도 자료를 이해할 수 있어야 한다. 그래서 그래프의 제목, 단위, 축, 자료 출처 등을 명확히 기록해야 하며 표나 그래프의 통계 용어가 잘 정의되어 있어야 한다.

그래프는 수집된 자료를 좀 더 시각적으로 이해하기 쉽게 표시된 그림이다. 수집된 자료를 나열했을 때 자료의 속성을 파악하기란 쉽지 않다. 이를 위해 자료가 지니고 있는 특성을 그림의 형태로 나타낸 것이 그래프이다. 그러므로 그래프를 작성하는 데 변수가 무엇이냐에 따라 그래프의 종류도 달리 나올 수 있고, 또한 그래프가 어떤 종류이냐에 따라 작도법이 다소 차이가 난다.

일련의 자료에 대해 도표를 어떻게 그리는가를 알아보려면 행정안전부, 노동부, 통계청 등 공공기관에서 나오는 통계연감과 같은 정부간행물을 참고하는 것이 좋다. 매년 수집한 자료를 정리해 놓은 이런 통계연감에는 여러 종류의 표나 그래프가 수록되어 있다. 이들 도표에는 제목과 자료의 출처가 분명하게 표기되어 있는 것을 알 수 있는데, 이것을 알고 통계연감을 보면 도표를 작도하는 법을 쉽게 이해할 수 있다.

1 도수분포표

수집된 자료를 그대로 사용해서 자료 분포의 특성을 파악하기란 거의 불가능하다. 따라서 자료 수집이 끝나면 자료의 특성을 파악하기 위해 자료를 정리 · 요약할 필요가 있다. 도수분포표는 통계분석의 초기 단계에서 자료의 정리를 위해 자주 사용되는 방법이다.

자료를 정리할 때 가장 먼저 하는 일 중의 하나는 각각의 자료값이 몇 번이나 나타났는가를 세어보는 일이다. 우리나라 민원공무원 900명을 대상으로 "민원업무 서비스의 향상을 위해 민원공무원의 수를 늘려야 한다고 생각하십니까?"라는 질문에 대한 응답을 조사한 결과 600명이 찬성했고, 250명이 반대했으며 50명이 무응답이었다고 하자. 이때 비율이나 백분율이 합계보다 종종 더 유용하게 쓰이기 때문에 다음과 같은 계산을 할 수 있다.

600/900=0.666 ≈ 0.67 또는 67%
250/900=0.277 ≈ 0.28 또는 28%
50/900=0.055 ≈ 0.06 또는 6%

이 계산 결과를 모두 합하면 100%가 되어야 한다. 그러나 67%+28%+6%=101%이다. 계산 결과를 모두 합해도 100%가 넘고 101%일 경우가 나타날 수도 있다. 이 경우에는 계산이 틀린 것이 아니라 소수점 아래 자리에서 반올림함으로써 정도를 약간 넘어버린 것이다. 이러한 반올림에 의한 오차는 자주 만나게 될 것이다.

앞의 예에서 찬성한 공무원의 수는 600명이고 전체 공무원 가운데 차지하는 백분율은 67%이다. 여기서 600명은 찬성한 범주에 속하는 공무원 수인 도수이고, 67%는 상대도수이다. 도수는 자료값이 나타난 횟수를 말하고, 상대도수는 총도수 중에서 어떤 도수가 차지하는 비율이다. 상대도수는 보통 소수나 백분율로 나타낸다. 도수나 상대도수는 명목척도 수준의 자료를 요약하는 일반적인 방법이다. 간격척도나 비율척도로 측정된 변수도 수없이 많은 값을 몇 개의 집단으로 나누고 그 집단에 대해 도수나 상대도수를 계산함으로써 자료를 요약할 수 있다. 이처럼 변수의 값이나 집단에 대응하는 도수나 상대도수를 구해 정리한 표를 도수분포표라고 한다. 도수분포표는 그래프 기법과 함께 자료를 정리하고 그의 특성을 요약하는 기술통계의 핵심이다.

<표 3-1>은 인천광역시 민원공무원의 1인당 민원상담 건수를 나타내는 도수분포표라고 하자. 도수분포표와 관련된 기본적인 용어를 <표 3-1>과 관련하여 정의하면 다음과 같다. 즉, 변수는 공무원 1인당 민원상담 건수이고, 계급은 1~10, 11~20 등과 같이 서로 인접한 몇 개의 자료를 하나의 범주(집단)로 묶는 것을 말한다. 다시 말하면 변수가 분류된 범주 중에서 하나를 말한다. <표 3-1>에서 계급의 수는 7개이다. 변수의 범위는 몇 개의 계급으로 나뉜다. 통계자료의 측정값이 이들의 계급에 속하는 개수를 도수라 하고, 그 분포를 도수분포라고 한다. 여기서 모든 도수의 합, 즉 118은 총도수라고 한다. 계급은 계급 구간과 계급중간값을 가지고 있는데, 예를 들면 두 번째 계급의 중간값은 계급의 하한값 11과 계급의 상한값 20의 합, 31을 2로 나누어 얻은 15.5이다. 계급 구간은 한 계급의 상한값과 다음 상위 계급의 상한값과의 간격을 말한다. 따라서 계급 구간은 10이다. 상대도수는 총도수 중 각 계급의 도수가 차지하는 비율을 말하며, 그 분포를 상대도수분포라고 한다.

〈표 3-1〉 인천광역시 민원공무원의 1인당 민원상담 건수

상담 건수	도수	상대 도수	누적 도수	누적 상대도수
1~10	15	6.2	15	6.2
11~20	30	12.5	45	18.7
21~30	45	18.8	90	37.5
31~40	60	25.0	150	62.5
41~50	45	18.8	195	81.3
51~60	30	12.5	225	93.8
61~70	15	6.2	240	100.0
합계	240	100.0		

도수분포나 상대도수분포는 하나 또는 그 이상의 계급에 속해 있는 도수나 상대도수를 말해 준다. 그러나 때때로 얼마나 많은 도수가 어떤 기준 위에 또는 아래에 있는가를 알 필요가 있다. 이때 누적도수분포가 필요하다. 누적도수분포는 각 계급의 경계 이하에 해당하는 계급의 도수를 합해서 정리한 표이다. 계급의 경계 이하 대신에 계급의 경계 이상으로 하면 또 하나의 누적도수분포를 얻을 수 있다. 또 누적도수에 대한 백분율을 계산해서 누적 백분율 분포를 작성할 수 있다. <표 3-1>은 역시 누적도수분포를 보여 준다.

도수분포표를 작성할 때 유의해야 할 점은 먼저 몇 개 구간의 도수가 0이 될 정도로 너무 좁게 계급 구간을 정하지 말아야 하며, 첫 번째 계급이나 마지막 계급이 오직 하나의 계급경계값을 갖는 개구간(open-ended class interval)이 아닐 경우에는 모든 계급 구간을 일정하게 한다. 또한 폐구간(close-ended class interval)이 0인 도수를 가질 때만 개구간을 사용하고 계급 중 중간에 위치한 계급이 대표성이 있도록 계급 구간을 설정하도록 한다.

2 그래프

그래프는 자료를 요약하여 시각적으로 필요한 정보를 제시해 준다. 여기에는 막대그래프, 꺾은선그래프, 히스토그램, 누적도수분포도(오자이브) 등이 있다. 통계학자들은 자료가 지니고 있는 정보를 효율적으로 제시하여 변수의 특성과 정보 제공의 목적에 따라 다양한 종류의 그래프를 제시했다. 이것은 모든 자료를 표현하기 위해 어떤 한 그래프만을 사용할 수 없으며, 그래프를 작성할 때는 자료의 특성이나 그래프의 사용 목적을 고려하여 작성되어야 함을 의미한다.

1) 막대그래프

막대그래프는 어떤 변수의 값을 비교하는 데 사용된다. 막대그래프에서

[그림 3-1] 2007 대선 후보별 득표율

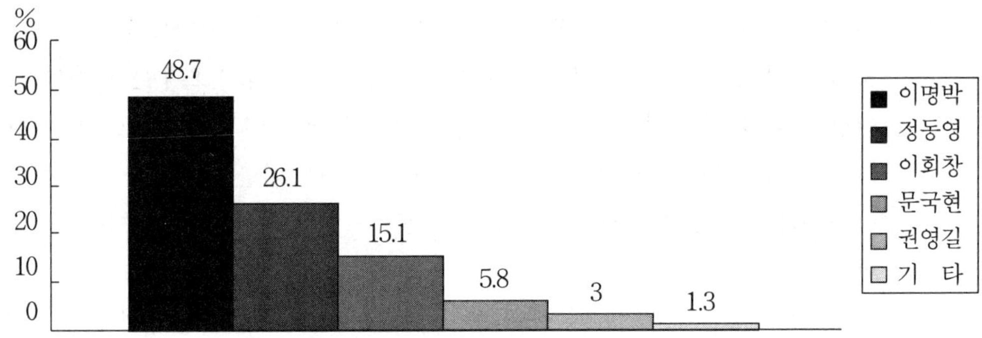

비교되는 값은 어떤 명목척도나 순위척도를 갖는 변수의 결과에 대한 도수나 상대도수이다.

막대그래프에서 막대들은 수직이거나 수평이다. 그리고 [그림 3-1]에서처럼 막대는 서로 떨어지거나 닿기도 한다. 그러나 모든 막대는 폭이 반드시 같아야 한다. 이는 막대의 면적이 그래프가 주는 인상에 크게 영향을 미치기 때문이다. 막대의 폭이 동일하고 길이가 변수의 값에 따라 변해야 막대의 면적이 변수와 같이 변하게 되어, 시각적으로 올바른 이미지를 줄 수 있다.

2) 히스토그램

도수나 상대도수의 분포는 히스토그램으로 나타낼 수 있다. 히스토그램은 막대그래프와 비슷하게 보이지만 여러 면에서 다르다. 우선 히스토그램은 변수가 양적이고 연속 변수일 때 사용한다. 질적 변수일 때 사용하는 막대그래프와는 달리, 간격척도나 비율척도 자료의 도수나 상대도수를 그림으로 나타내 주는 그래프가 히스토그램이다. 히스토그램의 기둥은 항상 수직이며, 가로축에는 측정된 변수가 갖는 값을 작은 것부터 큰 것의 순으로, 왼쪽에서 오른쪽으로 배열하며 이때 각 눈금의 간격은 동일한 크기로 등분되어 있어야 한다. 이와는 대조적으로 막대그래프는 가로축에 눈금이 없다.

[그림 3-2] 상담 건수

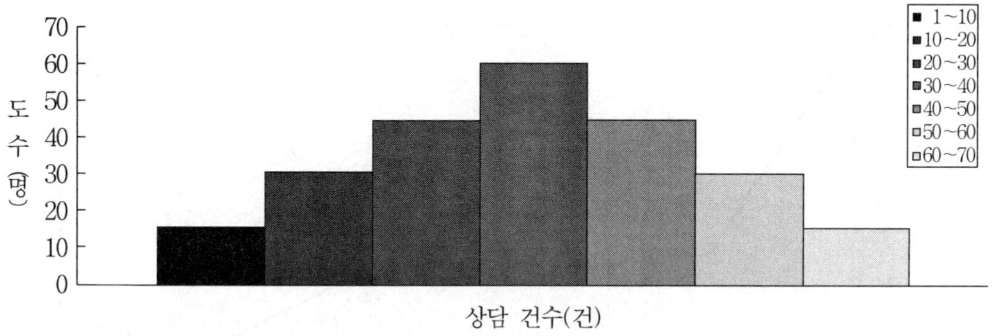

히스토그램에서 기둥의 폭은 의미가 있다. 각 기둥의 밑면은 변수의 값에 대한 계급이며 그 계급에서의 도수가 기둥의 높이이다. 반면에 막대그래프에서 막대의 폭은 의미가 없다. 즉, 히스토그램에서와 달리 막대그래프에서는 폭이 동일하기만 하면 되고 폭 자체가 어떤 의미를 갖는 것은 아니다. 또 히스토그램에서 기둥들은 서로 접하고 있는데 이는 기둥의 밑면은 측정된 변수의 모든 값을 포함해야 하기 때문이다. [그림 3-2]는 민원공무원의 상담 건수를 히스토그램으로 나타낸 것이다.

3) 꺾은선그래프

꺾은선그래프는 한 변수의 기간에 걸친 변화(예: 연도별 인구 증가, GNP, 물가 등)를 나타내는 데 매우 효과적이다. 이때 시간은 가로축에 표시하고 변수의 값은 세로축에 표시해야 한다. 일명 선그래프라고 하는데, 간격척도나 비율척도로 측정된 자료를 표시하는 데 사용되는 그래프이다. 꺾은선그래프는 막대를 사용하지 않고 각 계급의 도수에 해당하는 높이에서 계급의 중간점을 점으로 찍고 이들 점들을 차례로 연결하여 구한다. 다만 도수분포표의 양쪽 끝에는 도수가 없는 계급이 존재하는 것으로 생각하여 그래프의 양쪽 끝에서 수평축에 닿도록 한다. 꺾은선그래프에서는 일정하게 정해진 눈금의 간격이 없으므로 같은 자료를 갖고도 눈금의 간격을 달리하면 매우 다른 이미지를 나타낼 수 있는 그래프이다. 꺾은선그래프는 두 개 이

[그림 3-3] 합계 출산율의 추이

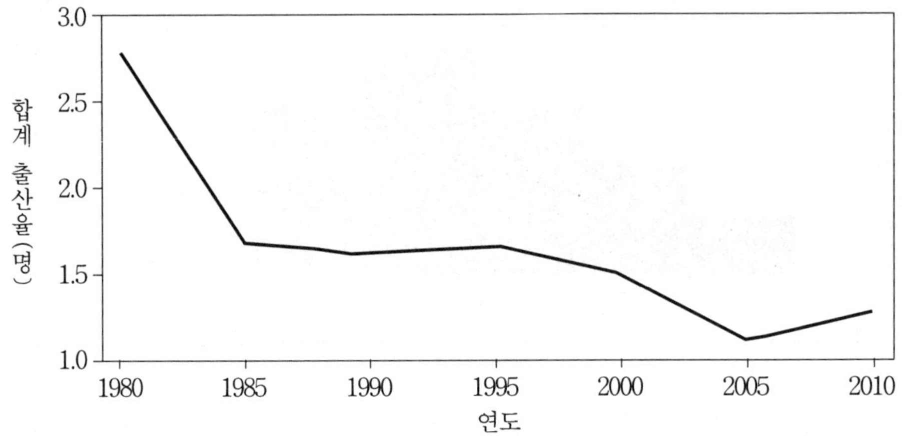

상의 그래프를 하나의 그래프 위에 나타낼 때 사용하는 것이 좋다. 연도별 합계 출산율을 꺾은선그래프로 나타내면 [그림 3-3]과 같다.

4) 원그래프

원그래프는 여러 종류의 비교하고자 하는 집단의 값의 크고 작음을 각도와 원의 넓이의 크고 적음을 이용하여 서로 비교해 보기 위한 목적으로 사

[그림 3-4] 정당별 지지도(%)

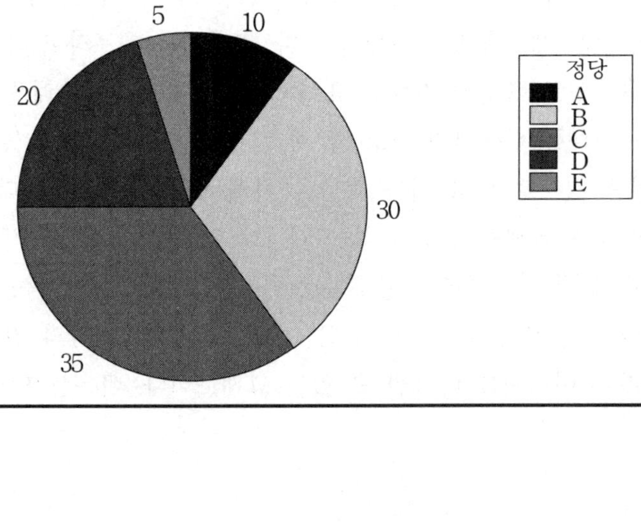

용되는 그래프이다. 이 그래프는 도수 대신에 %나 빈도를 나타내어 비교하기 쉽게 하기도 한다. 신문지상에 발표되는 각종 여론조사 결과 등은 원그래프를 자주 활용하는 대표적인 예이다. 예를 들면 A, B, C, D, E당의 정당별 지지도가 10%, 30%, 35%, 20%, 5%로 각각 나타났다고 하자. 이 경우 각 정당별 지지도를 원그래프로 그리면 앞의 [그림 3-4]와 같다.

5) 누적 도수다각형

선그래프와 히스토그램의 표현 방법을 합치면 아주 유용한 그래프의 형태를 얻을 수 있는데, 가로축에 변수값을 취하는 계급 구간의 중간값을 취하고, 계급중간값에 대응하는 도수나 상대도수를 세로축에 표시하는 선그래프를 도수다각형이라고 한다. 도수다각형은 히스토그램에서 각 막대의 정점을 선으로 연결함으로써 쉽게 얻을 수 있다.

히스토그램이나 꺾은선그래프는 양적 변수의 계급 구간에 떨어져 있는 도수나 상대도수를 나타내는 도표이다. 그러나 때로는 누적된 도수나 상대도수를 알고자 할 때, 이러한 정보를 제공하는 그래프를 누적 도수다각형

[그림 3-5] 누적 도수다각형

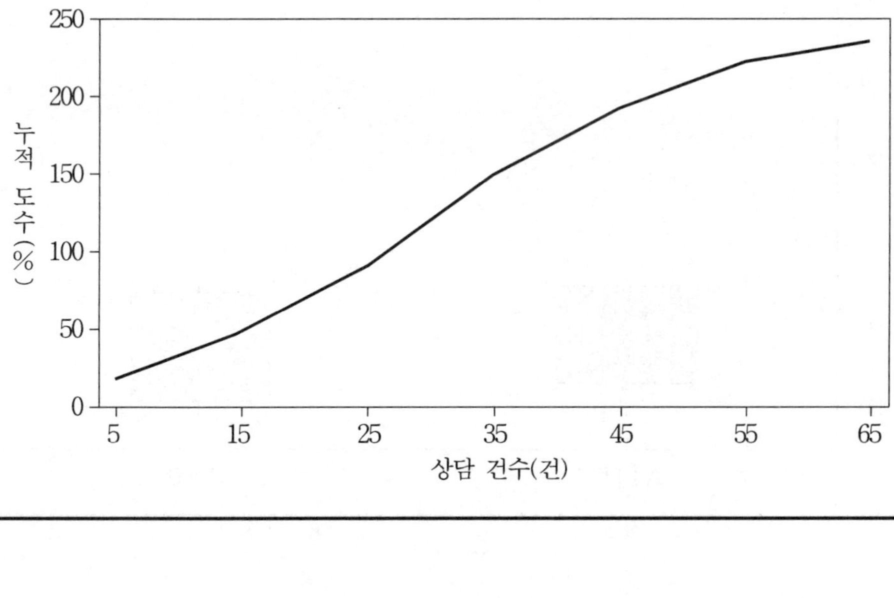

또는 오자이브라고 한다. 누적 도수분포도는 세로축이 누적 백분율(%)이나 누적 도수를 나타내고, 가로축은 계급의 중간값을 나타낸다. 누적 도수다각형을 그리는 방법은 히스토그램이나 꺾은선그래프를 그리는 것과 동일하나 다만 각 계급 구간의 도수나 백분율을 누적 계산하고 그에 따라 누적 도수다각형을 그리는 부분이 다를 뿐이다. [그림 3-5]는 <표 3-1>의 자료를 이용하여 인천시 민원공무원의 1인당 상담 건수를 누적 도수다각형으로 나타낸 것이다.

6) 상자그림

상자그림은 두 개 이상의 집단분포를 비교하기 위해 사용되는 그래프로 각 집단의 최대값, 최소값, 사분위값, 이상값(outlier)을 상자와 수염(whisker) 형태로 표시해 나타내는 그래프이다. 각 상자의 양끝은 사분위값을, 상자 내부에 있는 직선은 중앙값을 나타낸다. 때로는 상자 양 끝에 있는 수염은 이상값, 즉 ×까지 연장된다. 결국 상자에 수염이 달려 있는 그림을 그리게 되므로 때로는 상자와 수염 그림이라고도 한다. 또한 이 그래프는 여

[그림 3-6] 두 공무원 집단의 근무 성적

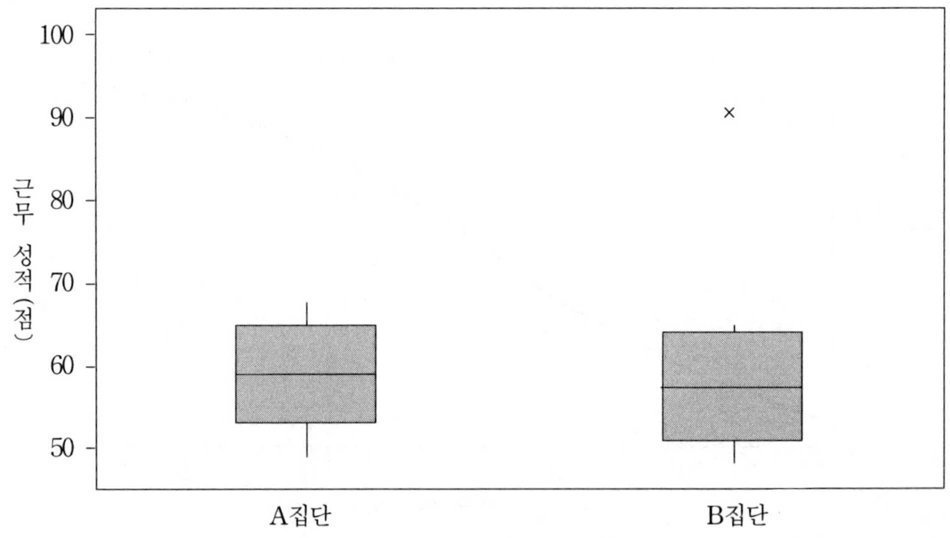

러 개 집단의 최대값 및 최소값의 비교는 물론 평균값의 개괄적인 비교도 가능하다. 따라서 공무원 근무 성적의 자치단체별 비교나 각종 조사나 실험의 결과 등을 비교할 때 간단히 사용할 수 있는 자료 요약의 한 방법이다. [그림 3-6]은 공무원집단의 근무 성적을 비교할 수 있는 상자그림을 나타낸다. 자세히 살펴보면 B집단 공무원들의 근무 성적이 아래쪽으로 치우쳐 있어 B집단에 근무 성적이 낮은 공무원들이 많다. 그럼에도 불구하고 근무 성적의 중앙값의 경우 B집단은 A집단과 별 차이가 없음을 알 수 있다. 이것은 이상값이 B집단에 하나가 있어 중앙값의 크기에 영향을 미쳤기 때문이다.

7) 줄기-잎 그림

앞에서 설명한 도수분포표와 막대그래프는 자료의 전체적 분포를 일목요연하게 나타내 주는 장점이 있으나 원자료의 상태로 나타나지 않기 때문에 정보의 손실이 발생하게 된다. 줄기-잎 그림은 원자료는 물론 도수분포표와 막대그래프의 장점을 하나의 도표에 담을 수 있는 방법이다. <표 3-2>가 의료보험 심사과에 근무하는 직원 60명의 연령에 관한 자료라고 하면, 줄기-잎 그림은 [그림 3-7]과 같다.

[그림 3-7]에서 수직선의 좌측에 있는 숫자를 줄기라고 하고 10단위의 숫자이다. 수직선의 우측에 있는 숫자들은 잎에 해당하며 1단위의 숫자들이다. 줄기와 잎의 숫자를 합하면 원자료가 된다. 이 그림은 도수분포표와 막대그래프의 효과를 동시에 나타내 주는 특성을 지니고 있다. 또한 원자료가 모두 나타나 있어 정보를 유지할 수 있다. [그림 3-7]에서 직원 중 최

〈표 3-2〉 의료보험 심사과 직원의 연령 자료

43	34	21	26	57	64	51	30	38	60
19	26	41	47	58	50	42	32	25	18
36	27	38	37	24	49	56	51	20	39
32	51	60	52	45	44	33	25	29	27
31	35	39	19	20	30	46	47	32	24
29	22	20	37	34	29	60	55	30	41

[그림 3-7] 줄기-잎 그림

1	8 9 9
2	0 0 0 1 2 4 4 5 5 6 6 7 7 9 9 9
3	0 0 0 1 2 2 2 3 4 4 5 6 7 7 8 8 9 9
4	1 1 2 3 4 5 6 7 7 9
5	0 1 1 2 5 6 7 8
6	0 0 0 1 4

연소자는 18세이고 최연장자는 64세임을 알 수 있다. 또한 30대의 직원이 18명으로 가장 많이 분포되어 있음은 물론, 전체적으로 연령 분포와 각 구간의 원자료 연령을 바로 파악할 수 있다.

제 2 절 숫자에 의한 자료 정리

도표에 의한 자료의 정리는 의사 전달이 강력하고 설명력이 명확하며 빠른 대화 방법으로서 흥미를 유발하는 등의 장점을 지니고 있다. 그러나 계급의 수 등이 작성자의 주관에 따라 좌우되어 하나의 자료에 여러 개의 그림이나 표가 나올 수 있어 자료의 분석에 어려움이 따른다. 또한 자료가 모집단이 아닌 표본일 때 표본자료로부터 얻은 도표가 모집단의 도표에 얼마나 가까운지를 전혀 알 수가 없다. 도표의 이러한 단점을 보완하기 위해 자료를 객관적으로 대표할 수 있는 수리적 측정 방법은 도표와 더불어 널리 사용된다.

자료의 특성을 잘 나타내기 위해 가장 일반적으로 사용되는 것이 중심경향성과 산포도이다. 많은 자료를 도수분포표로 정리해 보면 관찰된 자료들이 어느 곳에 가장 많이 모여 있는가를 쉽게 발견할 수 있다. 어느 계급에 도수가 많고 적은지도 알 수 있다. 또 모집단이나 표본에서 얻은 자료를 도표화하면 많은 자료가 어떤 특정한 값을 중심으로 분포되어 있는 현상을 볼 수 있다. 이러한 것을 나타내는 것이 중심경향성(central tendency)이라 하며 중심경향성을 나타내는 특정한 값을 중심경향값이라 한다. 즉, 중심경향값은 자료의 분포를 대표하는 값이라고 볼 수 있다. 여기에는 평균값, 중앙값, 최빈값 등이 있다. 모집단이나 표본에서 얻은 자료의 특성을 파악하기 위해 그 자료의 분포에 대한 중심경향성 이외의 다른 특성을 파악해야 한다. 자료분포의 중심이 어디에 위치하는가만으로는 자료의 분포를 기술하는 데 충분치 못하다. 분포의 특성을 알기 위해서는 중심경향성 외에도 자료가 얼마나 넓게 퍼져 있는가를 아는 것이 필요한 데 자료가 얼마나 흩어져 있는지 혹은 퍼져 있는지의 정도를 산포도라고 한다. 이러한 산포도를 나타내는 방법에는 범위, 백분위값, 분산, 표준편차, 그리고 변이계수 등이 있다.

1 중심경향값

일반적으로 자료를 요약할 때는 작년에 평균 월수입을 얼마나 벌었고, 대학 1학년 때 받은 평균 점수는 몇 점인가를 알아보기 위해 평균을 주로 사용한다. 그리고 통계와 관련하여 평균, 중앙값, 그리고 최빈값과 같은 용어를 들어 보았을 것이다. 이 세 가지 대표값은 우리가 공부할 중심경향값이다. 중심경향값은 자료분포의 중심이 어디에 있는가를 나타내는 수치이다. 이 세 가지 중심경향값을 간략하게 정의하고 설명하면, 먼저 평균은 표본의 중심 경향을 측정하는 한 방법으로 표본 n개의 모든 관찰값의 합을 표본의 크기로 나눈 값이다. 즉, 평균을 구하는 대상 집단이 모집단의 부분집합인 표본인 경우에는 표본의 크기가 n, 각각의 자료값을 X_i라고 할 때 평균은 $\overline{X}$로 나타내고, $\overline{X}=\frac{1}{n}\sum_{i=1}^{n}X_i$이다. 그리고 평균을 구하는 대상 집단이 모집단 그 자체일 때에는 모집단의 크기가 N, 그리고 각각의 자료값을 X_i라고 하면 모평균은 μ로 나타내고, $\mu = \frac{1}{N}\sum_{i=1}^{N} X_i$이다. 지금까지는 자료가 정리되지 않은 상태에 있는 원자료로 제시된 경우에 구하는 평균에 관한 설명이었다. 그러나 자료가 도수분포의 상태로 정리되어 제시된 경우에는 평균을 어떻게 구할 것인가? 이에 따라 도수분포표에 적합한 평균을 구하는 방법의 개발이 필요하며, 이것 또한 평균을 구하는 대상 집단이 모집단 자체일 경우에는 $\mu = \frac{1}{N}\sum_{i=1}^{k} m_i f_i$이고, 표본일 경우에는 $\overline{X} = \frac{1}{n}\sum_{i=1}^{k} m_i f_i$이다. 이때 k는 계급의 수, m_i는 i번째 계급의 중간값, f_i는 i번째 계급의 도수를 나타낸다.

도수분포표의 상태에서 평균을 구하는 것은 원자료들을 일일이 더하지 않고도 평균을 구할 수 있기 때문에 계산상으로는 효율적이다. 그러나 원자료가 각 계급의 중간값을 중심으로 골고루 퍼져 있어야 상당히 정확한 근사치를 도출할 수 있다.

평균은 여러 가지 중요한 특징을 가지고 있다. 즉, 자료군 내의 모든 값은 평균을 계산할 때 사용되며, 자료군 내에 오직 하나의 평균만 존재하여 쉽게 이해되고 계산이 쉽다. 그러나 자료군 내의 모든 값은 평균을 계산하는 데 사용되므로 각 값에 의해 영향을 받는다. 이상값은 평균에 부적절한 영향을 미치며, 또한 그것은 평균을 왜곡시켜 중심경향값으로서 바람직하지 못하게 되는 경우도 있다.

평균에 이어 두 번째로 많이 사용되는 중심경향값이 중앙값이다. 중앙값은 각 표본의 관찰값을 크기 순으로 배열했을 때 중앙에 오는 값을 말하며, 중위수라고도 한다. 총표본 수를 n이라고 할 때 n이 홀수일 때는 $\frac{(n+1)}{2}$번째의 관찰값인 $X_{(n+1)/2}$이 중앙값이며, n이 짝수일 때는 $\frac{n}{2}$번째의 관찰값과 $(\frac{n}{2}+1)$번째의 관찰값의 평균, 즉 $\frac{X_{n/2} + X_{n/2+1}}{2}$을 중앙값으로 한다. 자료가 정리되어 제시된 도수분포표에서의 중앙값도 평균을 구하는 것과 같은 원리가 적용된다. 즉, 먼저 총도수의 중앙 위치에 해당하는 값인 중앙값을 찾는다. 그리고 중앙값 $X_{(n+1)/2}$이 있는 계급 이전 계급의 누적 도수 F_c와 $(n+1)/2$과의 차 $(n+1)/2-F_c$를 구한다. 둘째는 중앙값 $X_{(n+1)/2}$이 위치한 계급의 도수 f에 대한 $(n+1)/2-F_c$의 비율을 구한다. 셋째 그 비율에 따라 계급 구간 C를 분할, 이 분할한 값을 중앙값 $X_{(n+1)/2}$이 위치한 계급의 하한값 L에 더하면 $X_{med}=L+\dfrac{(n+1)/2-F_c}{f}C$가 된다. 중앙값은 단지 자료의 순위에 관한 정보만을 이용한다. 따라서 중앙값은 구간척도와 비율척도뿐만 아니라 순위척도를 사용하는 변수에 대해서도 의미가 있다. 중앙값은 자료분포의 끝에 엉뚱한 값이 나타났을 경우 그러한 값에 그다지 좌우되지 않는다고 하는 점에서 평균보다 우수하다. 중앙값은 이상값에 영향을 받지 않고, 모든 표본이 중앙값을 계산하는 데 사용하지만 모든 표본의 실제값이 전부 계산되지 않고 오직 두 표본들이 중앙값을 계산하는데 이용된다. 따라서 표본이 중앙값 주변에 모이지 않으면 중앙값은 그 집단의 중앙 위치에 대한 좋은 측정 방법이 될 수 없다. 보통 중앙값은 실제값을 갖지 않으며 주어진 자료군에서는 오직 하나만 존재하고 계산하기도 쉽다.

최빈값은 표본의 관찰값 중에서 가장 빈번히 발생하는 값, 즉 도수가 가장 높은 관찰값이다. 또 도수분포 중에서 도수가 가장 큰 계급의 중앙값이다. 최빈값을 구할 수 있는 피어슨(Karl Pearson, 1857-1936)의 근사 공식은 다음과 같다.

$$M_o \cong \overline{X} - 3(\overline{X} - X_{med})$$

여기서 X_{mo}는 최빈값, $\overline{X}$는 평균, X_{med}는 중앙값을 나타낸다.

최빈값은 거의 사용되지 않는데 그 이유는 가장 도수가 높은 값만을 기록하므로 분포의 중심과는 동떨어진 값일 수도 있기 때문이다. 또한 여러 개의 최빈값이 있을 수 있고, 하나도 없는 경우도 있다. 최빈값의 이점이라면 명목척도로 측정된 변수에 대해서 그 자체로도 의미가 있다는 것인데, 예를 들면 미국민의 성별에 관한 중앙값이나 평균 인종을 이야기한다는 것은 이치에 닿지 않으나 가장 많은 성은 남자이고 최빈 인종은 백인이라는 말은 의미가 있다. 어떤 도수분포들은 하나 이상의 최빈값을 갖는다. 실제로 분포들을 분류하는 하나의 유용한 방법이 최빈값의 수이다. 하나의 최빈값을 갖고 있는 분포는 단일봉우리형(unimodal), 두 개의 최빈값을 갖고 있는 경우는 쌍봉우리형(bimodal), 세 개의 최빈값을 갖고 있는 것은 삼봉우리형 분포(trimodal)라고 한다.

2 산포도

중심경향값이 유용하기는 하지만 자료값이 얼마나 흩어져 있는가 또는 퍼져 있는가를 모르면 이들 대표값은 불완전하고 또 오해의 소지를 부를 수도 있다. 가령 공무원 월소득의 중앙값이 300만 원이라는 말은 모든 공무원의 20%는 소득이 100만 원 이하이고 500만 원 이상의 소득을 가진 공무원은 전체의 3%라는 사실은 포함하고 있지 않다고 하자. 이 경우 공무원의 소득분포는 왼쪽으로 치우쳐 있다. 따라서 중앙값만으로 공무원의 소득분포를 충분히 표현할 수 없다. 산포도를 동반하지 않은 평균은 단지 부분적인 정보만 제공한다는 사실을 알아야 한다. 예를 들면 평균소득은 제시되지 않고 용돈이 소득의 10%라고 한다면 장관이나 9급 공무원을 똑같이 취급하게 되는 결과 큰 모순이 나타나게 된다. 따라서 이와 같은 수치는 조심스럽게 받아들여야 한다.

백분위값은 어떤 자료의 집합에서 P백분위값(P-th percentile)은 자료를 크기 순으로 늘어 놓았을 때 적어도 P%의 관찰값이 그보다 작거나 같고 (100-P)%의 관찰값이 그보다 크거나 같은 값을 말한다. 중앙값은 자료를 두 개의 부분으로 나누어 제일 가운데 있는 값을 말하고, 필요에 따라 자료를 4등분하는 값을 사분위값(quartiles)이라 하고, 100등분하는 값을 백분위값(percentiles)이라고 부른다. 분포의 중심을 나타내는 데 중앙값이 사용되는 경우, 산포와 분포의 대체적인 형태를 몇 개의 백분위값으로 나타낼 수 있다. 사분위값과 백분위값을 비교하면 제1사분위값(lower quartile)은 제25백분위값이고, 제3사분위값(upper quartile)은 제75백분위값이다. 그리고 중앙값은 제50백분위값이다. 사분위값과 중앙값은 자료를 4등분한다. 제1사분위값과 제3사분위값은 중앙에 위치한 50%의 자료 퍼짐을 나타내는 측정값이다. 사분위값이 중앙값으로부터 떨어져 있는 거리는 분포의 비대칭의 정도를 나타내 주는 왜도(skewness)를 나타낸다. 일반적으로 왜도의 값이 0보다 크면 오른쪽 긴 꼬리를 갖는 분포이며, 3보다 작으면 왼쪽 긴 꼬리를 갖는다. 따라서 3에 가까울수록 대칭분포가 된다. 왜도 이외에 분포의 뾰족한 정도를 나타내 주는 첨도(kurtosis)가 있다. 첨도의 값이 3에 가까우면 정규분포와 유사하고, 첨도의 값이 3보다 크면 평균값 주변에 관찰값이 많아 분포곡선이 뾰족하게 나타나며, 첨도의 값이 3보다 작으면 정규분포에 비해 완만한 분포 형태를 갖는다.

더불어 자료의 산포를 나타낼 때 극단적인 값, 즉 최소값과 최대값을 제시하기도 한다. 이와같이 최소값, 제1사분위값, 중앙값, 제3사분위값, 최대값은 자료를 합리적으로 표현하는 방법으로 다섯 가지 순위통계량이라고 한다. 순위통계량을 이용하여 자료를 요약·정리하는 그래프적 표현 방법으로 상자그림이 있는데, 줄기와 잎 그림과 함께 표현된다. 각 상자의 양끝은 사분위값을, 상자 내부에 있는 직선은 중앙값을 나타낸다. 그리고 상자 양 끝에 있는 선(whisker)은 최소값과 최대값까지 연장된다.

자료분포의 산포도를 하나의 수치로 나타내는 가장 간단한 방법이 범위(range)인데, 이는 주어진 자료 중에서 가장 큰 값(최대값)과 가장 작은 값(최소값)의 차이를 말한다. 예를 들면 10, 30, 200, 500의 자료가 있을 때 이 자료의 범위는 500-10=490이다. 산포도를 나타내는 데 사용되는 범위는 계산하기 쉽고 이해하기 쉽다는 장점도 갖지만 자료 속에 있는 두 개의 값, 즉 최대값과 최소값의 차이만을 보여 줄 뿐 분포의 모양은 말해 주지 않는다는 단점이 있다. 한편 범위가 서로 같은 두 개의 자료라도 분포의 양상이 현저히 다를 수도 있는데 이와 같은 범위의 문제점을 극복하기 위해 고안된 것이 중간 범위(mid range)이다. 중간 범위로서는 제3사분위값과 제1사분위값의 차이로 구하는 사분위간 범위(interquartile range)가 일반적이다. 그러나 이러한 중간 범위가 비록 이상값에 덜 영향을 받지만 두 개의 자료값에 의존한다는 점에서 산포도를 나타내기 위해 사용하는 데 한계가 있게 된다.

사분위편차(quartile deviation)란 중앙값을 중심으로 한 산포도를 측정하는 방법으로 N개의 값을 작은 것으로부터 크기 순서로 배열하여 $\frac{N}{4}$번째로에 해당하는 값을 제1사분위값(Q_1)이라 하고, $\frac{3}{4}N$번째에 해당하는 값을 제3사분위값(Q_3)이라 할 때 사분위편차는 Q라 표시하며, 사분위편차를 계산하는 공식은 다음과 같다.

$$Q = \frac{(Q_3 - Q_1)}{2}$$

이는 산포도를 분포의 중앙에 위치한 중앙값의 좌우로부터 동일한 백분율을 가진 두 점 간의 거리에 의존하게 된다. 중앙값으로부터 제1사분위값과 제3사분위값에 의한 범위의 정도에 따라 분포의 산포도를 파악할 수 있다.

자료들이 평균으로부터 어느 정도 흩어져 있는가를 측정하는 하나의 기법이 평균편차(mean deviation)이다. 여기서 편차(deviation)란 관찰값이 평균을 중심으로 떨어져 있는 거리를 의미한다. 관찰값이 평균보다 작으면 음의 편차를 가지며, 반대로 평균보다 크면 양의 편차를 가진다. 그런데 모든 자료에 대해서 편차를 구하고 이들을 합치면 0이 된다. 즉, $\sum_{i=1}^{n}(X_i - \mu) = 0$이다. 이것은 음의 편차와 양의 편차가 서로 상쇄되기 때문이다. 이러한 문제를 해소하기 위해 각 편차에 절대값을 취하고 평균을 계산하면 평균편차를 얻게 된다. 평균편차는 관찰값과 평균의 차인 편차($X_i - \mu$)들의 절대값의 평균이다. 보통 MD로 표시하며, 이를 구하는 공식은 다음과 같다.

$$MD = \frac{\sum_{i=1}^{n}|X_i - \mu|}{n}$$

앞의 평균편차는 평균에 대한 각 변수의 편차의 절대값을 취급하므로 +, −의 부호를 무시하는 문제점을 안고 있다. 이러한 문제점을 극복하기 위해 편차를 제곱하여 사용하는 것이 표준편차이다. 분산과 표준편차는 자료 분포의 산포도를 나타내는 개념 중에서 가장 많이 사용된다. 산술 평균에 대한 각 변수의 편차의 제곱, 즉 제곱편차의 평균을 분산이라 하고, 이 분산의 양의 제곱근을 표준편차라고 한다.

모집단을 대상으로 할 때는 모분산(σ^2)이라 하고, 표본을 대상으로 할 때는 표본분산(s^2)이라고 하며, 이를 구하는 공식은 다음과 같다.

모집단의 분산

$$\sigma^2 = \frac{\sum_{i=1}^{N}(X_i - \mu)^2}{N} = \frac{\sum_{n=1}^{N} X_i^2}{N} - \mu^2$$

표본의 분산

$$s^2 = \frac{\sum_{i=1}^{n}(X_i - \overline{X})^2}{n-1} = \frac{\sum_{i=1}^{n} X_i^2 - n\overline{X^2}}{n-1}$$

표본분산은 n 대신 n-1로 나누는 이유는 n-1로 나누어 줌으로써 모집단의 σ를 추정하는 데 적절한 표준편차를 구하기 위함이다. 즉, 표본분산의 공식에서 (n-1) 대신에 n을 사용하여 제곱편차의 평균을 구하게 되면 모분산을 과소 평가하게 되어 편의 추정값을 제공하게 되어 (n-1)을 사용하게 된다.

분산은 편차를 제곱하여 계산하기 때문에 평균으로부터 멀리 떨어진 관찰값일수록 그 의미가 확대되어 나타난다. 또한 분산은 편차를 제곱했기 때문에 분산 단위를 그대로 사용할 수 없는 문제가 발생한다. 그러나 표준편차는 분산의 제곱근이므로 분산의 특성을 모두 가지고 있을 뿐만 아니라 관찰값이나 대표값과 동일한 단위로 사용할 수 있어서 일반적으로 산포도를 수치적으로 표현한 지표로 가장 널리 사용된다.

$$\text{모집단의 표준편차: } \sigma = \sqrt{\frac{\sum_{i=1}^{N}(X_i - \mu)^2}{N}}$$

$$\text{표본의 표준편차 } s = \sqrt{\frac{\sum_{i=1}^{n}(X_i - \overline{X})^2}{n-1}}$$

표준편차는 주어진 자료군 내에서 산포도를 측정하는 데 유용하다. 그러나 두 자료군 내에서의 산포도를 비교하기 위해 두 표준편차를 비교한다는 것은 잘못된 결과를 낳을 수 있다. 왜냐하면 두 집단에 포함된 변수가 각기 다른 단위를 갖고 있을 때 표준편차로는 직접 비교할 수 없기 때문이다. 더구나 같은 단위를 갖고 있다 하더라도 두 평균이 매우 다를 수도 있다. 만약 초등학교 1학년 아동의 체중에 대한 표준편차와 대학교 1학년 학생의 체중에 대한 표준편차를 비교한다면 <표 3-3>에서 보는 바와 같이 후자의 표준편차가 전자의 표준편차보다 크게 될 것이다. 이것은 산포도가 더 커서가 아니라 체중 자체가 대학교 1학년 학생이 초등학교 1학년 아동보다 더 크기 때문이다.

〈표 3-3〉 두 집단의 비교

조사 대상	평균	표준편차
초등학교 1학년 아동	26.40kg	3.66kg
대학교 1학년 학생	51.10kg	5.00kg

변이계수는 표준편차를 평균에 대한 백분율로 나타낸 것으로 *C.V.*로 표시한다. 공식은 다음과 같다.

$$C.V. = \frac{s}{\overline{X}} \times 100$$

위의 공식을 사용해서 변이계수를 계산한 결과는 아래와 같다.

초등학교 1학년 아동 3.66/26.40×100=13.82%
대학교 1학년 학생 5.00/51.10×100=9.78%

따라서 초등학교 1학년 아동의 변이계수가 13.82%로 대학교 1학년 학생의 9.78%보다 더 크게 나타났음을 알 수 있다.

변이계수를 계산할 때는 평균과 표준편차가 같은 단위로 표현된다. 두 표본집단의 표준편차가 같은 경우라 하더라도 변이계수를 비교하면 산포도가 다를 수 있다. 또한 변이계수는 같은 변수를 포함한 조사를 행하고 있는 별개의 사람들에 의해 얻은 결과들을 비교하는 데 유용하다.

연습 문제

1. 아래 표는 공무원의 승진시험 성적을 나타내는 도수분포표이다. 물음에 답하시오.

공무원의 승진시험 성적

성적	도수	상대도수
50~59	2	1.7
60~69	24	20.0
70~79	49	40.8
80~89	33	27.5
90~99	12	10.0
합계	120	100.0

1) 변수는 무엇인가?
2) 계급은 모두 몇 개인가?
3) 세 번째 계급의 계급 구간과 계급중간값을 구하시오.
4) 도수와 총도수 그리고 상대도수를 설명하시오.

2. 다음 원자료(raw data)는 인천시가 인천시의회 의원들의 질의에 대한 답변에 필요한 일수라고 가정하자. 아래 자료를 이용하여 평균값, 중앙값, 범위, 사분위편차, 분산, 표준편차, 그리고 변이계수를 구하시오.

시의회 의원들의 질의에 대한 답변에 필요한 일수

9	1	6	10	8	12	9	4	15	7	19	8	21	10	50	37					
44	9	18	8	9	7	1	4	5	7	8	10	9	20	19	31					
23	36	7	9	6	7	4	10	1	7	6	9	13	3	21	13					
5	25	37	2	31	18	9	3	8	6	3	4	2	15	9	29	16				
7	12	19	38	8	6	8	5	8	10	11	7	23	6	17	5	25				
28	10	25	28	36	4	14	11	8	5	8	11	9	12	3	22	4				
24	37	12	18	34	40	28	7	2	24	31	34	4	5	33	29	8	26	9	13	30

제 4 장 확 률

확률이론은 추론통계학의 기초가 된다. 그러나 수학의 한 분과인 이 확률이론은 이 책에서는 주요 관심 대상이 아니므로 기초 개념만을 다루고자 한다. 확률이론에 관심이 많은 학생은 베이츠(Bates, 1965), 딕슨(Dixon, 1964), 모스텔러 외(Mosteller et al., 1970), 얼 외(Earl et al., 1963,) 버먼(Berman, 1969), 하우스너(Hausner, 1971), 그리고 뮬린스와 로센(Mullins & Rosen, 1972) 등의 확률에 관한 서적을 참고하기 바란다. 이 장의 목적은 학생으로 하여금 확률이론에서의 수학적 능력을 얻는 데 도움을 주어 더욱 중요한 개념들에 대한 이해를 증진시키고자 하는 데 있다.

확률은 행정이나 정책 분야에 종사하는 공무원이나 정책분석가들이 흔히 사용하는 개념이다. 예를 들면 정부 개각이 단행될 때에 하마평이 나오는 인사 중에 누가 어느 부처의 장관으로 낙점될 확률은 얼마인가 또 누가 어느 부처의 주무국장이 될 확률은 몇 퍼센트인가 등이 이에 해당된다. 보건복지가족부 국민연금 담당공무원은 금년에 국민연금과 공무원연금이 통합될 확률은 50%, 즉 0.5라고 말할지도 모른다. 따라서 우리는 어떤 사건이 발생할 확률을 0과 1 사이의 숫자로 측정하여 말하는 데 익숙해져 있다.

제1절 확률의 기본 개념

통계조사에서 연구자는 어떤 특정한 결과가 관측되는지에 관심이 있다. 즉, 어떤 조건을 만족시키는 결과의 집합이 관심의 대상이 되며 이러한 결과의 하나를 관측하게 될 때 이 조건이 만족되는 사건이 일어났다고 한다. 그런데 통계조사에서 얻을 수 있는 모든 가능한 조사 결과의 총집합을 표본공간(sample space)이라 하고, 보통 S로 나타낸다. 예를 들면 주사위를 던져서 윗면의 눈의 수를 관찰하는 실험에서 표본공간은 $S_1=\{1, 2, 3, 4, 5, 6\}$이고, 어느 한 부처에서 10개의 청원이 제기될 때까지 처리된 업무 건수를 조사할 때 표본공간은 $S_2=\{10, 11, 12, 13, 14, \cdots\}$이다.

통계조사에 관측되는 하나의 결과, 즉 표본공간의 하나의 원소를 근원사상(elementary event)이라 하고, 표본공간 S의 부분집합을 사상(event)이라고 한다. 가령 주사위를 던져서 윗면에 나타난 눈의 수를 관찰하는 실험에서 눈의 수가 홀수인 실험 결과의 집합 $A=\{1, 3, 5\}$는 사상이다. 사상 A에 속하지 않는 표본공간의 원소 집합을 A의 여사상, 즉 $A^c=\{2, 4, 6\}$으로 나타낸다. 두 개 이상의 사상을 다룰 때에는 집합연산의 기호를 사용한다. A에 속하거나 B에 속한 모든 근원사상의 집합을 A와 B의 합사상이라 하고 $A \cup B$로 표시한다. A와 B에 동시에 속하는 근원사상의 집합을 A와 B의 곱사상 또는 공통사상이라 하고 $A \cap B$로 나타낸다. $A \cap B=\emptyset$일 때 A와 B는 서로 배반인 사상이라 하고, 이는 두 사상 A, B가 동시에 일어날 수 없음을 의미한다.

객관적 확률의 개념은 최근까지 통계학자와 수학자들에 의해 객관적 실험에서 도출된 객관적 현상으로만 간주되어 왔다. 그러나 객관적 확률은 고전적 해석과 상대도수적 해석으로 나누어 개념화되고 있다.

확률의 고전적 확률은 17세기 두 수학자 파스칼(Blaise Pascal, 1623-1662)과 페르마(Pierre de Permat, 1601-1665)의 연구로 소급되는데, 동전

던지기와 같은 게임과 관련된 문제를 해결하기 위해 개발되었다. 확률은 다음과 같은 고전적 의미로 정의될 수 있다. 즉, 어떤 사상이 상호 배반적이면서 동일하게 N번 발생하고, 이 중 m개가 어떤 특징 E를 소유한다면 E가 발생할 확률은 m/N과 같다.

확률의 개념은 어떤 현상이 무작위적으로 발생한다는 사실에서 출발한다. 주사위를 던질 때 6의 눈이 나오게 될지 안 될지는 알 수 없다. 그러나 수없이 주사위를 던지면 6이 나올 가능성은 1/6이라는 것을 알 수 있다. 이 1/6은 주사위를 여러 번 던질 때 나타나는 양상의 일부분이다. 주사위를 여러 번 던지면 6은 던진 횟수의 약 1/6의 비율로 나타나므로 한 번 던질 때 '600번 중에서 100번'의 비율로 나타난다고 볼 수 있다. 따라서 확률은 어떤 사상이 일어날 가능성에 대한 수치 척도로서 모든 사상이 일어나는 경우의 수에 대한 특정한 사상이 일어나는 경우수의 비율로 정의할 수 있다. A사상이 일어날 확률은 $P_r(A)$로 표기하며, 그 확률의 계산은 다음 공식과 같다.

$$P_r(A) = \frac{\text{사상}A\text{의 근원사상의 수}}{\text{표본공간의 근원사상의 수}}$$

이를 확률의 고전적 정의라고 한다. 고전적 정의의 확률은 표본공간이 제한된 수의 근원사상만을 가지고 각 근원사상이 일어날 가능성이 같은 경우에 적용이 가능하다. 그러나 실제로 많은 경우에는 통계조사의 가능한 모든 결과가 무한일 수 있고, 각 조사 결과가 관찰될 가능성 또한 같지 않다. 통계조사의 가능한 모든 결과가 무한일 경우에 특정 사상이 일어날 가능성은 특정 사상의 상대도수를 이용하여 추정할 수 있다.

통계조사를 반복적으로 시행하면 한 사상이 발생하는 상대도수는 일정한 법칙을 따른다는 것을 경험을 통해 알 수 있다. 예를 들면 여성이 20%를 차지하고 있는 어느 부서에서 여성 25명을 무작위로 단순임의 추출하는 시행을 200회 했다고 하자. 표본에 여성이 5명 들어 있는 결과의 도수가 47이면 상대도수는 47/200=0.24이다. 표본에 4, 5 또는 6명의 여성이 들어 있는 사상의 도수가 111이면 상대도수는 111/200=0.55이다. 이는 여성의 수가 4, 5 또는 6 중 하나가 되는 경우가 200회의 시행 중에서 111번 일어났기 때문이다. 0.55가 4, 5 또는 6명의 여성이 나타나는 사상의 완벽한 확률은 아니지만 이 값은 200회 시행에서 얻은 상대도수이므로 매우 근접한 확률값이라 할 수 있다. 만약 조사를 무한히 반복해서 실시한다면 이 특정 사상의 상대도수는 일정한 값으로 수렴하게 됨을 알 수 있다. 이러한 관점에서 확률을 상대도수의 기본적 특성을 바탕으로 하여 콜모고로프(Andrei Nikolaevich Kolmogorov, 1903-1987)는 다음과 같이 공리적으로 정의했다. 즉,

(1) 표본공간 S에 대해 $P_r(S)=1$

(2) 표본공간 S에서 임의의 사상 A에 대해 $0 \leqq P_r(A) \leqq 1$

(3) 서로 배반인 사상 A_1, A_2, …에 대해

$$P_r(A_1 \cup A_2 \cup \cdots) = P_r(A_1) + P_r(A_2) + \cdots$$

를 만족할 때, $P_r(A)$를 사상 A의 확률이라 한다.

적용 4-1 인천광역시에 근무하는 가족계획요원이 남구 도화동의 한 가구를 방문하여 가구주를 상대로 가족계획에 관한 교육홍보를 한다고 하자. 만약 10회 방문 중 3회 만난 경험을 가지고 있을 때, 3/10을 가족계획요원이 가구주를 만날 수 있는 상대도수라고 한다. 그러나 10회 정도가 아니고 대단히 많은 경험을 통해 10회에 3회 정도 만날 수 있었다고 할 때, '가족계획요원이 가구주를 만날 수 있는 통계적 확률은 3/10이다'라고 말한다.

이 밖에도 주관적 확률이 있다. 주관적 확률은 개인적 의견이나 판단 및 경험이 반영된 확률이라 할 수 있다. 주관적 확률은 상대도수보다 더 광범위하게 사용된다. 확률을 주관적으로 해석할 때 얻을 수 있는 다른 이점은 무작위성을 고려하지 않고도 확률을 정의할 수 있다는 점이다. 상대도수는 실현될 수 없는 이상적인 값이지만 주관적 확률은 장차 어떻게 될 것이라

는 주관적 평가이다. 그러나 상대도수가 존재할 때 주관적 확률은 실제 측정된 결과와 동떨어질 수 있다는 단점을 갖고 있다.

확률의 주관적 관점에 대한 관심은 점점 커지고 있지만 전통적인 확률관을 갖고 있는 통계학자들에 의해 완전히 수용되지 않고 있다. 1950년대 초에 새비지(L. J. Savage, 1917-1971)에 의해 확률의 주관적 개념이 도입되었다. 이 관점에서 확률은 특별한 명제의 참과 관련하여 특정 개인이 가지고 있는 신뢰도를 측정하므로 어떤 사상의 반복성에 의존하지 않는다. 예를 들면 어떤 유명한 의사가 암의 치료법이 향후 10년 내에 발견될 확률을 80%라고 할 경우, 이는 개인의 주관적인 판단에 의해 결정되는 개념의 확률이므로 다른 의사는 50%라고 생각할 수도 있고 또 상황에 따라서 달라질 수 있다. 따라서 주관적 확률은 수학적으로 설명이 어렵다.

제 2 절 조건부확률과 독립사상

우리는 지금까지 어떤 한 특정 사상이 발생할 가능성을 측정하는 수단으로서 확률을 고찰했다. 즉, 어떤 한 특정 사상의 발생 확률은 다른 사상의 발생 여부와 전혀 관련이 없었다. 따라서 우리는 지금까지 무조건적 확률을 취급해 왔다고 할 수 있다. 여기에서는 두 사상이 발생하는 경우를 고찰하기로 하자. 두 사상 사이에 밀접한 관계가 있어서 한 사상의 발생 확률이 다른 사상의 발생에 따라 영향을 받게 되면 두 사상은 종속 관계에 있다고 한다. 이와같이 어떤 사상의 확률이 다른 사상의 발생에 의존하거나 영향을 받는 경우에는 다른 사상의 발생에 따른 추가적 정보를 갖기 때문에 특정 사상의 확률은 영향을 받게 된다. 이때 다른 사상이 이미 발생했다는 조건 하에 어떤 한 특정 사상의 발생가능성을 측정하는 확률을 조건부확률(conditional probability)이라고 한다. 종속 관계에 있는 두 사상을 A와 B라고 하면 첫 사상 B가 이미 발생했다는 조건 하에 두 번째 사상 A의 조

건부확률은 $P_r(A|B)$로 나타내며 “사상 B가 발생했을 때 사상 A의 발생 가능 확률”이라고 읽고, 다음과 같이 정의한다.

$$P_r(A \mid B) = \frac{P_r(A \cap B)}{P_r(B)}, \quad P_r(B) > 0$$

사상 A와 B를 밴다이어그램으로 나타내면 다음과 같다.

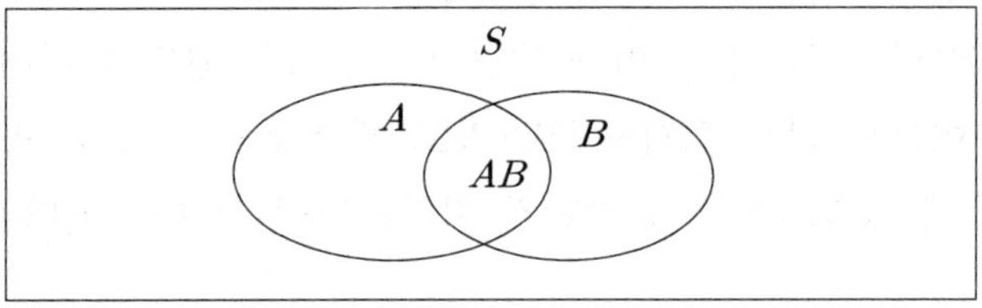

따라서 $P_r(A|B) = P_r(A \cap B)/P_r(B)$는 사상 B에 대한 곱사상 $A \cap B$의 크기의 비율이라 할 수 있다. 즉, $P_r(A|B)$는 실험에서 나타나는 결과를 사상 B에 한정할 때 사상 A가 나타날 가능성을 측정하는 것이다.

두 사상 A와 B가 있을 때 사상 A의 확률이 사상 B의 발생에 영향을 받지 않는다면, 즉 $P_r(A) = P_r(A|B)$이거나 $P_r(B) = P_r(B|A)$인 경우에 두 사상 A와 B는 확률적으로 독립이라고 한다. 또 두 사상 A와 B가 서로 독립적인 경우 두 사상의 결합 확률은 각 사상의 확률의 곱과 같게 된다. 즉,

$$P_r(A \cap B) = P_r(A)\ P_r(B) \text{이다.}$$

적용 4-2 <표 4-1>은 1,000명의 직원을 가지고 있는 어느 기초자치단체에서 공무원 노조 설립에 관한 의견을 남녀별로 조사한 결과라고 하자.

사상 A={남자}, 사상 B={노조 설립 찬성}이라고 한다면 사상 A가 발생할 확률, 사상 B가 일어났을 때의 사상 A의 조건부확률, 사상 B가 일어나지 않았을 때의 사상 A의 조건부확률은 각각 다름을 알 수 있다.

〈표 4-1〉 공무원 노조 설립에 관한 의견 조사 결과

	찬성	반대	합계
남자	250	450	700
여자	200	100	300
합계	450	550	1,000

$$P_r(A) = \frac{700}{1,000} = 0.7$$

$$P_r(A|B) = \frac{P_r(A \cap B)}{P_r(B)} = \frac{250/1,000}{450/1,000} = \frac{25}{45} \cong 0.55$$

$$P_r(A|\overline{B}) = \frac{P_r(A \cap \overline{B})}{P_r(\overline{B})} = \frac{450/1,000}{550/1,000} = \frac{45}{55} \cong 0.82$$

따라서 두 사상 A, B에 대해 사상 B가 일어날 경우와 사상 B가 일어나지 않을 경우에 따라 사상 A가 일어날 확률이 다르므로 사상 A와 B는 종속사상이라고 한다.

독립사상은 어떤 사상이 일어날 확률이 다른 사상이 일어날 확률에 영향을 주지 않는 사상이며, 종속사상은 어떤 사상이 일어날 확률이 다른 사상이 일어날 확률에 영향을 주는 사상이다. 예를 들면 흰 공과 검은 공이 각각 3개씩 들어 있는 주머니에서 공을 계속하여 2개를 꺼내는 실험을 실시한다고 하자. 공을 꺼내는 방법에는 두 가지가 있다. 하나는 한 번 꺼냈던 공을 관찰한 후에 다시 주머니에 넣고 섞은 후에 다음 공을 꺼내는 방법이고, 다른 하나는 한 번 꺼낸 공은 다시 주머니에 넣지 않고 다음 공을 꺼내는 방법이다. 전자를 복원추출(sampling with replacement)이라고 하고 후자는 비복원추출(sampling without replacement)이라고 하는데, 복원추출은 각 실험의 사상이 서로 독립인데 반하여 비복원추출은 각 실험의 사상이 서로 독립이 아니다. 복원추출일 경우에는 처음 꺼낸 공이 검은 공일 확률은 3/6=1/2이고, 꺼낸 공을 다시 주머니에 넣으므로 두 번째 꺼낸 공이 검은 공일 확률도 마찬가지로 1/2이다. 따라서 처음 두 공이 모두 검은 공일 확률은 다음과 같다.

$$P_r(\text{black 그리고 black}) = P_r(\text{black}) \cdot P_r(\text{black}) = 3/6 \times 3/6 = 1/4$$

이 경우는 첫 번째 검은 공을 꺼낼 확률은 모두 6개의 공 중에서 뽑히므로 3/6이고 두 번째도 검은 공일 확률은 첫 번째 꺼낸 공의 색을 확인한 후 주머니에 넣고 다시 6개의 공 중에서 검은 공을 뽑으므로 3/6으로, 앞의 사상은 나중에 발생하는 사상에 영향을 주지 않는다. 그러므로 복원추출의 경우에는 독립사상이 된다.

그러나 복원추출이 아니고 비복원추출일 경우에는 일단 뽑은 공을 다시 집어넣지 않고 주머니에 남은 공에서 다음 사상이 발생하므로 종속사상이 된다. 즉, 처음 꺼낸 공이 검은 공일 확률은 3/6=1/2로 복원추출과 같으나 한 번 꺼낸 공은 다시 주머니에 넣지 않으므로 두 번째 실험에서 검은 공이 나올 확률은 처음 꺼낸 공에 따라 달라지게 되어 주머니에 남은 5개의 공 중에서 2개가 검은 공이므로 $P_r(\text{black}|\text{black})=2/5$이다. 따라서 두 공 모두 검은 공일 확률은 $P_r(\text{black 그리고 black})=1/2\times2/5=1/5$이다.

제 3 절 베이즈의 정리

베이즈의 정리(Bayes' Theorem)는 조건부확률에 관한 정리인데, 이의 핵심내용은 사전확률(prior probability)은 나중에 얻는 경험적 증거에 의해 수정될 수 있다는 것이다. 사전확률이란 대체로 의사결정권자에 의해서 특정 사상에 부여된 주관적인 확률이다. 경험적 증거나 선행 연구의 결과로 얻는 사후확률(posterior probability)은 사전확률보다 의사결정을 하는 데 더 나은 근거를 제공해 준다. 따라서 베이즈의 정리는 사후에 일어나는 사상에 관한 정보를 가지고 알려지지 않은 어떤 사상의 확률을 구하는 데 사용될 수 있다.

대학 졸업반인 박군이 서울시가 시행하는 7급 공무원시험에 응시 원서를 냈다고 하자. 그런데 이 시험은 전체 응시자 중 5%만 합격시킨다고 한다.

따라서 A를 합격할 사상이라고 하면 $P_r(A)=0.05$가 되며, 불합격할 확률은 $P_r(\overline{A})=0.95$가 될 것이다.

응시자 중 일부에게만 면접을 실시하는데 면접을 받을 사상을 B라고 하자. 그런데 합격자 중 92%는 면접을 받은 사람이고, 나머지 8%는 면접을 하지 않고 합격한 사람이라고 한다. 따라서 $P_r(B|A)$=0.92, $P_r(\overline{B}|A)$ =0.08이 될 것이다. 또한 불합격한 사람 중 3%는 면접을 받았다고 한다. 즉, $P_r(B|\overline{A})$=0.03이다.

만약 박군이 면접 통지를 받았다고 하면 합격할 확률은 얼마나 될까? 우리가 구하고자 하는 확률은 $P_r(A|B)$이다. 여기서 $P_r(A)$와 $P_r(\overline{A})$는 합격 여부에 관한 사전정보라고 할 수 있기 때문에 사전확률이라고 한다. 그리고 우리가 알아내려고 하는 조건부확률 $P_r(A|B)$는 사후확률이라고 할 수 있다. 왜냐하면 박군이 면접 통지를 받았다고 하는 추가적인 정보에 의해 합격 확률을 수정하려고 하기 때문이다.

이와같이 베이즈의 정리는 추가 정보를 토대로 사전확률을 얼마나 수정할 것인가, 즉 알려지지 않은 사후확률을 구하려는 이론이다. 이제 베이즈의 정리를 일반화시켜 보자. 만일 사상 B가 발생했을 때 사상 B를 발생시키는 상호 배타적인 사상들이 n개 있고 이를 $A_i(i=1,2,\cdots,n)$이라고 하자. 그러면

$$B=(B\cap A_1)\cup(B\cap A_2)\cup \dots \cup(B\cap A_n)$$

$$P_r(B)=P_r(B\cap A_1)+P_r(B\cap A_2)+\cdots+P_r(B\cap A_n)=\sum_{i=1}^{n}P_r(B\cap A_i)$$

이다. 따라서 사상 B가 발생했다는 조건 하에서 이것이 A_k에서 나왔을 확률은 다음과 같다.

$$\begin{aligned}P_r(A_k \mid B)&=\frac{P_r(A_k\cap B)}{P_r(B)}=\frac{P_r(B\cap A_k)}{P_r(B)}\\&=\frac{P_r(B\cap A_k)}{\sum_{i=1}^{n}P_r(B\cap A_i)}\end{aligned}$$

$$= \frac{P_r(A_k) \times P_r(B \mid A_k)}{\sum_{i=1}^{n} P_r(A_i) \times P_r(B \mid A_i)}$$

적용 4-3 이제 베이즈의 정리를 이용하여 앞의 예를 계산해 보자.

$$P_r(A \mid B) = \frac{P_r(B \cap A)}{P_r(B \cap A) + P_r(B \cap \overline{A})}$$

$$= \frac{P_r(A) \times P_r(B \mid A)}{P_r(A) \times P_r(B \mid A) + P_r(\overline{A}) \times P_r(B \mid \overline{A})}$$

$$= \frac{0.05(0.92)}{0.05(0.92) + 0.95(0.03)} = \frac{0.046}{0.046 + 0.028} = \frac{0.046}{0.074} = 0.62$$

가 된다.

공기업에서 경영책임자들은 표본조사나 기타 다른 정보에 근거하여 제품의 수요 예측에 대한 확률을 수정하거나, 이보다 좀 더 복잡하고 신중한 의사결정을 요하는 상황에서도 베이즈의 정리가 이용되기도 한다. 예를 들면 1986년에 챌린저(Challenger) 우주선이 발사되기 전 미 공군에서는 이 우주선을 비행시킬 엔진을 베이즈의 정리를 사용하여 분석한 바 있는데, 이때 미 공군은 동일한 엔진이 35번의 비행에 한 번 정도 고장이 생길 수 있다는 결과를 발표했다. 발사대에서 떠난 직후 폭발하여 비극적으로 끝난 챌린저 우주선은 25번째 비행이었다.

연습 문제

1. 주사위 한 개를 던지는 실험에서 사상 A를 눈금이 짝수인 사상이라 하고, 사상 B를 눈금이 홀수인 사상이라고 할 때, 사상 A와 B가 발생할 확률을 구해 보시오.

2. 동전 두 개를 동시에 던지는 실험에서 두 사상 A, B를 각각 다음과 같이 정의한다고 하자.

   A: 첫째 동전이 앞면이 나타나는 사상

   B: 첫째 동전이 뒷면이 나타나는 사상

   표본공간 S와 A, B를 나타내시오.

3. 학생 100명을 대상으로 안경을 낀 학생을 조사한 결과가 다음 표와 같다. A를 남학생의 집합, B를 여학생의 집합, 그리고 C를 안경을 낀 학생의 집합이라고 하자. 한 명의 학생을 선택했을 때 그 학생이 안경을 끼고 있다는 조건 하에서 그 학생이 여학생일 확률을 구해 보시오.

성별	안경 착용	안경 미착용	계
남자	20	40	60
여자	30	10	40
전체	50	50	100

4. 동전 두 개를 던지는 실험에서 표본공간은 다음과 같이 4개의 점으로 이루어진다.

$$\{HH, HT, TH, TT\}$$

   사상 A, B, C를 각각

   A=첫째 동전이 앞면이 나올 사상

   B=두 번째 동전이 앞면이 나올 사상

   C=두 개의 동전 모두 앞면이 나올 사상

이라고 할 때 사상 A와 B와 C가 서로 독립인가를 증명하시오.

5. 1989년 우리나라 도시 형사범죄 통계에 의하면 절도범이 검거될 확률은 38%, 폭력범의 검거 확률은 94%, 기타 형사범의 검거 확률은 92%로 나타났다. 또한 형사범 가운데 절도범의 비율은 11%이고 폭력범의 비율은 18%, 기타 형사범의 비율은 71%로 발표되었다. 어느 날 우연히 형사범이 한 명 검거되었다고 하면, 그 범인이 폭력범일 확률을 구해 보시오.

제 5 장 확률변수와 확률분포

앞 장에서 확률의 개념과 실험의 결과로 나타나는 각 사상에 확률을 부여하는 방법을 알아보았다. 이제 확률 실험의 결과로 나타나는 모든 사상의 확률을 기술하는 문제를 다루고자 한다.

주사위를 던질 때 나타나는 눈금의 숫자와 같이 실험의 결과가 수치로 나타날 때 가능한 모든 결과와 각 결과에 대응하는 확률은 확률변수를 사용하여 나타낼 수 있다. 이와같이 실험의 결과를 주사위 던지기에서처럼 수치적 자료로 나타나지만 동전 던지기처럼 앞면과 뒷면 등 질적 자료로 나타나는 경우도 있다. 이런 때에는 질적 자료를 수치적 자료로 바꾸어 주는 방법이 필요한데 이를 위해 확률변수가 사용된다.

이 장에서는 확률변수 외에 확률분포에 대해서도 자세히 설명할 것이다. 확률분포는 추론통계학의 기초가 되기 때문이다. 이 밖에도 확률분포분석에 필요한 기대값과 분산에 관해서도 알아보기로 한다.

제 1 절 확률변수

표본공간을 구성하는 사상에 하나의 값을 대응시켜 주는 변수 X를 확률변수라고 하며, 변수 X가 취할 수 있는 모든 값에 확률이 정해져 있다. 사실 확률변수는 표본공간의 각 점에 수를 대응시켜 주는 함수이다. 사상에 대해 확률을 정의하듯이 확률변수에 대해서도 확률을 정의한다. 예를 들면 하나의 주사위를 던지는 실험에서 각 점이 발생할 확률이 1/6이라면 다음과 같이 나타낼 수 있다.

$$P_r(X=1)=1/6$$
$$P_r(X=2)=1/6$$
$$P_r(X=3)=1/6$$
$$P_r(X=4)=1/6$$
$$P_r(X=5)=1/6$$
$$P_r(X=6)=1/6$$

적용 5-1 동전 던지기 실험에서 앞면을 H, 뒷면을 T, 확률변수 X를 '앞면의 수'라고 하면, 그 결과로 얻는 실수값은 다음과 같다.

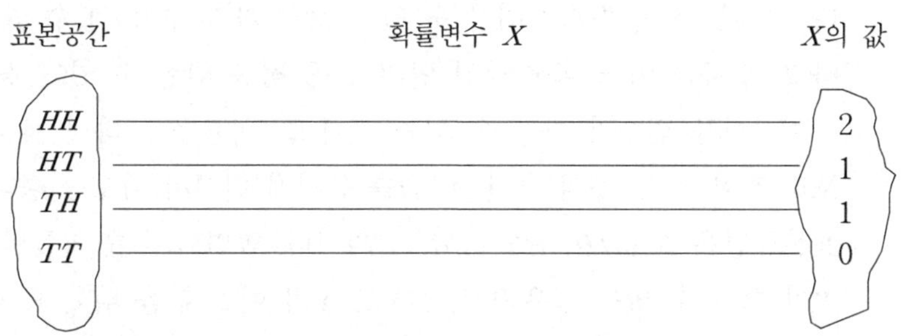

따라서 X가 취할 수 있는 값은 0, 1, 2이고, X가 이들 값을 취할 확률은 각각 1/4, 1/2, 1/4과 같이 정해진다. 이때 변수 X를 확률변수라 한다.

확률변수는 취할 수 있는 값의 범위에 따라서 이산확률변수(discrete random variable)와 연속확률변수(continuous random variable)로 구분된다. 전자는 확률변수가 취할 수 있는 값이 유한인 경우로, 어떤 실험을 했을 때 이산확률변수가 취할 수 있는 값은 제한된다. 예를 들면 동전을 2개 던졌을 때 앞면의 수를 확률변수라 한다면 이 확률변수가 취할 수 있는 값의 수는 0에서 2까지로 제한되며, 주사위를 던졌을 때 눈의 수를 확률변수로 한다면 그 값이 1, 2, 3, 4, 5, 6의 여섯 가지로 제한되므로 이 확률변수는 이산확률변수이다. 반면 연속확률변수는 어떤 범위 내에서 연속적인 실수값을 취하는 변수이다. 예컨대 몸무게, 신장, 무게, 속도, 시간 등이 있다.

그러나 실제로 모든 자료는 이산적이라고 할 수 있다. 체중기로 신장을 재는 데 그 신장의 값을 소수 첫째 자리까지만 허용한다면 결과적으로 그 자료는 소수 첫째 자리에서 이산적이라고 할 수 있다.

제 2 절 확률분포

확률변수 X가 취할 수 있는 모든 값과 이들 값을 취할 확률의 대응 관계를 확률분포라고 한다. 확률분포에는 이산확률분포와 연속확률분포가 있다. 전자는 확률변수가 취할 수 있는 값의 가지 수가 셀 수 있는 경우를 말하고, 후자는 어느 실수 구간 안의 모든 점을 취할 수 있는 경우를 말한다.

이산확률 변수가 가질 수 있는 값과 그 확률을 나타낸 것을 이산확률분포라고 한다. 두 개의 동전 A, B를 동시에 던져서 나오는 결과를 나타내면 표본공간은 $S=\{HH, HT, TH, TT\}$이다. 앞면의 수를 확률변수 X라 하면 X가 취할 수 있는 값은 0, 1, 2이고, X가 이들 값을 취할 확률은 각각 1/4, 1/2, 1/4과 같이 정해진다. 예를 들면, 4개의 근원사상 중에서 $X=1$인 사상은 $\{HT, TH\}$이므로 $X=1$일 확률은 $P_r(X=1)=2/4=1/2$와 같이 정해진다.

이 대응 관계를 표로 나타낸 것이 <표 5-1>의 확률분포표이다.

이 대응 관계를 그래프로 나타내어 보면 [그림 5-1]과 같은 확률막대그래프가 된다.

〈표 5-1〉 확률분포표

X	0	1	2
$P_r(X=x)$	1/4	1/2	1/4

[그림 5-1] 확률막대그래프

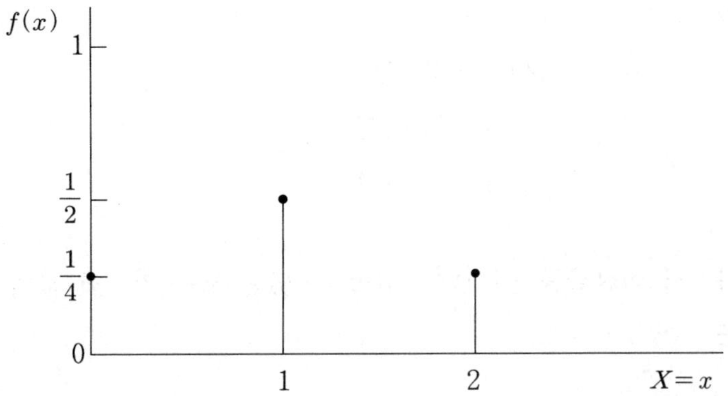

이 대응 관계를 식으로 나타내면 다음과 같은 확률질량 함수(probability mass function)가 된다. 이산확률변수 X가 취할 수 있는 값 x의 확률 $f(x)$는

$$f(x) = P_r(X = x)(x = 0,\ 1,\ 2,\ \cdots,\ n)$$

로 나타낼 수 있는데, 이를 확률질량 함수라고 한다.

이 확률함수는 다음 두 조건을 만족한다.

i) $0 \leq f(x) \leq 1$

ii) $\sum_{x=0}^{n} f(x) = 1 \quad (x = 0,\ 1,\ 2,\ \cdots,\ n)$

이는 확률변수 X가 어떤 값 x를 취할 확률이 0과 1 사이의 값이어야 하고, 또 X가 취할 수 있는 모든 값에 대응하는 확률의 합이 1이어야 한다는 것을 의미한다.

적용 5-2 동전 던지기 실험 결과를 확률질량 함수에서 적용하면 각 확률변수가 취할 수 있는 값은 아래와 같다.

$$P_r(X=0)=1/4$$
$$P_r(X=1)=1/2$$
$$P_r(X=2)=1/4$$

따라서 이산확률변수 X가 취할 수 있는 모든 가능한 값에 대한 확률의 합은

$$\sum_{x=0}^{n} f(x) = \sum_{x=0}^{n} P_r(X=x) = \frac{1}{4} + \frac{2}{4} + \frac{1}{4} = 1$$

이 된다. 그리고 이산확률변수 X가 어떤 특정값 c보다 작거나 같은 값을 취할 확률을 나타내는 함수 $F(x)$를 이산확률변수 X의 누적분포함수(cumulative distribution function)라고 하는데, 이것은

$$F(x) = P_r(X \leqq c) = \sum_{x=0}^{c} f(x)$$

로 나타낸다. 누적분포함수는 확률변수가 어떤 특정값 이하를 취할 경우의 확률을 구할 때 사용된다.

확률변수 X가 이산확률분포를 이룰 때 기대값(평균)은 확률분포의 평균으로 이산확률변수 X가 취할 수 있는 모든 값에 그 값들이 나올 확률을 곱하여 합한 값으로 정의한다. 즉, 확률변수 X의 확률분포가 <표 5-2>와 같

〈표 5-2〉 확률분포

X	X_1	X_2	…	X_n	합계
$P_r(X=x)$	P_1	P_2	…	P_n	1

을 때, X의 평균, 즉 기대값 $E(X)$는

$$\mu = E(X) = X_1P_1 + X_2P_2 + \cdots + X_nP_n = \sum_{i=1}^{n} X_iP_i$$

로 나타낸다. 또 이산확률변수 X의 값 x와 기대값 $E(X)$의 차를 편차라고 하며 x가 기대값으로부터 얼마나 떨어져 있는지를 나타낸다. 그러나 편차의 기대값은 항상 0이므로 확률분포의 특징을 알기 위해서 편차의 제곱, 즉 $(x-E(X))^2$의 기대값을 사용하는데, 이를 분산이라고 한다.

이산확률변수 X의 분산은

$$\text{분산} = E(x-E(X))^2 = \sum (x-E(X))^2 P_r(X=x)$$

이다. 분산은 제곱을 취하므로 분산의 단위는 X의 단위와 다르다. 같은 단위가 되도록 하기 위해 분산에 제곱근을 취해 이를 표준편차라고 한다. 즉,

$$\text{표준편차} = \sqrt{\sum (x-E(X))^2 P_r(X=x)}$$

연속확률분포는 다음과 같은 성질을 갖는 확률밀도함수(probability density function)로 나타낸다. 변수 X가 어떤 구간 $[a,\ b]$ 안의 모든 값을 취하고, $f(x)$가 구간 $[a,\ b]$를 정의역으로 하는 함수로서 조건

i) $f(x) \geqq 0$

ii) $\int_{-\infty}^{+\infty} f(x)dx = 1$

iii) 변수 X가 구간 $[a,\ b]$ 안에 속할 확률 $P_r(a \leqq X \leqq b)$는

$$P_r(a \leqq X \leqq b) = \int_a^b f(x)dx$$

[그림 5-3] 연속확률밀도함수

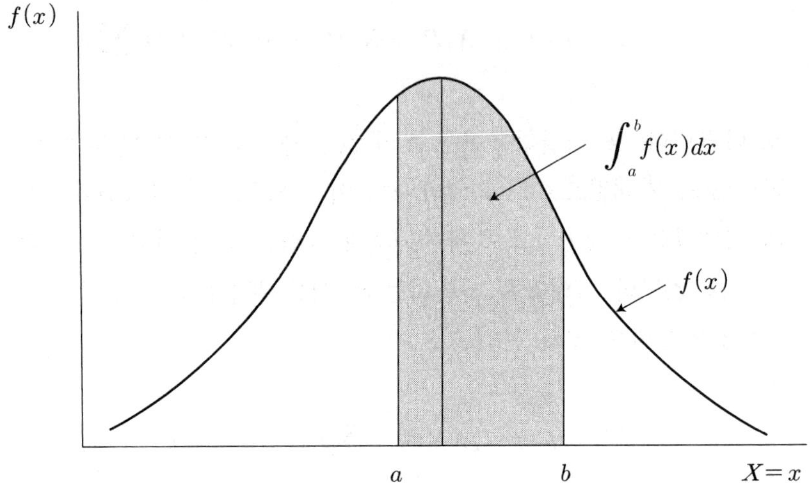

를 만족할 때, 변수 X를 연속확률변수라 하고, 함수 $f(x)$를 X의 확률밀도함수, 곡선 $y=f(x)$를 분포곡선이라 한다.

적용 5-3 0에서 1까지 눈금을 갖는 원판 위에 회전하는 바늘이 돌다가 저절로 서는 위치를 X로 나타내면, X는 연속확률변수이며, 그 확률분포는 다음의 확률밀도함수로 표현된다.

$$f(x)=1, \quad 0 \leqq x \leqq 1$$

따라서

$$P_r(1/3 \leqq X \leqq 2/3)=\int_{\frac{1}{3}}^{\frac{2}{3}} 1dx=[x]_{\frac{1}{3}}^{\frac{2}{3}}=2/3-1/3=1/3$$

이다.

연속확률변수에 대한 확률과 매개변수를 계산하기 위해 이산확률변수에 대해 사용한 정의와 법칙을 그대로 적용할 수 있다. 단지 이산확률분포의

$P_r(X=x)$ 대신 연속밀도함수 $f(x)$를 사용하고, 가산 기호($\sum$) 대신 적분 기호($\int$)를 사용한다. 연속확률변수 X가 구간 $[\alpha,\ \beta]$의 모든 값을 취하고, 그 확률밀도함수가 $f(x)$이면 X의 평균 $E(X)$와 분산 $VAR(X)$는 다음과 같다.

$$E(X)=\int_{\alpha}^{\beta} xf(x)dx$$

$$VAR(X)=\int_{\alpha}^{\beta}(x-E(X))^2 f(x)dx$$

이와같이 확률함수는 확률변수 X가 어떤 특정값 x를 취할 확률을 함수로 나타낸 것으로 $P_r(X=x)$ 또는 $f(x)$로 표시한다. 확률함수는 확률변수에 대해 정의된 실수를 0과 1 사이의 수치 또는 확률에 대응시키는 함수이다. 확률함수는 그 대상이 되는 변수가 이산변수이냐 연속변수이냐에 따라 확률질량함수(probability mass function)와 확률밀도함수(probability density function)로 나눌 수 있다.

연습 문제

1. 동전 세 개를 던지는 실험에서 확률변수 X를 '앞면의 수'라고 정의할 때 X의 확률분포표를 구하시오.

2. 다음 표는 일반직 공무원의 직급별 확률분포를 나타낸다. 이것은 직급이라는 불연속적 확률변수의 분포이므로 불연속적 확률분포에 해당한다. 이 분포를 막대그래프로 나타내시오.

일반직 공무원의 직급별 확률분포

X(직급)	$P_r(X=x_i)$
1	0.001
2	0.002
3	0.002
4	0.02
5	0.076
6	0.231
7	0.257
8	0.265
9	0.146

3. 다음 표는 1985년 현재 우리나라 1세대 가구의 가구당 가구원 수를 확률분포로 나타낸 것이다.

우리나라 가구원 수의 확률분포: 1985

X(가구원 수)	$P_r(X=x_i)$
2	0.845
3	0.100
4	0.035
5	0.012
6	0.006
7	0.001

1) 1985년 현재 기대되는 평균가구원 수를 구하시오.
2) 분산을 구하시오.

제 6 장 주요 확률분포

앞 장에서 확률변수와 확률분포에 관한 기본적인 것을 알아보았다. 확률분포에는 확률변수의 성질에 따라 이산확률분포와 연속확률분포로 나뉘는 것도 알았다.

확률분포에는 여러 가지 형태의 확률분포가 있다. 각 확률분포는 사용할 수 있는 조건을 정의하는 가정들을 제시하고 있다. 따라서 어떤 확률분포를 사용할 것인가는 해결하고자 하는 문제의 특성이 그 확률분포가 요구하는 가정에 맞느냐 또는 맞지 않느냐에 따라서 결정된다. 일단 확률분포가 결정되면 실제로 문제를 해결하기 위해 사용하는 통계적 분석 방법은 비교적 단순하다.

이 장에서는 이산확률분포에 속하는 이항분포, 푸아송분포, 그리고 연속확률분포에 속하는 정규분포, t분포, χ^2분포, F분포 등 주요 확률분포에 대해 설명하고자 한다.

제 1 절 이항분포

이항분포(binomial distribution)는 응용통계학에서 가장 널리 사용하는 확률분포 중의 하나이다. 이 분포는 베르누이(Jacques Bernoulli, 1654-

1705)의 실험 결과로 나타나는 이산확률분포의 하나로, 통계분석에서 널리 이용되는 확률분포이다. 즉, 죽느냐 사느냐, 아프냐 건강하냐, 여자냐 남자냐와 같은 두 개의 상호배타적인 결과 중 오직 하나의 결과만이 한 번의 실험으로 나타나는 분포로 일명 베르누이 분포라고도 부른다.

베르누이 실험에서 가능한 결과는 2개, 즉 성공(S)과 실패(F) 중 하나일 경우에 이런 실험을 독립적으로 n번 반복할 때 성공의 횟수 또는 실패의 횟수를 이항확률변수 X라고 한다. 그리고 이항확률변수가 이루는 확률분포, 즉 X의 확률분포를 이항확률분포(binomial probability distribution) 또는 이항분포라고 한다. 여기서 '반복'이란 말은 매번 실험의 성공률이 동일하다는 의미이며, '독립적'이란 용어는 어떤 실험 결과도 다른 실험 결과에 영향을 주지 않는다는 뜻이다. 이때 각 실험 결과는 성공 또는 실패로 나타날 것이므로 모든 실험 중 '성공'의 사상이 일어난 실험의 횟수를 성공횟수라고 부르고, 이를 확률변수 X라고 한다면 확률변수 X는 하나, 둘, 셋, 넷 등으로 셀 수 있는 이산확률변수이다. 따라서 확률변수 X의 확률분포는 이산확률분포가 되며 이를 이항분포라고 한다.

베르누이 실험이란 실험할 때 성공 또는 실패라는 상호배타적인 두 가지의 결과만을 가진 실험 과정을 말하며, 다음과 같은 조건을 만족해야 한다.

첫째, 한 번의 실험에서 일어날 수 있는 모든 사상은 두 가지이다. 예를 들면, 죽느냐 사느냐, 아프냐 건강하냐, 그리고 여자냐 남자냐와 같은 두 개의 상호배타적인 결과이다.

둘째, 어떤 사상이 나올 확률을 p라고 하고, 나오지 않을 확률을 q라 하면 $p+q=1$이다.

셋째, 두 사상은 독립적이어야 한다. 즉, 어떤 실험의 결과는 다른 실험의 결과에 의해 영향을 받지 않는다.

넷째, 베르누이 실험은 항상 n번 시행한다.

모든 베르누이 실험의 결과는 두 가지이므로 이들을 일반화하는 용어를 사용하면 편리하다. 베르누이 실험의 결과 한 사상, 즉 성공이 일어났다면 동시에 절대로 다른 사상(실패)은 일어날 수 없다. 즉, 베르누이 실험 결과는 상호배타적인 두 사상, 성공과 실패로 이루어지게 된다. 한번의 베르누이 실험에서 성공이란 사상이 일어날 가능성, 즉 확률을 성공률이라고 부르고 보통 p로 표시한다. 그리고 실패라는 사상은 성공이라는 사상의 나머지인 여사상이고 이들의 확률합은 1이 되어야 하므로 1-p를 실패율, 즉 실패의 확률이라고 말할 수 있다. 실패율 1-p는 보통 q로 표시한다. 확률변수 $X_1, X_2, \cdots, X_n$을 성공할 확률이 p인 n개의 독립적인 베르누이 확률변수라고 하고, n번의 베르누이 실험에서 발생하는 '성공'의 횟수를 확률변수 X라 놓으면 이때 확률변수 X가 취할 수 있는 값은 0과 n 사이의 정수값이다. 그러면 $X = X_1 + X_2 + X_3 + \cdots + X_n$이 성립하며, 확률변수 X는 이항분포를 따른다. 즉 X_i는 i번째 실험의 결과가 성공이면 1을, 실패이면 0의 값을 갖는 베르누이 변수이다. 다시 말해 이항확률변수는 동일한 p를 갖는 n개의 독립적인 베르누이 변수들을 더하여 얻어진다.

이제 n과 p를 모수로 갖는 이항확률변수 X의 확률 계산을 고려해 보자. 이항확률변수는 성공의 횟수를 의미하므로 확률 계산은 n번 시행 중 정확하게 x번 성공할 확률이 얼마인가를 계산하는 것이다. 이를 위해서는 먼저 x번 성공하고 $(n-x)$번 실패하는 사상의 확률을 구한 후에 발생 가능한 총 가짓수를 구하여 곱하면 된다.

처음 x번의 베르누이 실험은 성공하고, 마지막 $(n-x)$번의 실험은 실패인 사상의 경우를 고려해 보자. 성공을 S라 하고, 실패를 F라 나타내면, 이 특정 사상은 다음과 같이 나타낼 수 있다.

$$\underbrace{S\,S\,\cdots\,S}_{x\text{번}}\;\underbrace{F\,F\,\cdots\,F}_{(n-x)\text{번}}$$

위 사상의 확률 계산은 각각의 베르누이 실험이 독립적으로 시행되므로 n개의 독립된 사상의 결합확률의 계산과 같다. 따라서

$$P_r(SS\cdots SFF\cdots F) = \overbrace{P_r(S)P_r(S)\cdots P_r(S)}^{x\text{개}}\;\overbrace{P_r(F)P_r(F)\cdots P_r(F)}^{(n-x)\text{개}}$$

$$=pp\cdots pqq\cdots q$$
$$=p^x q^{n-x}$$

이다.

그렇다면 이제 x번 성공하고 $(n-x)$번 실패하는 사상의 총 가짓수는 몇이나 될 것인가? 이것은 n개의 사상으로부터 x개를 추출하는 조합의 수, 즉 ${}_nC_x$와 같다.

이항분포의 확률질량 함수는 베르누이 분포로부터 유도할 수 있다. 즉, 이항분포란 서로 독립적인 베르누이 실험을 n번 반복했을 때 성공 횟수를 나타내는 분포이다. 따라서 n번의 베르누이 실험에서 x의 성공 횟수를 기록했다면 실패 횟수는 $n-x$가 되고, 이러한 경우의 확률은 $p^x q^{n-x}$임을 쉽게 알 수 있다. n번의 베르누이 실험은 상호 독립이므로 확률의 곱 법칙에 의해서도 유도될 수 있다. 그런데 x번의 성공이 어떤 순서로 나타나더라도 각 경우에 대한 확률은 동일하다. 예를 들면 3회의 실험에서 x번 성공하고 $(n-x)$번 실패하는 사상의 한 예로서, 성공 횟수가 1번 일어날 가능성은 모두 세 가지(*SFF*, *FSF FFS*)이므로 각 경우에 대한 확률은 모두 $p^1 q^2$으로 동일하다. 따라서 이들 세 가지 확률의 합이 성공 횟수의 확률이 된다. 그러므로 변수 X가 모수 n과 p를 가지는 이항확률변수이고 성공 확률이 p일 때 성공에 대한 확률질량함수 $f(x)$는

$$f(x)=P_r(X=x)={}_nC_x p^x q^{n-x},\ \ x=0,\ 1,\ 2,\ 3,\ \ldots,\ n$$

으로 주어지며, 이를 베르누이 분포라고 한다.

이와 같은 확률분포를 특히 이항분포라 하고, $B(n,\ p)$로 나타낸다.

〈표 6-1〉 베르누이 분포

$X=x$	**0**	**1**	**2**	$\cdots$	x	$\cdots$	n
$P_r(X=x)$	${}_nC_0p^0q^n$	${}_nC_1p^1q^{n-1}$	${}_nC_2p^2q^{n-2}$	$\cdots$	${}_nC_xp^xq^{n-x}$	$\cdots$	${}_nC_np^nq^0$

〈표 6-2〉 동전 두 번 던질 때의 확률분포

X_i	$P_r(X_i)$	$X_i \cdot P_r(X_i)$	$X_i-\mu$	$(X_i-\mu)^2$	$P_r(X_i)\cdot(X_i-\mu)^2$
0	1/4	0	−1	1	1/4
1	1/2	1/2	0	0	0
2	1/4	1/2	1	1	1/4

확률분포의 기대값과 분산 및 표준편차의 공식에 이항분포의 확률변수와 확률값을 대입해서 이항분포의 기대값, 분산, 그리고 표준편차를 구할 수 있다. 예를 들면 동전을 2번 던질 때의 확률분포는 <표 6-2>와 같으므로 이의 기대값과 분산 및 표준편차를 계산하면 각각 1, $\frac{1}{2}$ $\frac{1}{\sqrt{2}}$이 된다.

$$E(X)=\sum X_i\, P_r(X_i)=1 \qquad VAR(X)=\sum(X_i-\mu)^2=\frac{1}{2}$$

$$SD(X)=\sqrt{\sum(X_i-\mu)^2}=\frac{1}{\sqrt{2}}$$

그러나 시행 횟수가 많은 이항분포에서는 위와 같이 일일이 계산하는 것이 불편하므로 공식을 이용하여 기대값과 분산 및 표준편차를 구한다. 이항분포의 확률은 시행 횟수 n과 성공 확률 p값에 의해 결정된다. 따라서 확률변수 X가 이항분포 $B(n,\ p)$를 따를 때, X의 평균 $E(X)$, 분산 $VAR(X)$, 표준편차 $SD(X)$는 다음과 같다.

$$E(X)=np$$

$$VAR(X)=np(1-p)$$

$$SD(X)=\sqrt{np(1-p)}$$

적용 6-1 전체 학생 중 60%가 여학생인 행정학과에서 5명을 임의로 추출했을 때, 여학생의 숫자를 확률변수 X로 표시하면 X는 n=5, p=0.6인 이항분포에 따르고, 확률질량함수는

$$P_r(X=x)={}_5C_x(0.6)^x(0.4)^{5-x}, \qquad x=0,\ 1,\ 2,\ 3,\ 4,\ 5$$

이다. 따라서, 여학생 수가 3명 이상일 확률은

$$P_r(X\geqq 3)=P_r(X=3)+P_r(X=4)+P_r(X=5)=0.3456+0.2592+0.0777=0.6825$$

이다. 그리고 평균과 분산은

$$E(X)=np=3$$
$$VAR(X)=np(1-p)=1.2$$

이다.

제 2 절 푸아송분포

특정 사상이 독립성, 비집락성, 항상성을 만족하며 발생하는 경우 단위 시간(공간)에서 발생하는 사상의 횟수는 푸아송 분포(Poisson distribution)에 따른다. 푸아송 분포는 프랑스의 수학자 푸아송(Simeon Denis Poisson, 1781-1840)의 이름을 따서 명한 것으로 생물학과 의학에서 광범위하게 이용되고 있는 이산확률분포이다. 푸아송 분포를 따르는 확률변수를 푸아송 변수라고 하며, 0부터 무한대까지의 정수만을 취한다. 푸아송 분포는 N이 아주 크고, p는 아주 적은 이항분포의 독특한 경우이다. N이 아주 크고 p가 아주 적은 이항분포를 계산하는 것은 쉽지 않은 작업인데, 이 경우 푸아송 확률함수를 사용하면 쉽게 이항분포의 근사치를 얻을 수 있다. 푸아송 분포는 특정 시간 동안 특정 사상이 발생했던 평균을 근거로 하여 특정 사상의 발생 횟수에 대한 확률을 나타내 주는 분포이다.

시간당 병원에 오는 환자의 평균 수에 근거하여 특정 수의 환자가 병원에 올 확률은 얼마일까? 서무과에서 발송된 100건의 문서당 수학적인 실수가 세 군데 발견된다. 무작위로 100건을 선택하여 조사할 때 실수가 다섯 군데 있을 확률은 얼마일까? 인천광역시 민원사무실에 하루 동안 잘못 걸려오는 전화 통수는 1통이라고 가정하면 오늘 하루 동안에 잘못 걸려오는 전화가 한 통도 없을 확률은 얼마인가? 이러한 예들은 푸아송 분포가 적용될 수 있는 경우이다. 푸아송 분포는 일정한 시간 또는 공간에서 어떤 사상이 무작위로 발생할 때 그 사상이 일어날 횟수와 그에 대응되는 확률을 나타내는 분포이다.

그러나 모든 사상의 발생이 푸아송 분포를 따르는 것은 아니며 이 분포가 성립하기 위해서는 다음과 같은 조건을 충족해야 한다.

첫째, 실험은 특정 사상이 특정 시간 동안이나 면적, 무게, 거리, 부피와 같은 특정 공간 내에서 발생하는 횟수를 세는 것으로 구성된다.

둘째, 사상의 발생은 독립적이다. 즉, 특정 사상이 단위 시간이나 공간 내에서 발생할 확률은 동일한 단위 면적이나 공간 내에서 발생하는 사상의 두 번째 발생 확률에 영향을 미치지 못한다.

셋째, 이론적으로, 사상은 일정한 공간이나 시간 등 단위 구간에서 무수히 발생해야 한다.

넷째, 특정 사상이 주어진 시간이나 공간 내에서 발생할 확률은 시간이나 공간의 단위에 비례한다.

다섯째, 주어진 시간이나 공간은 아주 작은 단위구간으로 나뉠 수 있으며, 그 작은 단위구간에서 특정 사상이 한 번 이상 발생할 확률은 아주 적다.

푸아송 분포는 일정한 공간이나 기간에 임의로 분포되어 있는 사상의 횟수를 계산할 때 사용된다. 푸아송 분포에서 흥미 있는 사실은 평균과 분산이 같다는 점이다. 특정 공간이나 시간의 단위 동안 발생할 수 있는 특정 사상의 평균과 분산은 각각 λ로 표시된다. 푸아송 분포에서는 여러 번의 실험에서 발생 확률이 극히 작으므로 나타날 평균 횟수가 작은 사상, 즉 희귀 사상의 확률분포로서 대용된다. 예를 들면, 일정 시간이나 공간 내에서 교통사고의 발생 수, 방사선 물질로부터의 방사선의 사출, 일정 기간 동안 민원사무실을 찾는 주민의 수, 일정 기간 동안 잘못 걸려오는 전화의 수 등

대개 발생 빈도가 낮은 사상은 푸아송 분포에 따른다고 볼 수 있다.

푸아송 분포는 일정 시간이나 공간 내에 발생하는 사상의 평균 횟수 λ에 의해 분포의 모양이 결정된다. 즉, 푸아송 분포는 λ를 모수로 하고 있는데, 주어진 기간 동안에 발생한 사상의 평균 횟수 λ가 주어지면 일정 구간 내에 x개의 사상이 발생할 확률질량함수는 다음과 같이 정의된다.

$$P_r(X=x)=f(x)=\frac{e^{-\lambda}\lambda^x}{x!},\ x=0,\ 1,\ 2,\ \cdots$$

여기서, x는 사상의 발생 횟수, e는 상수이며, 2.7182이다. 확률질량함수는 모든 x에 대해 $f(x)\geqq 0$이고, $\sum_{x=0}^{\infty} f(x)=1$이다. 이것은 푸아송 분포가 확률분포의 조건을 만족하기 위해 요구된다.

푸아송 분포의 평균 및 분산은 다음과 같이 λ로 동일하다. 아래 적용 6-2의 예에서 민원사무실에 하루 동안 잘못 걸려오는 전화의 평균 횟수는 0.2이고 분산도 0.2이다.

$$E(X)=\lambda$$
$$VAR(X)=\lambda$$

적용 6-2 인천광역시 민원사무실에서 하루 동안 잘못 걸려오는 전화의 수는 평균 횟수(λ)가 0.2이라고 가정할 때, 잘못 걸려오는 전화 횟수의 분포가 푸아송 분포에 따른다면 잘못 걸려오는 전화 횟수가 전혀 없을 확률은 얼마인가?

$$P_r(X=0)=e^{-0.2}=0.8187$$

$$E(X)=0.2,\qquad VAR(X)=0.2$$

제 3 절 정규분포

확률분포는 여러 가지 형태가 있지만 그 중에서도 정규분포(normal distribution)가 가장 중요하게 다루어진다. 이처럼 정규분포가 통계학에서 중요한 위치를 차지하게 된 것은 어떤 경험적 현상의 실제 측정 결과로부터 얻은 확률분포가 아니라 이론적으로 유도된 수학적 공식이기 때문이다. 정규분포는 처음 영국의 수학자 드 뫼브르(Abraham De Moivre, 1667-1754)에 의해 발견되었으며, 그 후 프랑스 수학자 라플라스(Pierre-Simon Laplace, 1749-1827), 가우스(Carl Friedrich Gauss, 1777-1855) 등에 의해 천문학과 물리학 등에 폭넓게 응용되기도 했는데 이러한 연유로 19세기의 유명한 수학자의 이름을 붙여 정규분포를 가우스 분포(Gaussian distribution)라고도 부른다. 원래 정규분포는 오차에 대한 확률분포를 다루는 확률모형으로 도입하여 사용했으나 점차 다른 분야, 즉 천문학, 생물학, 또는 사회학 등에서도 정규분포 또는 근사적으로 정규분포를 따르는 많은 현상들이 존재한다는 사실이 알려지면서 정규분포의 유용성이 널리 알려지게 되었다.

정규분포는 통계학에서 가장 중요한 확률분포이며 표본분포 이론의 근거를 제시한다. 또한 정규분포는 이산형 확률분포나 다른 연속형 확률분포를 개략적으로 나타내는 데도 사용되고 있어 그 용도가 다양하다.

1 정규분포의 개념과 특성

정규분포는 종 모양의 좌우대칭인 곡선이다. 정규분포가 다양하게 사용되는 이유는 추론통계학의 기초가 되는 표본분포의 이론이 정규분포에 기초를 두고 있기 때문이다.

실험의 관찰 대상이 계량적일 때 우리가 관찰한 값은 연속적으로 변화할 수 있는 것으로 생각하는데, 예를 들면 우리나라 공무원의 체위에 대한 조사에서 키 또는 몸무게라든가, 자동차의 수명에 대한 조사에서 주행거리 등은 모두 연속적인 값을 취할 수 있다고 생각한다.

확률변수 X가 평균 μ, 표준편차 σ인 정규분포를 따를 때 보통

$$X \sim N(\mu,\ \sigma^2)$$

으로 표기하며, 다음과 같은 확률밀도함수를 갖는다.

$$f(x) = \frac{1}{\sqrt{2\pi}\,\sigma} exp[-\frac{1}{2\sigma^2}(x-\mu)^2], -\infty < x < \infty$$

여기서 n과 e는 상수로서, 그 값은 3.1415와 2.7182, μ는 평균을, σ는 표준편차를 가리킨다.

확률밀도함수 $f(x)$는 평균 μ를 중심으로 좌우 대칭이며, 종 모양의 형태를 취한다. $f(x)$의 형태는 두 모수인 평균 μ과 표준편차 σ에 의해 결정되는데, 평균의 값은 x축을 따라 분포의 그래프(정규곡선)를 전이시키고, 표준편차의 값은 분포의 그래프(정규곡선)의 뾰족한 정도를 결정한다. 정규분포의 평균값, 중앙값, 최빈값은 모두 일치한다.

[그림 6-1]에서 볼 수 있듯이, 정규분포의 확률밀도함수는 종 모양의 형태를 갖는 함수로 그 형태는 두 개의 모수인 평균 μ와 분산 σ^2에 의해 결정된다. 평균 μ는 정규곡선의 중심 위치를 결정하고, 분산 σ^2은 곡선의 모양을 결정한다. μ와 σ^2이 변함에 따라 정규곡선이 어떻게 변하는지를 보자.

[그림 6-2], [그림 6-3], 그리고 [그림 6-4]는 평균과 분산이 다른 여러 가지 형태의 정규분포를 보여 준다. 우선 [그림 6-2]는 분산 σ^2은 일정하고 평균 μ만 변하는 경우로, 정규곡선의 모양은 변하지 않고 그 중심의 위치만 변한다. μ가 작아지면 좌측으로, 커지면 우측으로 이동한다.

다음으로 평균은 일정한데 분산이 달라지면 [그림 6-3]과 같이 곡선의 중심 위치는 변하지 않으나 그 형태는 변한다. σ^2이 작아지면 X의 값이 μ

[그림 6-1] 정규곡선

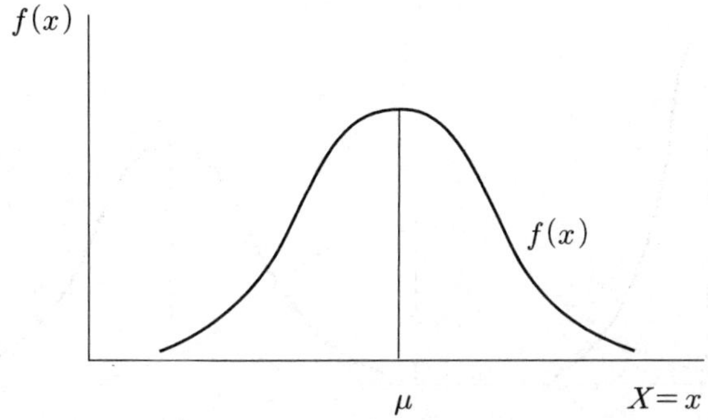

[그림 6-2] 분산은 일정하나 평균이 다른 정규분포

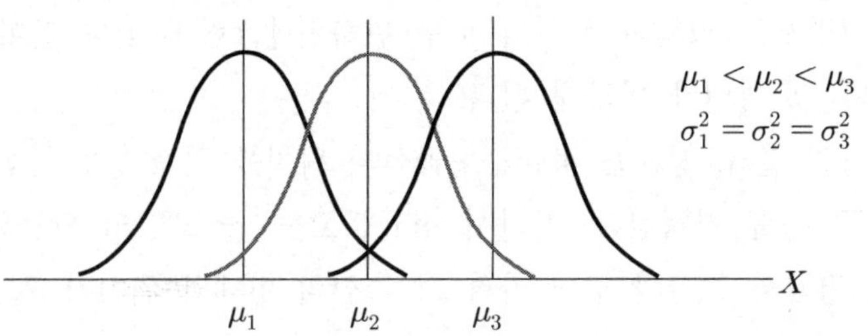

[그림 6-3] 평균은 같으나 분산이 다른 정규분포

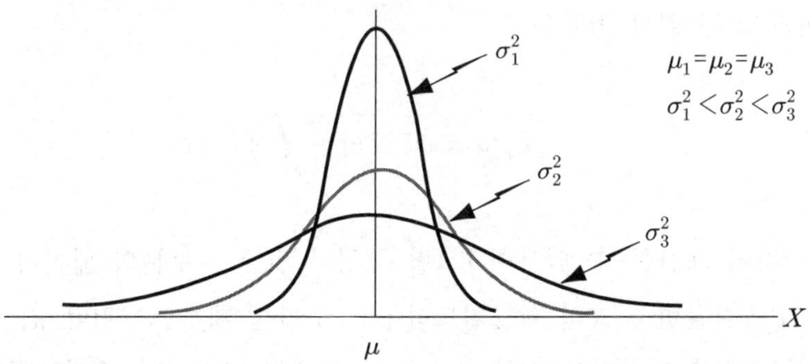

[그림 6-4] 평균과 분산이 서로 다른 정규분포

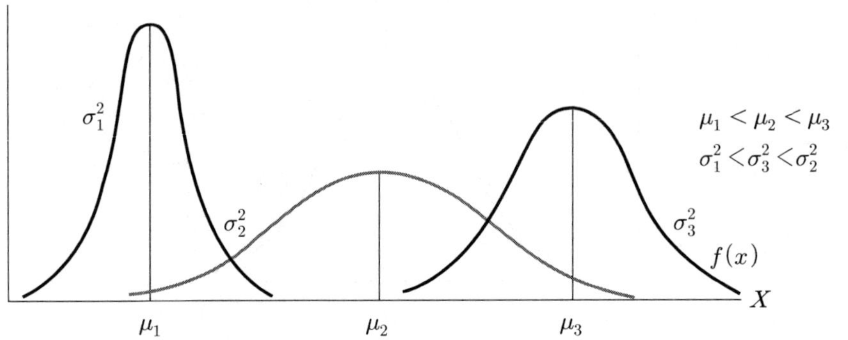

를 중심으로 집중하게 되어 정규곡선은 뾰족해지고, σ^2이 커지면 X의 값이 μ에서 멀어져 정규곡선은 평평해진다.

마지막으로 평균과 분산이 모두 변하면 [그림 6-4]와 같이 곡선의 중심위치와 그 형태가 변하게 된다.

이상의 결과, 평균은 정규분포곡선의 위치를 결정하며, 분산은 곡선의 형태(산포도)를 결정한다. 따라서 정규분포는 종 모양의 확률밀도함수를 갖지만, 평균과 분산의 값에 따라 그 곡선의 형태와 위치가 조금씩 상이함을 알 수 있다.

확률밀도함수의 곡선에서 전체 넓이는 1이다. 이는 확률밀도함수의 곡선이 상대도수의 극한적 개념이라는 사실로부터 쉽게 유추할 수 있다. 즉, 어떤 연속확률변수 X의 확률밀도함수 $f(x)$가 주어졌을 때, 두 값 a와 b 사이의 값을 취할 확률은

$$P_r[a \leqq X \leqq b] = \int_a^b f(x)dx$$

와 같이 계산할 수 있으며 [그림 6-5]의 빗금친 부분의 넓이와 같다.

연속확률변수 X의 확률밀도함수가 주어질 때, X는 평균 μ, 분산 σ^2인 정규분포를 따른다고 말하고, $N(\mu,\ \sigma^2)$으로 나타낸다. 확률밀도함수 $f(x)$

[그림 6-5] $P[a \le X \le b]$

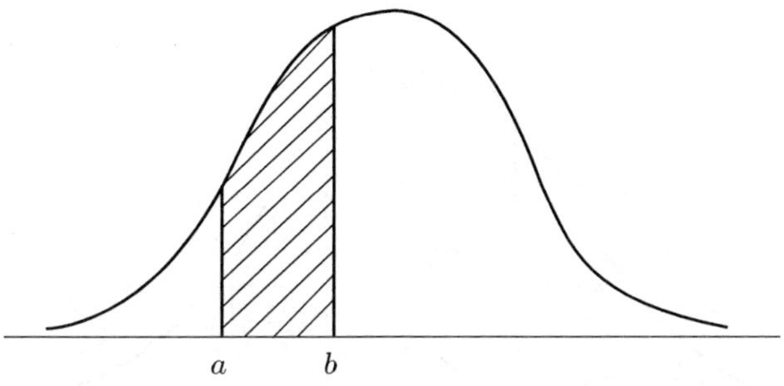

가 주어질 때, 이 X의 분포를 정규분포라 하고, 곡선 $y=f(x)$를 정규분포곡선이라 하며, X를 정규확률변수라 한다. 정규곡선은 확률밀도함수 $f(x)$를 미분하면 알 수 있는 바와 같이 $X=\mu$일 때 최대가 되며 그 값은 $\frac{1}{\sigma\sqrt{2\pi}}$이다. 또 이 곡선은 직선 $X=\mu$에 관해서 대칭이므로 왜도는 0이다. 따라서 정규분포에서는 평균 μ와 최빈값 X_{mo}, 중앙값 X_{med}는 모두 같다. 즉, $\mu=X_{mo}=X_{med}$이다. 이론적으로는 정규분포의 X값들은 실수 전체($-\infty$, $+\infty$)이다. 따라서 $\int_{-\infty}^{\infty} f(x)dx=1$이다. 이 특징은 정규분포가 확률분포라는 사실에 기인한다. 정규분포곡선은 좌우 대칭이기 때문에 전체 면적의 50%는 평균에 세워진 수직선의 오른쪽에 있고, 나머지 50%는 왼쪽에 있다. 또 정규분포는 그 모양이 다소 평탄하건 뾰족하건 표준편차 단위 구간의 확률 면적이 일정할 뿐만 아니라 규칙적이다. 즉, 확률변수 X가 정규분포를 한다면 $P_r(\mu-k\sigma \le X \le \mu+k\sigma)$의 값은 일정하다. 따라서 k값에 의해서만 확률이 변하게 된다. 여기에 간단히 k=1, 2, 3만을 준다면 그 구간의 확률은 평균과 표준편차의 값 여하를 불문하고 다음의 값을 갖는다.

$$P_r(\mu-\sigma \leqq X \leqq \mu+\sigma)=0.683$$
$$P_r(\mu-2\sigma \leqq X \leqq \mu+2\sigma)=0.954$$
$$P_r(\mu-3\sigma \leqq X \leqq \mu+3\sigma)=0.997$$

[그림 6-6] 정규분포의 확률

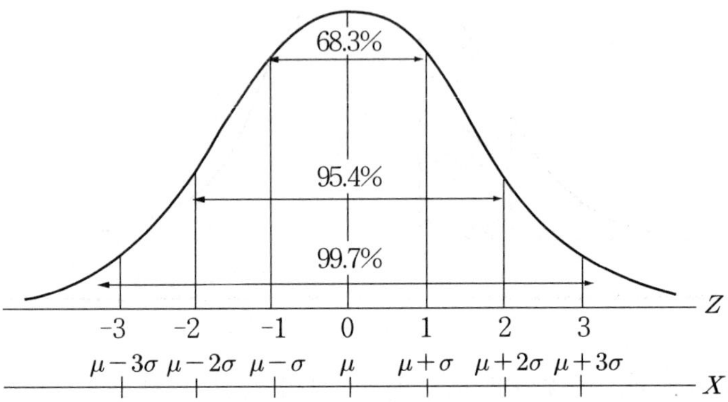

이 결과를 알기 쉽게 나타내면 [그림 6-6]과 같다. 위의 확률은 그림에서 보는 바와 같이 평균을 중심으로 좌우 1σ 범위 안에 들어 있는 곡선상의 면적은 전체 면적의 약 68.3%이며, 2σ 범위의 그것은 약 95.4%, 그리고 3σ 범위에는 약 99.7% 정도이다.

2 표준정규분포

정규확률변수가 어떤 범위의 값을 취할 확률을 계산할 때 매번 확률밀도함수곡선의 밑 부분에서 그 범위에 해당하는 넓이를 구하는 일은 매우 번거롭다. 따라서 여러 가지 범위에 대한 정규분포의 넓이가 주어진 표가 필요한데 이러한 표가 서로 다른 평균과 표준편차를 가지는 무수히 많은 모든 정규분포에 대해 주어진다는 것은 불가능하다. 그러나 정규분포상의 면적을 말하는 확률은 평균을 중심으로 표준편차의 단위구간에 의해 표현할 수 있으므로 확률변수 X를 적당히 변환하면 확률을 알아보는 데 편리하다. 이와같이 확률변수 X의 원점을 평균 μ로, 그리고 그 X를 표준편차 단위로 변환하면 편리하다. 이와같이 확률변수 X를 새로운 변수 Z로 변환하는 것을 표준정규확률변수라 하고, 이 변수에 의해서 나타낸 정규분포를 표준정규분포라 한다. 이 분포의 변수는 Z이며 확률변수 Z의 평균은 μ=0, 그리고 표준편차는 σ=1이 된다. Z와 평균 μ, 표준편차 σ, 그리고 확률변수 X 간에는 다음의 관계가 성립한다. 즉, 어떤 확률변수 X가 정규분포 $N(\mu, \sigma^2)$을 따를 때, 새로운 확률변수

$$Z = \frac{X-\mu}{\sigma}$$

의 확률분포는 평균이 0, 표준편차가 1인 표준정규분포 $N(0, 1)$을 따른다. 이러한 확률변수 Z를 특히 표준정규확률변수라 하고 그 분포를 표준정규분포(standard normal distribution)라고 한다. 표준정규확률변수는 보통 Z로 표시한다. 따라서 표준정규분포의 확률밀도함수는 μ=0, σ=1인 경우이므로

$$f(z) = \frac{1}{(2\pi)^{\frac{1}{2}}} exp[-\frac{1}{2}z^2], \quad -\infty < z < \infty$$

가 된다.

정규분포의 확률변수 X의 평균과 분산이 각각 μ, σ^2일 때 X를 Z로 변환하는 것은 일정 구간의 확률을 쉽게 알아보기 위해서이다. 정규분포에서 확률변수 Z의 값이 구간 [0, z]에 속할 확률 $P_r(0 \leqq Z \leqq z)$는

$$P_r(0 \leqq Z \leqq z) = \int_0^z f(z)dz$$

이고, 이것은 [그림 6-7]에서 어두운 부분의 넓이와 같다. 예를 들어 기초자치단체의 주택보급률을 X라 할 때 이 확률변수 X가 평균 μ=80%, σ=5%의 정규분포를 한다고 하자. 여기서 우선 주택보급률 75% 이상의 기

[그림 6-7] 정규곡선 밑의 면적

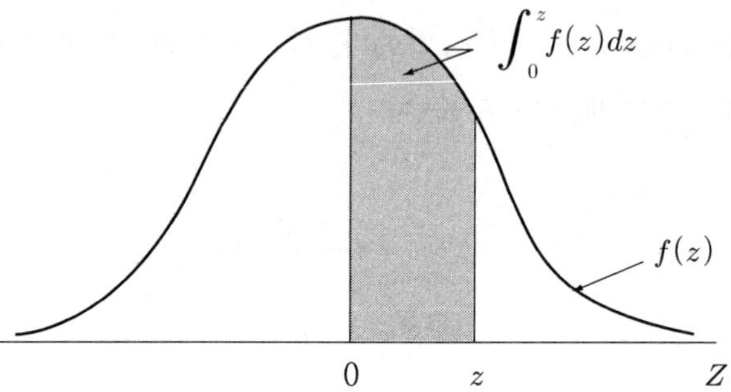

초자치단체는 전체의 몇 %인가 할 때 평균 μ=80% 이상은 전체의 50%가 되며 또 주택보급률이 75%에서 80%인 기초자치단체만 알면 된다. <그림 6-6>에서 보는 바와 같이 $P_r(\mu-\sigma \leqq X \leqq \mu+\sigma)=P(-1 \leqq Z \leqq 1)=0.683$이므로 이것은 0.3413이 될 것이다. 이 0.3413과 0.5를 합하면 0.8413이 된다.

부록 표 4에 의하면 $P(Z \leqq 1)=0.8413$이다. 이것은 다음과 같이 계산된다.

$$P_r(75 \leqq X \leqq \infty)=P_r(-1 \leqq Z \leqq \infty)=P_r(\infty \leqq Z \leqq 1)$$
$$=0.8413$$

여기서 확률변수 X의 75%를 표준정규확률변수 Z로 바꾸는 것은

$$Z=\frac{X-\mu}{\sigma}=\frac{75-80}{5}=-1$$

이며, $P_r(-1 \leqq Z \leqq \infty)=P_r(\infty \leqq Z \leqq 1)$이 성립되는 것은 정규분포의 대칭성 때문이다.

3 표준정규분포표의 사용

정규분포에서의 확률은 정규분포 $N(\mu, \sigma^2)$을 표준정규분포 $N(0, 1)$로 변환한 다음 표준정규분포포를 활용해서 구하게 된다. 표준정규분포는 Z =0에서 특정 Z점까지의 넓이, 즉 확률을 계산해 놓은 표로서 간단히 Z표라고도 한다. Z=0에서 Z=1.37까지의 확률을 구하려면, 부록 표 4의 좌측 끝에서 1.3을 찾고, 가장 윗줄에서 0.07를 찾아서 1.3을 지나는 가로줄과 0.07을 지나는 세로줄이 교차하는 지점의 숫자인 0.9147에서 0.5를 뺀 값이 구할 확률이 된다.

$$P_r(a \leqq Z \leqq b) = P_r(\leqq b) - P_r(Z \leqq a)$$

$$P_r(Z \geqq a) = 1 - P_r(Z \leqq a)$$

$$P_r(Z \leqq 0) = \frac{1}{2}$$

$$P_r(0 \leqq Z \leqq 1.37) = P_r(Z \leqq 1.37) - P_r(Z \leqq 0) = 0.9147\text{-}0.5\text{=}0.4147$$

$$\therefore\ P_r(0 \leqq Z \leqq 1.37) = 0.4147$$

$$P_r(Z \leq 1.37) = P_r(Z \leqq 0) + (0 \leqq Z \leq 1.37) = 0.5 + 0.4147 = 0.9147$$

$$P_r(Z \geqq 1.37) = 1 - P_r(Z \leqq 1.37) = 1\text{-}0.9147 = 0.0853$$

$$P_r(-a \leqq Z \leqq a) = 0.9$$

$$P_r(Z \leqq -a) = P_r(Z \geqq a)$$

$$1 - P_r(-a \leqq Z \leqq a) = 2 \times P_r(Z \leqq -a) \quad 0.1 = 2 \times P_r(Z \leqq -a)$$

$$P_r(Z \leqq -a) = 0.05$$

$$\therefore\ a\text{=}1.645$$

적용 6-3 상위 70% 이하의 기초자치단체는 전체의 몇 %인가를 알아보자. 우선 70%를 표준확률변수 Z로 바꾸면 $Z=(X-\mu)/\sigma$=(70-80)/5=-2가 된다.

$$P_r(-\infty \leqq X \leqq 70) = P_r(-\infty < Z \leqq -2)$$
$$= P_r(Z \leqq \infty) - P_r(Z \leq 2)$$
$$=1-0.9772$$
$$=0.0228$$

이것도 Z가 음의 값을 갖기 때문에 양으로 바꾸었으며 또 Z=2 이하에 해당하는 확률 면적은 부록 표 4의 표준정규분포표에서 찾아 1에서 $P_r(Z \leqq 2)$=0.9772를 뺀 것이다.

연습 문제

1. 1986년 현재 우리나라 근로자 가운데 직업병에 걸려 있는 사람의 비율은 25%라고 하자. 5인 가족 중 2인이 근로자인 경우, 1인 이상이 직업병에 걸려 있을 확률은 얼마인지 구하시오.

2. 근로자의 직업병에 걸릴 확률은 0.25라는 정부 발표를 기초로 하고 임의로 추출된 어느 공장의 근로자 총수가 250명이라 하면, 이 가운데 직업병에 걸려 있을 근로자의 평균과 분산은 얼마인지 구하시오.

3. 영력이 있는 사람 하나가 인간에게서 나오는 영기를 볼 수 있다고 주장한다고 하자. 이 같은 주장을 확인하기 위해 실험이 고안되었다. 실험에 참여한 10명은 머리 꼭대기까지 완전히 덮도록 고안된 10개의 장막 뒤에 각각 서 있게 해서, 영력이 있는 사람이 신통력을 발휘할 수 있도록 분위기를 조성하고, 신호가 있을 때 무작위로 무대를 걸어서 나가거나 잰걸음으로 그 장막 뒤로 가게 한다. 이때 영력이 있는 사람이 절대로 영기를 볼 수 없다고 가정한다면, 영력이 있는 사람이

주어진 장막 10개 중에 6개 이상의 장막 뒤에 사람이 있는지 없는지를 판별할 확률은 얼마인지 알아보시오.

4. 정부 통계에 의하면 1990년 한 해 동안 국내에서 발생한 노사 분규는 총 322건이었다고 한다. 이는 하루 평균 0.9건 발생한 셈인데, 하루 동안 노사 분규가 단 한 건도 발생하지 않을 확률을 구하시오.

5. 확률변수 X가 $X \sim N(10, 25)$일 때, X가 15에서 20 사이에 있을 확률을 계산하시오.

6. 확률변수 Z가 표준정규분포를 따를 때 다음 구간의 확률을 구하시오.
   1) $P_r(-1{,}645 \leqq Z \leqq 1.645)$
   2) $P_r(-1.96 \leqq Z \leqq 1.96)$
   3) $P_r(-2.57 \leqq Z \leqq 2.57)$

제 7 장 표본추출과 표본분포

국가의 정책에 대한 국민의 여론을 조사하고자 할 때 국민 전체를 조사한다는 것은 실제로 어려운 경우가 많다. 그래서 국민 전체를 조사하는 대신 국민 중의 일부만을 표본으로 추출하여 모집단의 특성을 파악할 수밖에 없다. 이제 앞에서 배운 확률이론과 확률분포의 개념을 기초로 하여 추론통계학 분야를 다루고자 한다.

앞에서 다룬 기술통계학에서는 분석 대상이 되는 집단 전체를 관측한다는 것이 전제되어 있다. 물론 모집단 전체를 조사하는 것이 모집단의 특성을 정확하게 파악할 수 있지만 모집단 전체를 조사하는 것이 실제로 불가능한 경우에는 표본을 추출하고 표본의 특성에 입각하여 모집단의 특성을 판단하는 것이 오히려 효과적일 때가 많다. 그러기 위해서는 모집단을 잘 대표하는 표본을 추출하여 표본조사로 인해 발생하는 오차를 줄여야 한다.

표본에서 얻은 추정값은 반드시 오차를 갖게 되므로 모집단을 잘 대표하는 표본을 추출하여 모수를 정확히 추정할 수 있어야 한다. 모수를 정확히 추정하기 위해서는 표본이 어떻게 추출되는지, 그리고 표본으로부터 얻는 통계량이 어떤 분포를 따르는지에 대한 지식이 필요하다. 또한 통계량 분포에 대한 지식을 모수의 측정에 어떻게 활용할 수 있는지에 대한 개념을 정립할 필요가 있다.

이 장에서는 표본추출과 관련된 내용과 함께 표본 결과를 이용해서 모집단의 특성을 추론하는 데 기초가 되는 표본분포에 관해 설명하고자 한다.

제 1 절 표본추출

1 표본추출의 개념

연구자가 정보를 얻고자 하는 대상 집단의 전체를 파악하는 것이 표본추출하기 전에 필요한데, 그 대상 전체를 통계학적 용어로 모집단(population)이라고 한다. 통계학에서 모집단은 연구자가 조사하고자 하는 대상 전체를 의미하며 일반적으로 대문자 N으로 표시한다. 모집단은 조사 목적에 따라 명백하게 설정되어야 하는데, 이를 위해서는 시점 또는 기간, 지역, 대상, 그리고 내용이 명백하게 정의되어야 한다. 모집단은 우리가 무엇을 알려고 하는가에 따라 정해지며, 모집단을 명확히 규정하는 것은 매우 중요한 일이다. 왜냐하면 모집단이 규정되어 있어야만 조사 대상의 범위를 설정할 수 있고, 조사 결과를 적용할 집단이 분명해지기 때문이다.

앞에서 언급했듯이 연구자가 알고자 하는 정보는 모집단 전체에 관한 것이지만, 모집단에 속한 대상 모두를 조사하기란 매우 어렵고 때로는 불가능한 경우도 있다. 그래서 연구자는 모집단의 일부만을 선택하여 조사하는 수밖에 없는데, 이렇게 선정된 모집단의 일부를 표본(sample)이라고 한다. 즉, 모집단을 구성하고 있는 개체 또는 사례의 일부를 표본이라 하고 소문자 n으로 표시한다. 표본을 선정하는 절차를 밟는 것을 표본추출(sampling)이라고 한다. 모집단과 표본은 기본 단위들로 구성되는데 모집단의 구성 단위 수를 모집단 크기(population size)라고 하고, 표본을 구성하는 구성 단위의 수를 표본 크기(sample size)라고 한다.

모집단에 속한 개개 원소를 표본추출 단위(sampling unit)라고 하는데, 여기에는 구성 단위(elementary unit)와 조사 단위(enumeration unit)가 있다. 구성 단위는 표본조사 시에 정보가 수집되어 분석되어야 할 대상으로 때에 따라서 요소(element)라고도 한다.

표본조사를 행할 때 구성 단위를 직접 추출하기가 용이하지 않을 때가 자주 있다. 이것은 표본이 추출될 수 있는 구성 단위의 목록이 쉽게 이용 가능하지 않는 경우가 자주 있고 또 상당한 비용이 들어야 만들 수 있기 때문이다. 그래서 이용이 가능하거나 표본추출 목적으로 쉽게 만들 수 있는 다른 형태의 단위를 대신 사용하는데, 이렇게 실제로 사용 가능한 단위를 조사 단위라고 한다. 예를 들면 우리나라에서 매 5년마다 통계청 주관으로 실시하는 '인구 센서스'에서는 표본추출 단위로 사람 개개인이 아니라 가구를 사용하고 있는데, 여기에서 우리는 사람 개개인을 실제로 파악할 수 있는 명부를 구하기가 불가능하므로 구성 단위 대신에 조사 단위인 가구(household)를 사용하고 있음을 알 수 있다. 표본조사에서 쉽게 이용할 수 있는 구성 단위의 목록을 표본추출대장 또는 표본추출틀(sampling frame)이라고 한다. 즉, 표본추출틀이란 모집단을 대표하는 개체 또는 사례의 목록을 가리키며, 이것이 작성되어야 표본추출이 용이하게 이루어질 수 있다.

적절한 방법을 사용하여 표본을 추출한다면 표본에서 얻은 값으로부터 모집단의 특성값을 비교적 정확하게 추정할 수 있다. 전수조사를 통해서만 알 수 있는 모집단의 특성값을 모수(parameter)라고 하는데, 대개는 그 값을 알 수 없다. 모집단에서 산출된 각종 통계값으로 총합, 평균, 비율, 분산 등이 있다. 한편 표본으로부터 얻은 표본의 특성값, 즉 통계량(statistic)은 표본에서 산출된 각종 통계값으로 모집단의 특성을 추정하는 데 이용되고, 주로 표본추정값(sample estimate)이란 용어를 사용한다. 통계량은 표본의 크기나 종류에 따라 다른 값을 갖는다. 통계량으로부터 모수를 추정하는 일련의 과정, 즉 표본으로부터 모집단의 특성을 알아내는 것을 추정이라고 하며, 이것은 8장에서 자세히 설명하기로 한다.

어떤 표본추출법이든 모수와 정확하게 같은 통계량을 제공해 주는 일은 거의 없는데 모수와 표본추정값의 차이를 표본오차라고 한다. 표본오차는 표본추출 과정에서 어쩔 수 없이 우연히 발생하는 오차이며, 표본추출오차라고도 한다. 표본조사의 경우에 불가피한 오차이며, 표본 크기의 제곱근에 역비례한다. 표본추출과 관계없이 자료 수집 과정이나 자료 처리 과정에서 발생하는 오차를 비표본오차라고 한다. 따라서 조사기획 및 설계 단계에서 얼마나 완벽하게 오차의 발생 소지를 줄이는 데 노력하느냐에 따라 오차를 줄일 수 있다. 기대값(expected value)은 어떤 모집단에서 크기가 서로 다른 표본을 추출하고, 각 표본에서 얻은 어떤 특성에 대한 통계값의 평균을 의미한다.

2 표본추출 방법

일단 모집단에 대해 정확히 파악되었다면 그 다음으로 적절한 표본을 뽑는 일이 중요하다. 표본을 추출하는 과정에서 가장 중요한 것은 사용하게 될 표본추출 방법을 결정하는 것이다. 표본추출 방법은 확률표본추출법과 비확률표본추출법으로 나뉜다.

두 표본추출 방법에서 가장 두드러진 차이는 확률표본추출법은 모집단으로부터 표본을 뽑을 때 확률의 법칙에 의존하는 반면, 비확률표본추출법은 인간의 판단에 의존한다는 점이다. 확률표본추출법을 사용하는 이유는 첫째 표본을 추출하는 사람의 편견이나 주관을 배제할 수 있고, 둘째 모수를 추정할 수 있는 공식이 존재하기 때문이다.

적용 7-1 흡연하는 고등학생들을 조사하는 경우, 확률표본추출법은 학교 컴퓨터에 등록한 모든 학생의 ID번호를 넣은 다음 할당된 임의의 번호 다음에 나오는 모든 10번째 이름을 뽑는 프로그램을 짜는 것을 말하며, 비확률표본추출법은 흡연하는 학생에 대한 지식과 프로젝트에 기꺼이 협조하게 될 학생들이 누구인가에 대한 평가를 기초로 해서 어느 학생을 조사에 포함하는 것이 가장 좋은가를 학교에 있는 교장이나 교사들에게 묻는 것이다.

모집단으로부터 표본을 추출하는 주된 이유는 모집단을 대표하는 개인의 집단이나 기관 등에 관한 정보를 수집하기 위해서이다. 확률표본추출법에는 일정 범위의 오차 내에서 그리고 일정 수준의 신뢰구간으로 특정한 표본의 결과가 실제로 모집단의 실제값을 예측하기 위해 잘 개발된 통계방법이 있다. 비확률표본추출법에서 연구조사에 기꺼이 협조할 학생들이 누구인가에 대한 평가는 단순히 연구자의 주관적 판단이다. 따라서 확률표본추출법은 조사 결과를 모집단에 일반화하고자 할 때 연구자로 하여금 더 큰 신뢰성을 갖게 한다. 그러나 비확률표본추출법은 일정한 목적을 위해 사용된다. 지금부터 이 두 범주의 표본추출 설계 유형에 속하는 표본추출법들을 구체적으로 살펴보기로 한다.

1) 확률표본추출법

주요 확률표본추출법은 단순임의표본추출법, 계통표본추출법, 층화표본추출법, 그리고 집락표본추출법 등이 있다. 이들은 조사를 행할 때 자주 사용되고 있는 표본추출법이다. 전자의 두 방법은 비교적 간단하나 후자의 두 방법은 복잡한 다단계 조사에서 사용된다. 실제로 가장 복잡한 조사설계는 네 가지 표본추출 방법을 함께 조합해서 사용되는 경우이다. 주요 확률표본추출 방법을 차례로 설명하면 다음과 같다.

(1) 단순임의표본추출법

단순임의표본추출법은 확률표본추출법 가운데서 가장 기본적인 유형으로 동일한 조건에서 제비뽑기하거나 난수표를 이용해서 표본을 추출하는 방법이며, 여기에서 추출된 표본을 임의표본이라 한다. 이 방법에서는 각 구성 단위가 표본으로 뽑힐 확률이 동일하다. 그리고 모집단의 각 구성 단위는 직접 개별적으로 추출되는 절차를 밟는다. 가령 N명으로 구성된 모집단으로부터 n명의 표본을 추출하려고 한다고 하자. 그러면 가능한 표본조합은 ${}_NC_n$이 된다. 그러므로 이들 ${}_NC_n$개의 표본조합 가운데 어느 한 가지가 표본으로 추출될 확률은 모두 $1/{}_NC_n$이다. 그러나 어떤 한 구성 단위가 표본에 포함될 확률은 표본의 크기 n을 모집단의 크기 N으로 나눈 n/N과 동일하다. 또 한 명의 특정한 구성 단위가 표본에 포함되지 않을 경우 표본 수는 N-1명으로 구성된 모집단에서 n명의 표본을 뽑는 것과 같으므로 $_{N-1}C_n$이다. 따라서 어떤 한 구성 단위가 표본에 포함되지 않을 확률은 $_{N-1}C_n/_NC_n$, 즉 $(N-n)/N$과 같다. 그러므로 표본으로 추출될 확률은 1-[$(N-n)/N$], 즉 n/N이다.

적용 7-2 통계청에 근무하는 공무원이 1,000명 있는데 그 중 20명을 표본으로 추출한다고 할 때, 어떤 한 공무원이 표본에 포함될 확률은 1-$_{N-1}C_n/_NC_n$=1-(1,000-20)/1,000]=1/50 또는 20/1,000=1/50이다.

표본을 추출하기 위해서는 먼저 모집단의 각 구성 단위에 1에서 N까지의 번호를 매긴다. 그리고 난수표(table of random numbers)와 제비뽑기 방식을 이용하여 필요한 표본 크기 n을 뽑는다. 난수표와 제비뽑기는 단순임의표본추출법에서 가장 자주 사용되는 방법으로 두 방법 모두 표본이 추출되기 전에 표본추출틀에 있는 구성 단위마다 개별 번호가 매겨져야 한다. 예를 들면 제비뽑기의 경우에는 번호가 매겨진 카드들을 그릇에 담고 함께 섞은 다음 필요한 표본 크기만큼 무작위로 카드들을 꺼내면 된다. 일단 꺼낸 카드는 다시 그릇 속에 집어넣지 않는다. 이러한 방법을 비복원추출이라고 하며, 일반적으로 복원추출(꺼낸 카드를 그릇 속에 집어넣고 다시 카드를 뽑는 방법)보다 우수한 것으로 알려져 있다.

난수표는 0에서 9까지의 숫자를 컴퓨터에 의해 일정한 순서 없이 임의로 배열해 놓은 표이다. 난수표를 이용하여 표본을 추출할 경우 어떤 숫자든 다른 숫자와 동일하게 나타날 가능성이 있다. 가령 난수표를 이용하여 통계 연수 교육에 참가한 공무원 100명 중에서 20명을 표본으로 추출하는 경우, 방법은 여러 가지 있을 수 있으나 가장 쉬운 방법은 먼저 눈을 감고 연필 끝으로 난수표 상의 임의의 한 점을 찍어 출발점을 정한다. 그리고 100명의 100은 세 자리의 수이므로 상하좌우의 어느 방향으로든 세 자리씩 수를 읽어, 그 수가 100 이하의 수이면 그 번호에 해당하는 사람을 표본으로 추출하고, 100보다 큰 수이면 다시 그 다음의 세 자리의 수를 읽는다. 이와 같은 과정을 반복하여 20명을 추출한다.

〈표 7-1〉 난수표의 예

행번호	열번호								
	1~5	6~10	11~15	16~20	21~25	26~30	31~35	36~40	41~45
1	13245	23455	67849	72430	36729	07864	00234	37763	*12034
2	34003	23098	67520	09875	*12000	23409	32901	43984	45209
3	64980	42384	*12019	78654	43980	43210	*24009	87632	54760
4	32900	13298	89756	13264	*54099	*32097	*32076	65483	12309
5	98005	28745	76394	87324	67543	43802	43200	78650	87340
6	98765	30003	78564	*50078	23895	*78008	*37049	*76001	*39010
7	67099	19998	34896	34782	*48029	78493	×23008	23991	46382
8	56983	40003	*76055	38694	*56091	26873	*39050	65430	48374
9	16399	80044	87294	*70088	56309	75362	*30068	54309	64395
10	50075	89450	67543	29865	28590	*73021	36645	12934	*87054
11	60089	85673	47595	84563	12845	29578	98563	27485	16527
12	54677	33450	19875	45453	45922	54678	76821	47685	11876

주: 출발점이 2열과 11~15행이 교차하는 점, 67520이었다고 가정하자. 그러면 *표의 숫자는 표본으로 추출되어야 할 번호들을 예시한 것이다. ×표의 숫자는 이미 표본으로 추출되었기 때문에 무시된 번호이다.

그런데 한번 나타난 100 이하의 어떤 숫자가 다시 나타났을 때에는 이 번호에 해당하는 사람은 이미 표본으로 추출되었기 때문에 무시하고, 그 다음 세 자리의 수를 읽는다.

오늘날에는 어떤 컴퓨터든지 이러한 난수표를 만들어 낼 수 있으므로 단순임의표본을 선정하는 데 컴퓨터의 도움을 받을 수 있다.

단순임의표본추출법은 다른 표본추출법에 비해 모집단에 대한 사전 지식을 필요로 하지 않고 간단하지만 표본추출 전에 모집단의 모든 구성 단위가 확인되어 번호가 매겨져야 하므로 비용이 많이 들고 실행할 수 없는 경우가 자주 있다. 모집단의 각 구성 단위에 표본으로 선택될 확률이 동일하게 주어지므로 표본이 너무 분산되어 조사비용이 매우 많이 들 수 있다. 그리고 표본이 모집단에서 차지하는 비율이 매우 작음에도 불구하고 대표성을 가질 가능성이 있다. 예를 들면, 서울에 거주하는 외국인을 상대로 서울시민의 의식조사를 하는 경우에 대표성이 적은 외국인이 전체 서울시민을 대표하게 된다. 또 표본 크기가 같은 경우에 층화표본추출법보다 오차가 큰 경향이 있으므로 표본의 규모도 비교적 커야 한다.

(2) **계통표본추출법**

사회과학 연구에서는 난수표나 제비뽑기 방식을 사용한 단순임의표본추출을 하는 것이 용이하지 않을 경우가 많으며 비경제적이어서 비용이 많이 발생한다. 이와 같은 문제를 해결하기 위해 계통표본추출법을 사용할 수 있다.

왜냐하면 계통표본추출법으로도 단순임의표본추출법이 갖는 효율성을 그대로 유지하면서 실제 적용성이 뛰어나며, 조사 방법에 대한 훈련이 거의 안 된 사람들을 쉽게 교육할 수 있기 때문이다. 계통표본추출법은 모집단을 구성하고 있는 구성 단위들이 일정하게 배열되어 있다는 조건 하에서 표본추출간격(sampling interval)을 결정한 다음 그 간격 내에서 임의의 숫자, 즉 출발번호를 선정하고, 그 출발번호(starting number)를 기초로 표본을 추출하는 방법이다. 계통표본추출법에서 표본추출 간격(k)은 모집단 N을 표본 수 n으로 나누어 결정하고 ($k = N/n$), 표본추출비(sampling ratio)는 모집단 구성 단위 중 표본에 뽑힌 구성 단위의 비(ratio)로, 표본추출 간격의 역수에 해당한다. 예를 들면 1,000명의 통계청 공무원 가운데 100명을 표본으로 추출하고자 하는 경우에 먼저 모집단 1,000명을 표본 수 100명으로 나누어 표본추출 간격 $k=10$을 구한 다음 공무원 인사기록카드 가운데서 먼저 첫 번째 인사기록카드와 k번째 인사기록카드 사이에서 무작위로 한 명의 인사기록카드(j)를 뽑고 이로부터 10번째 인사기록카드에 해당하는 공무원, 즉 j, $j+k$, $j+2k$, $j+3k$, $\cdots$, $j+(n-1)k$을 표본으로 추출한다. 여기서, j, $j+k$, $j+2k$, $j+3k$, $\cdots$, $j+(n-1)k$를 표본지정번호(sample designation number)라 한다.

적용 7-3 100명의 공무원 연수반에서 10명을 표본으로 추출할 때에 강의 출석부에서 표본추출 간격 10을 결정하고, 출석번호 1과 10번 사이에서 출발번호를 임의로 선정한 결과, 5번이 결정되었다고 가정하자. 이때 계통표본추출법으로 추출된 표본은 5번, 15번, 25번, 35번, 45번, 55번, 65번,

75번, 85번, 95번 등이다. 여기서, 5번, 15번, 25번, 35번, 45번, 55번, 65번, 75번, 85번, 95번을 표본지정번호라 한다.

계통표본추출법은 단순임의표본추출법보다 표본추출 절차가 간단하기 때문에 실제로 더 많이 사용하며 표본이 골고루 산재되기 때문에 계통표본이 때로는 임의표본보다 표본오차가 작게 된다. 또 계통표본추출법은 사전에 표본추출틀을 이용할 수 없는 상황에서 표본추출틀을 만들면서 동시에 표본을 추출할 수 있는 장점이 있다. 예를 들면, 경찰병원의 응급실에 들어오는 환자들에 관한 조사를 위해 100명의 표본이 필요하고, 의무기록카드들이 각 26인치 깊이의 12개 서류함에 보관되어 있다면 다음과 같은 방법으로 계통표본을 추출할 수 있다.

첫째, 파일 처리된 의무기록카드의 전체 길이를 계산한다, 예를 들면, 26×12=312인치이다.

둘째, 계산된 전체 길이를 표본으로 추출될 전체 의무기록카드 수로 나누어 표본추출비를 산정한 다음 그 비를 k로 표시한다. 예를 들면, k=312/100=3.12 인치이다.

셋째, 0과 k 사이에서 임의의 숫자 j를 선정한다. 예를 들면, 0과 3.12 사이에서 출발번호 1.19(여기서 선택된 수를 1.19로 가정하자)를 선정한다.

넷째, 얼마의 측정 도구를 이용하여 첫 번째 서류함 앞에서부터 j에 해당하는 의무기록카드를 뽑은 다음, 선택된 첫 번째 의무 기록 카드에서 k에 이르는 의무기록카드를 뽑는 작업을 반복해서 마지막 서류함이 끝날 때까지 계속한다.

그러나 표본추출 간격이 모집단의 구성 단위가 갖는 일정한 주기적 변화(periodicity) 또는 분류된 계통적 순서(키, 연령, 소득, 체중 등)와 관련되면 분산이 커져 오차의 개입이 불가피하게 된다.

(3) 층화표본추출법

앞에서 설명한 단순임의표본추출법과 계통표본추출법은 좀더 확률 원칙에 충실하고 표본의 대표성을 어느 정도 보장하면서 오차의 추정을 가능케

한다는 장점을 지니고 있으나 실제로는 불편한 점이 많다. 그래서 적은 표본을 가지고도 가능한 표본추출오차를 줄여 주면서 대표성을 강화시켜 주는 방법이 층화표본추출법이다. 층화표본추출법은 모집단을 상호배타적인 2개 이상의 계층(stratum)으로 나누고, 이들 각 계층 내에서 표본을 임의로 추출하는 방법이다. 층화표본추출법에서 모집단을 여러 개의 집단으로 분류하는 것을 '층화한다(stratify)'라고 하며, 각 집단을 계층이라 한다. 층화할 때는 계층 안에서는 동질적이 되도록 하고, 계층과 계층 사이에는 이질적이 되도록 해야 한다.

적용 7-4 통계 연수 교육에 참가한 100명의 공무원 중 20명이 여자이며, 강의 출석부의 번호는 남녀 구분 없이 신장의 크기 순으로 정했다고 하자. 이때 10명을 표본으로 추출할 때, 단순임의표본추출법이나 계통표본추출법을 사용하면 표본으로 추출된 10명 모두가 남자일 수도 있고, 이와 반대로 10명 모두가 여자일 수도 있다. 이러한 경우 층화표본추출법에서는 우선 남자와 여자의 두 개 집단으로 나눈다. 그러면 남자 공무원의 집단은 80명이 되고, 여자 공무원의 집단은 20명이 된다. 표본으로 추출하려는 10명을 각 집단의 공무원 수에 비례하도록 배분하면 남자 공무원집단에서는 10명×(80/100)=8명, 여자 공무원집단에는 10명×(20/100)=2명이 배분된다. 따라서 80명의 남자 공무원집단에서 8명을, 20명의 여자 공무원집단에서 2명을 단순임의표본추출법이나 계통표본추출법을 사용해서 뽑는다.

층화표본추출법에서 표본은 단순임의표본추출법과 같은 방법으로 얻어지지만 표본추출은 각 계층 내에서 각각 독립적으로 이루어진다. 만약 $N_1, N_2, N_3, \cdots, N_L$이 각 계층 내에 있는 구성 단위의 수이고, $n_1, n_2, n_3, \cdots, n_L$은 각 계층 내에서 임의로 선택되는 구성 단위의 수를 나타낸다면 층화표본추출법에 의해 추출될 수 있는 가능한 표본의 수는 ${}_{N_1}C_{n_1} \times {}_{N_2}C_{n_2} \times \cdots \times {}_{N_L}C_{n_L}$와 같다.

적용 7-5 통계청이 인천시에서 영업하고 있는 인삼 도매상점들의 월

간 매출액을 조사하기 위해 상점들을 평수의 크기에 따라 3개의 계층으로 나누고, 계층 1(N_1=3)에서 1개, 계층 2(N_2=5)에서 2개, 계층 3(N_3=6)에서 4개의 표본을 각각 뽑는다면 가능한 전체 표본 수는 ${}_3C_1 \times {}_5C_2 \times {}_6C_4$=450이다.

층화표본추출법에는 계층의 표본 크기를 계층의 모집단 크기에 비례해서 뽑는 비례층화표본추출법(proportionate stratification)과 표본 크기를 각 계층마다 고루 얻기 위해 계층의 모집단 크기에 비례해서 뽑을 필요가 없는 비비례층화표본추출법(disproportionate stratification)이 있다.

층화표본추출법의 본질은 얼마의 보조 정보를 근거로 모집단을 계층으로 나눈 다음 각 계층으로부터 별개의 표본을 선출하는 데 있다. 층화표본추출법은 계층 내의 표본 규모가 표본추출 과정에서 임의로 통제되는 것이 아니라 표본을 추출하는 사람에 의해 통제된다는 데 그 유용성이 있다. 일정 수의 표본을 각 계층으로부터 추출하고자 한다면 극히 높거나 낮은 추정값을 보이는 표본들이 제거되므로 일정한 조건 하에서는 단순임의표본추출법보다 정확도가 더 높아진다. 또 각 계층으로부터 추정값을 얻을 수 있다. 반면에 모집단의 각 계층에 대한 정확한 정보가 필요하고 정보가 없을 경우에는 오차의 개입을 증가시키게 된다. 모집단에 대한 층화된 목록이 없는 경우에는 그것을 만들기에 많은 시간과 비용이 요구된다. 단순임의표본추출법과는 달리 완전한 표본추출틀이 각 계층별로 필요하고 각 계층 내에서 표본이 추출되어야 하기 때문에 시간과 비용이 든다.

(4) 집락표본추출법

지금까지 살펴본 표본추출법은 모집단이 구성 단위의 집단으로 구성되어 있다는 데서 공통점을 가진다. 층화표본추출법에서는 구성 단위의 집단을 계층이라 하고, 각 표본이 각 계층으로부터 선출된다. 그러나 집락표본추출법에서는 구성 단위의 집단을 집락(cluster)이라 하고, 집락 중에서 무작위로 추출된 표본집락이 조사에 포함된다. 집락들 중에서 무작위로 추출된 각 표본집락의 모든 구성 단위를 표본으로 하는 방법이 1단계 집락표본추출법이고, 무작위로 추출된 각각의 집락 내에 있는 구성 단위 중에서 일부를 표본으로 추출하는 방법이 2단계 집락표본추출법이다. 여기서, 두 단계 이상으로 표본을 추출하는 방법을 다단계 집락표본추출법이라 한다.

적용 7-6 인천시민의 의식조사를 위해 동을 표본으로 추출한 다음 이들 선택된 동에 거주하는 시민들을 모두 표본으로 추출하는 것이 1단계 집락표본추출법이고, 구를 표본으로 추출하고, 표본으로 추출된 구에서 다시 동을 표본으로 추출한 다음 이들 선택된 동에 거주하는 시민명부를 작성하여 여기에서 각각 몇 명씩의 시민들을 무작위로 표본추출하는 것이 다단계 집락표본추출법이다.

집락표본추출법은 각 집락 내의 구성 단위들은 이질적이지만 집락 간에는 거의 차이가 없는 경우에 적용하는 것이 바람직하다. 집락은 주로 지리적으로 자연스럽게 나뉘어 있거나 행정적으로 구분된 단위를 말한다. 예를 들면, 시·구·동 등의 행정구역, 대학교·고등학교·중학교·초등학교 등의 학교군, 대학병원·병원·의원 등의 병원군 같은 것들이 집락의 예이다. 집락의 개념을 지역 단위로 확대하여 집락 대신에 시·군 등과 같이 지역(area)을 표본으로 추출하는 방법을 지역표본추출법이라 한다.

집락표본추출법은 비용과 시간이 적게 들기 때문에 매우 효율적이다. 예를 들면, 한국갤럽에서 3,000명의 유권자를 표본으로 추출하여 국민들의 정당 선호도를 조사하려고 한다고 하자. 이 경우에 단순임의표본추출법을 사용하는 경우에는 표본추출을 위해 전국 유권자의 명단을 작성해야 하는데 시간과 비용이 많이 들기 때문에 어렵다. 그리고 실제 조사도 표본으로 뽑힌 사람들이 전국적으로 흩어져 있어서 조사 비용과 시간이 많이 든다. 그런데 집락표본추출법을 사용한다면 적은 비용과 짧은 시간에 단순임의표본추출법과 같은 정확성을 갖는 조사를 할 수 있기 때문에 매우 편리하다. 그러나 집락의 수 자체가 너무 많아지고 각 집락에서 뽑는 표본의 크기가 너무 커지면 능률이 떨어진다. 그러나 현실적으로 매우 편리하고 효율적이므로 이 방법을 많이 사용한다.

2) 비확률표본추출법

비확률표본추출법은 일명 작위표본추출법(non-random sampling)이라고도 하는 것으로 추출된 표본에 대해 표본오차를 명백히 추정할 수 있는 확률적인 통계 처리가 불가능한 표본추출법을 말한다.

실제로 표본을 추출할 때 모든 조사연구 대상에 대한 추출이 임의의 확률표본추출이 가능한 것은 아니다. 또한 확률표본추출이 가능한 경우라도 반드시 무작위적인 표본추출을 할 필요도 없거니와 하지 못하는 경우도 허다하게 많으며, 소요 비용 때문에 못하는 경우가 적지 않다.

특히 비확률표본추출법은 비용의 절감이라는 측면에서 많이 사용되는 경향이 있다. 이러한 비확률표본추출법을 사용하는 또 하나의 이유는 용이하게 표본을 추출하자는 것이다. 비확률표본추출법은 모집단의 명백한 추정을 위한 확률적인 통계 처리가 불가능하여 모집단의 성격을 일반화할 수는 없다고 해도 모집단의 중요한 성격을 어느 정도 파악할 수 있을 뿐만 아니라 모집단에 대해 중요한 정보를 제공할 수 있다.

이러한 비확률표본추출법에는 쿼터표본추출법(quota sampling), 목적표본추출법(purposive sampling), 편의표본추출법(convenience sampling) 등 여러 종류가 있다.

(1) 쿼터표본추출법

쿼터표본추출법은 각 개체의 추출에 있어 비확률적이기는 하나 모집단이 여러 가지 특성으로 구성되어 있는 경우에 각 특성에 따라서 계층을 구성한 다음 계층 크기의 비례에 따라 표본을 배분하거나 동일한 크기의 표본을 조사원이 그 계층 내에서 임의로 선정하여 조사하는 방법이다. 이 추출법에 의한 표본추출 과정을 보면, 먼저 모집단을 특성에 따라서 계층을 나눈 다음 추출하고자 하는 표본을 각 계층에 할당하고, 각 계층에 할당된 수의 표본을 조사한다. 이때 조사원은 자기에게 할당된 수의 표본을 가능한 한 편향되지 않게 조사한다.

적용 7-7 서울시 중랑구 신내동을 대상으로 구의원 후보자에 대한 전체 유권자들의 지지도를 쿼터표본추출법을 사용하여 조사한다고 하자. 신내동의 유권자 50세 이상의 남자가 10%, 여자가 15%, 50세 미만의 남자가 20%, 여자가 30%로 구성되어 있다면 표본추출에서도 50세 이상의 남, 여와 50세 미만의 남, 여 집단으로 분류한 다음, 각 집단을 대표하는 쿼터(개체 수)를 결정하고 각 집단마다 쿼터를 작위적으로 추출한다. 즉 임의로 추출하지 않고 일정한 쿼터에 달하는 유권자, 예를 들면 쿼타가 20명이면 20명씩 추출하는 것이다.

이러한 쿼터표본추출법은 쿼터를 추출하는 것을 제외하고는 층화표본추출법과 상당히 유사하다. 특히 모집단을 일정 수의 집단으로 분류할 때 쿼터표본추출법은 흔히 연령, 성, 교육, 직업, 지리적 조건 등을 그 분류 기준으로 한다. 층화표본추출법은 주로 연구에서 분석 대상이 되고 있는 변수를 그 층화의 기준으로 삼는 반면, 쿼터표본추출법은 연구 변수와 관계가 깊은 것들을 그 기준으로 삼는다.

그러나 쿼터표본추출법에서도 층화표본추출법과 같이 모든 분류 기준의 각각을 종합해서 적용할 수 있다. 가령, 연령과 성을 기준으로 한다면 매 연령집단마다 남자 20명, 여자 20명을 합친 40명씩을 작위적으로 선출하면 되는 것이다.

분류된 각 집단에 배당된 쿼터를 추출할 때도 가능한 무작위적으로 표본을 추출하려고 노력하는 것이 중요하다. 작위적으로 표본추출이 가능하다 하여 지나치게 용이하고 편리한 점만을 취할 경우 모집단과는 거리가 먼 표본추출이 될 가능성이 많기 때문이다. 쿼터표본추출법은 적절히 적용만 하면 상당히 정확한 결과를 갖는다. 미국에서 선거 여론에 대한 갤럽조사라든가 전국적인 여론조사가 거의 쿼터표본추출법에 의해 행해지고 있다는 사실이 이를 반증한다.

(2) 목적표본추출법

목적표본추출법은 연구자가 그 연구의 성격상 요구하고 있는 사항을 충족시킬 수 있도록 적절한 판단과 전략을 세워 그에 따라 모집단을 대표하는 표본을 추출하는 방법이다. 여기에서 목적표본추출을 위한 전략이란 모집단을 대표하고, 연구에 필요하다고 판단되는 적합한 사례들(cases)을 추출하는 모든 방법이다. 따라서 이 표본추출법에서는 특정한 표본추출 단위가 표본으로 선택될 기회는 오직 조사자의 주관적 판단에 좌우된다. 모집단 내에서의 사례 선정 시에 어느 정도의 판단 과오는 범하게 되지만 이들은 각각의 판단 과오끼리 상쇄된다는 전제 하에 목적표본추출을 하는 것이다. 그러나 판단을 위한 객관적인 기준이라든가 또는 어떤 검정 기준이 없는 경우에는 모집단을 대표하는 것으로 선정된 특수 사례들은 그 대표성이 문제되지 않을 수 없다.

적용 7-8 A 정당에서 당 소속 국회의원의 선거 결과를 예측한다고 하자. 이때 전국적인 결과를 예측하기 위해 각 도마다 그 도의 과거 선거 결과를 잘 대표해 왔기 때문에 금번 선거 결과도 잘 대표할 것이라고 판단되는 몇 개의 특수선거구를 표본추출하여 그들 선거구 내의 모든 유권자에 대한 선거 행태를 조사하는 방법이 목적표본추출법이다.

이 추출법은 특별한 추출 과정은 없다. 단지 모집단을 대상으로 내용을 잘 알고 있는 사람을 조사원으로 활용하여 조사자의 판단에 따라서 표본을 추출하면 된다. 이 방법은 조사자의 풍부한 경험을 활용하는 표본추출 방법이라 할 수 있다. 따라서 이 추출법의 장점은 표본추출이 매우 쉽고 비용이 저렴하다는 점이다. 그러나 조사자의 판단이 확실한 것인가를 검정하지 못하는 한 결과에 대한 신뢰성이 떨어지게 된다. 그러므로 이 추출법을 사용해서 표본을 추출할 경우 판단에 의해 선정되는 모집단 내의 특수 사례는 특히 그 모집단의 대표성을 충분히 가져야 한다. 또한 목적표본추출법은 일반적인 결론을 도출할 목적으로는 잘 사용하지 않고, 특정 이론을 반박하고자 할 때 또는 예비조사 등에 주로 사용된다.

(3) 편의표본추출법

편의표본추출법은 연구자가 닥치는 대로 모집단의 개체를 조사하고, 일정 수의 표본이 추출되면 중지하는 것을 말한다. 예를 들면, 환자가 밤에 응급실의 대기실에 있는 이유와 대기 시간을 조사할 때 연구자가 밤에 대도시 응급실의 대기실에 있는 사람들을 만나는 순서대로 일정 수를 표본으로 하거나 또는 서울시가 시민을 상대로 시정에 관한 조사를 할 때 거리에서 만나는 순서대로 일정 수(1,000명 또는 1,500명)를 표본으로 하여 조사하는 것을 말한다. 이 추출법은 연구 시점에서 우연히 이용 가능한 사람들을 뽑는 것을 내용으로 한다.

편의표본추출법은 매우 용이하나 표본추출에서 오차의 개입을 방지하거나 평가하는 방법이 없다. 또한 어떤 개체가 표본으로 추출될 확률은 표본이 모집단에서 추출되었으나 추출될 확률을 알 수 없으므로 실제로는 추정할 수 없다.

제 2 절 표본분포

통계적 추론의 기초가 되는 것은 표본의 결과가 어떻게 나타날 것인가, 즉 표본 평균이나 표본 비율이 어떤 분포를 하게 될 것인가를 파악하는 것이다. 이러한 표본 평균이나 표본 비율과 같은 표본의 특성값을 통계량이라 하는데, 표본분포는 바로 이러한 통계량의 분포를 말한다. 다시 말하면 표본분포는 한 모집단에서 동일한 크기의 가능한 모든 확률표본을 추출했을 때 각 표본으로부터 계산한 통계량으로 이루어지는 분포이다. 모집단에서 가능한 표본을 전부 추출하여 각 표본으로부터 계산한 통계량이 표본평균이면 표본 평균의 분포이고, 통계량이 분산이면 표본분산의 분포이다. 표본분포는 표본통계량으로부터 모수를 추정하는 데 중요한 역할을 하며, 다음과 같은 과정을 거쳐 표본분포가 작성된다.

첫째, 유한 모집단 크기 N으로부터 무작위로 모든 가능한 표본 크기 n을 추출한다.

둘째, 각 표본의 통계량을 계산한다.

셋째, 한 행에는 계산된 통계량을 나열하고, 다른 행에는 각 통계량에 해당하는 발생 빈도를 나열한다.

1 표본 평균의 분포

통계조사에서는 n개의 확률표본 X_1, X_2, ⋯, X_n을 이용하여 모집단분포를 추론한다. 즉, 이들 표본으로부터 구한 통계량인 표본 평균과 표본분산으로 모평균 μ과 모분산 σ^2을 각각 추정한다. 통계량은 관찰 가능한 확률표본의 함수이며, 또한 그 자체가 확률변수이다. 확률표본이 달라짐에 따라 통계량은 여러 가지 다른 값을 가지며, 그 결과 상이한 확률분포를 띤다. 통계량은 확률변수이므로 분포를 갖는다. 따라서 통계량의 분포를 표본분포(sampling distribution)라 한다.

대표적인 표본분포로는 표본 평균의 분포와 표본 비율의 분포가 있다. 가장 중요한 표본분포는 표본 평균의 분포(distribution of sample means)인데, 이는 모집단에서 일정한 크기의 표본을 모두 뽑았을 때 각 표본의 평균의 확률분포를 말한다. 적용 7-9를 통해 구체적으로 표본분포가 무엇인지 살펴보기로 하자.

적용 7-9 시립병원에서 통원 치료를 받고 있는 5명의 아이로 구성된 모집단(N=5)이 있다. 연령은 X_1=6, X_2=8, X_3=10, X_4=12, X_5=14이고, 모집단에서 2개의 표본을 복원 추출한다면 가능한 표본 수는 25개이다. 일반적으로 복원 추출할 때 가능한 표본 수는 N^n과 같다. 이들 각 표본으로부터 계산한 통계량, 표본평균의 분포를 작성하면 <표 7-4>와 같다.

<표 7-4>의 자료는 확률분포의 요건을 만족한다. 개개의 확률은 모두 0보다 크고 그 합은 1과 같다. <표 7-4>에서 표본평균의 값을 살펴보면 동일한 값이 반복되는 경우가 있음을 알 수 있다. 각 경우에 대한 확률이 주어져 있으므로 동일한 표본 평균에 대해 이들의 확률을 각각 더하면 표본

〈표 7-4〉 표본 평균 $\overline{X}$의 분포

표본분포	$\overline{X}$	빈도 수	확률	표본분포	$\overline{X}$	빈도 수	확률
(6,6)	6	1	1/25	(12,8) (14,6) (8,14) (10,12) (12,10) (14, 8)	11	4	4/25
(6,8) (8,6)	7	2	2/25	(10,14) (12,12) (14,10)	12	3	3/25
(6,10) (8,8) (10,6)	8	3	3/25	(12,14) (14,12)	13	2	2/25
(6,12) (8,10) (10,8) (12,6)	9	4	4/25	(14,14)	14	1	1/25
(6,14) (10,10) (8,12)	10	5	5/25	합계	90	25	1

평균의 값별로 일정한 확률을 부여할 수 있어 표본 평균이 나타내는 확률분포를 구성할 수 있다. <표 7-4>는 이렇게 작성한 표본 평균의 확률분포표이다.

2 정규모집단과 표본 평균의 분포

모집단이 정규분포인 경우에는 표본의 크기에 관계없이 표본 평균 $\overline{X}$의 분포는 언제나 정규분포를 이룬다. 만약 모집단이 평균 μ와 분산 σ^2을 갖는 정규분포를 이룬다면 모집단에서 추출한 크기가 n인 표본의 평균 $\overline{X}$는 평균 $\mu_{\overline{X}} = \mu$, 분산 $\sigma^2_{\overline{X}} = \sigma^2 / n$인 정규분포를 한다. 따라서 표본평균 $\overline{X}$이 표준화된 변수 $Z = \dfrac{\overline{X} - \mu}{\sigma / \sqrt{n}}$는 표준정규분포 $N(0,\ 1)$을 따른다.

적용 7-10 전체 학생이 6,000명인 어느 대학교의 학생 신장은 평균 170cm, 표준편차 25cm인 정규분포를 이룬다고 한다. 지금 모집단 6,000명 중에서 복원추출법에 의해서 선택한 25명에 대한 평균 신장은 어떠한 분포를 이루는가를 알아보자. 이 경우 모집단이 μ=170cm, σ=25cm인 정규분포를 이루므로, n=25인 표본평균의 분포는 그 평균과 표준편차가

$$\mu_{\overline{X}} = \mu = 170$$

$$\sigma_{\overline{X}} = \frac{\sigma}{\sqrt{n}} = \frac{25}{\sqrt{25}} = 5$$

인 정규분포를 이룬다.

3 비정규모집단과 표본 평균의 분포

모집단이 정규분포를 이루지 않는 경우에는 표본 평균 $\overline{X}$의 분포가 반드시 정규분포를 이룬다고는 할 수 없다. 그러나 표본의 크기 n이 커질수록 표본평균분포의 모양은 더욱 연속적인 대칭 분포에 접근해 간다. 평균이 μ이고 분산이 σ^2인 모집단에서 추출된 크기가 n인 임의표본의 평균 $\overline{X}$의 분포는 모집단의 분포 형태에 관계없이 n이 커짐에 따라 $\mu_{\overline{X}} = \mu$, $\sigma^2_{\overline{X}} = \sigma^2/n$인 정규분포에 접근한다. 따라서 표본 평균이 표준화된 변수 $Z = \frac{\overline{X} - \mu}{\sigma/\sqrt{n}}$는 표준정규분포 $N(0, 1)$에 근사하게 되는데 이것을 중심극한정리(central limit theorem)라고 한다.

대략 표본의 크기가 30 이상이면 모집단의 분포 형태에 관계없이 정규분포를 이룬다고 할 수 있다. 자료가 관찰된 모집단의 분포가 실제로 정규분포가 아닌 경우에도 중심극한 정리에 의해 표본의 크기 n이 커짐에 따라 표본분포가 정규분포를 이루므로 표본에서 나타난 결과를 정규분포의 성격에 의해 분석할 수 있다.

표본 평균의 분포를 파악하면 표본 평균의 기대값과 분산이 각각 모평균 및 모분산과 어떤 관계에 있는지 알 수 있다. 즉, 표본 평균의 기대값은 모평균과 같고($E(\overline{X})=\mu$), 표본 평균의 분산은 모분산보다 작음을 알 수 있다($\sigma_{\overline{X}}{}^2 < \sigma^2$). 여기서 유한모집단의 경우, 비복원 표본추출을 가정하면 $\sigma_{\overline{X}}$와 σ의 정확한 관계는 다음과 같다.

$$\sigma_{\overline{X}} = \sqrt{\frac{N-n}{N-1}}\,\frac{\sigma}{\sqrt{n}}$$

여기서 $\sigma_{\overline{X}}$는 표준오차, N은 모집단의 크기, n은 표본의 크기, σ는 모표준편차, $\sqrt{\frac{N-n}{N-1}}$은 유한모집단 정정계수(finite population correction factor)라 한다. 유한모집단에서는 표본을 비복원 추출할 때마다 모집단의 수가 하나씩 줄어들게 되어 모분산이 감소하므로 유한모집단 정정계수가 사용된다. 만일 n이 N에 비해 상대적으로 작다면 유한모집단 정정계수는 1에 가깝게 될 것이다. 또 표본조사에 의해 얻은 통계값은 전수 조사했을 때의 통계값과 어느 정도 차이가 나게 되는데 그 차이를 정확하게 안다는 것은 불가능하다. 그래서 표본조사 결과로 표본오차의 크기를 추정하여 이 차이를 확률적으로 설명하게 된다. 표본오차의 크기를 추정하기 위해 주로 표준오차(standard error)를 사용하는데, 표본 평균의 표준편차를 평균의 표준오차 또는 표준오차라고 한다.

앞의 공식에서 표준오차는 모표준편차에 비례하고, 표본의 크기, n의 제곱근에 역비례한다. 표준오차는 역시 유한모집단 정정계수, $\sqrt{\frac{N-n}{N-1}}$에 비례한다. 모집단이 크고 이에 비해 표본의 수가 상대적으로 적을 때, 일반적으로 표본의 크기가 모집단의 크기의 5% 이내일 때에는 이 유한모집단 정정계수가 1에 가깝기 때문에 유한모집단의 경우에도 아래와 같이 식이 성립하는 것으로 한다.

$$\sigma_{\overline{X}} = \frac{\sigma}{\sqrt{n}}$$

무한모집단의 경우에는 $\sigma_{\overline{X}}$의 공식에서 유한모집단 정정계수가 필요없고 이 경우 $\sigma_{\overline{X}}$는 다음과 같이 유도될 수 있다. 평균이 μ이고 분산이 σ^2인 무한모집단으로부터 크기가 n인 표본을 무작위 추출하면 표본관찰값 X_1, X_2, $\cdots$, X_n은 동일한 분포를 하는 서로 독립적인 확률변수가 되며, 무작위 표본을 형성한다. 또한 확률변수의 함수인 표본 평균 $\overline{X} = \frac{1}{n}(X_1 + X_2 + \cdots + X_n)$도 확률변수이다. 확률변수의 합에 대한 기대값의 정리에 따라, 기대값 $\mu_{\overline{X}}$은 다음과 같이 유도된다.

$$\begin{aligned}\mu_{\overline{X}} &= E(\overline{X}) = E[\frac{1}{n}(X_1 + X_2 + \cdots + X_n)] \\ &= \frac{1}{n}[E(X_1) + E(X_2) + \cdots + E(X_n)] \\ &= \frac{1}{n}(n\mu) = \mu\end{aligned}$$

따라서 표본 평균의 기대값은 모평균 μ와 일치한다. 또한 표본관찰값은 서로 독립적인 확률변수이므로 표본 평균의 분산 $VAR(\overline{X})$도 비슷한 방법으로 유도할 수 있다. 독립변수의 합에 대한 분산의 정리에 따라, $VAR(\overline{X})$는

$$\begin{aligned}VAR(\overline{X}) &= VAR[\frac{1}{n}(X_1 + X_2 + \cdots + X_n)] \\ &= \frac{1}{n^2}[VAR(X_1) + VAR(X_2) + \cdots + VAR(X_n)] \\ &= \frac{1}{n^2}(n\sigma^2) = \frac{\sigma^2}{n}\end{aligned}$$

이 된다. 표본 평균의 분산은 $E(\overline{X} - \mu)^2$으로도 나타낼 수 있다. 이는

$VAR(\overline{X})$가 모집단에서 추출할 수 있는 무수히 많은 표본으로부터 구해진 표본평균과 모수 μ와의 편차에 대한 제곱들의 기대값임을 의미한다. 따라서 $VAR(\overline{X})$은 표본 평균에 의해 모수 μ를 추정하고자 할 때의 오차의 정도를 나타낸다. 이러한 이유로 인해 $VAR(\overline{X})$의 양의 제곱근인 표본 평균의 표준편차는 표준오차 $\sigma_{\overline{X}}$라고도 불리운다.

따라서 표본 평균의 기대값과 표준오차(또는 표본 평균의 표준편차) $\sigma_{\overline{X}}$는 다음과 같다.

$$\mu_{\overline{X}} = \mu$$
$$\sigma_{\overline{X}} = \frac{\sigma}{\sqrt{n}}$$

적용 7-11 전체 공무원의 수가 400명인 어느 정부 부처에서 공무원의 임금은 월평균 100만 원, 표준편차가 15만 원인 정규분포를 이룬다고 하자. 이 부처의 공무원 중에서 9명을 임의 추출한 경우에 표본 평균의 기대값 $\mu_{\overline{X}}$와 표준오차 $\sigma_{\overline{X}}$를 구하고, 또 이 부처의 공무원 중에서 100명을 임의로 추출했을 경우에 표본 평균의 기대값 $\mu_{\overline{X}}$와 표준오차 $\sigma_{\overline{X}}$를 구하시오.

먼저 표본의 크기가 9이면 표본의 크기가 모집단의 크기 N=400명에 비해서 아주 작으므로 유한모집단 정정계수는 $\sqrt{\frac{N-n}{N-1}} = \sqrt{\frac{400-9}{400-1}} = \sqrt{\frac{391}{399}}$ $=0.99$로서 거의 1에 접근하므로 무시해도 된다. 따라서 n=9인 경우에 표본 평균의 기대값 $\mu_{\overline{X}}$는

$$\mu_{\overline{X}} = \mu = 1{,}000{,}000$$

이고, 표준오차 $\sigma_{\overline{X}}$는

$$\sigma_{\overline{X}} = \frac{\sigma}{\sqrt{n}} = \frac{150{,}000}{\sqrt{9}} = 50{,}000$$

으로 계산되므로 표본 평균의 기대값은 $\mu_{\overline{X}}$=1,000,000원, $\sigma_{\overline{X}}$=50,000원인 정규분포를 이룬다. 그러나 n=100인 경우에는 모집단의 크기에 비해 표본의 크기가 상대적으로 크므로 표본 평균의 표준편차를 계산하기 위해서는 유한모집단 정정계수를 고려해야 한다. 이 경우에 표본 평균의 기대값 $\mu_{\overline{X}}$와 표준오차 $\sigma_{\overline{X}}$는 각각

$$\mu_{\overline{X}} = \mu = 1{,}000{,}000$$

$$\sigma_{\overline{X}} = \frac{\sigma}{\sqrt{n}}\sqrt{\frac{N-n}{N-1}} = \frac{150{,}000}{\sqrt{100}}\sqrt{\frac{400-100}{400-1}} = 13{,}007$$

로 구해지므로 표본평균의 기대값은 $\mu_{\overline{X}}$ =1,000,000원, $\sigma_{\overline{X}}$ =13,007원인 정규분포를 이룬다.

4 χ^2분포

χ^2분포는 표본분산 s^2 분포로서 모분산 σ^2에 대한 추론에 이용된다. 즉, X_1, X_2, ⋯, X_n을 정규모집단 $N(\mu,\ \sigma^2)$으로부터의 확률표본이라 하고, 표본분산을 $s^2 = \frac{1}{n-1}\sum_{i=1}^{n}(X_i - \overline{X})^2$으로 정의할 때, 확률변수 χ^2를

$$\chi^2 = \frac{(n-1)s^2}{\sigma^2} = \frac{\sum_{i=1}^{n}(X_i - \overline{X})^2}{\sigma^2}$$

과 같이 정의하면 χ^2은 자유도가 n-1인 χ^2분포를 따르며, 이 분포가 모분산에 대한 추론에 이용된다.

χ^2분포는 연속확률분포이고 자유도에 따라 그 모양이 달라지는데 [그림 7-1]은 여러 가지 자유도에 따라 달라지는 χ^2분포의 모양을 잘 보여 주고

[그림 7-1] χ^2분포도

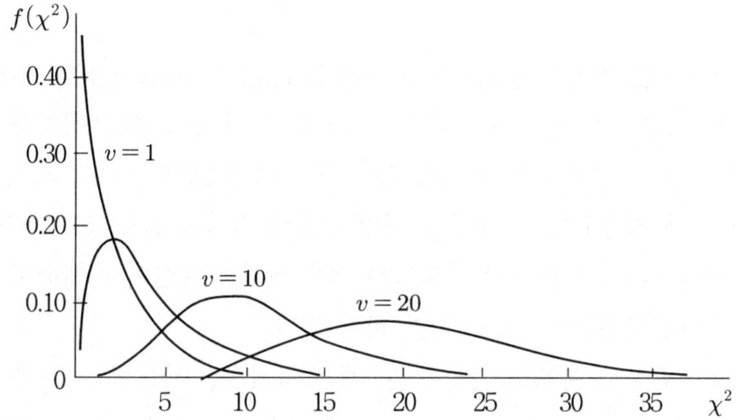

있다. 0을 중심으로 언제나 대칭인 t분포와 달리 χ^2분포는 대개 오른쪽으로 기울어진 분포를 하며 항상 0보다 큰 값을 갖는다. 일반적으로 χ^2분포의 모양은 자유도가 작으므로 오른쪽으로 긴 꼬리를 갖는 비대칭의 형태를 취하며 자유도가 커질수록 점점 대칭의 형태로 바뀌게 된다.

부록 표 6에는 각각의 자유도에 따르는 χ^2분포의 확률이 주어져 있는데, t분포와 같이 χ^2분포에서 χ^2값 이상의 확률이 α인 값으로

$$P_r(\chi^2 \geq \chi^2_\alpha) = \alpha$$

와 같이 나타낼 수 있다. 즉, $\chi^2_{0.05}$란 χ^2분포에서 χ^2값 이상의 확률이 5%인 점의 위치를 의미한다. 부록 표 6에서 자유도가 5인 경우

$$P_r(\chi^2 \geq 11.07) = 0.05$$

임을 알 수 있다.

5 F분포

F분포는 영국의 통계학자인 피셔(Ronald A. Fisher, 1890-1962)에 의해 개발되었다. 이 분포는 기타의 분포와는 달리 두 개의 자유도를 갖는 분포로 [그림 7-2]에서 보는 바와 같이 양의 비대칭함수이다. 그러나 자유도 v_1과 v_2가 커질수록 종 모양의 대칭 분포에 가까워진다. 그리고 분모의 자유도가 $v_2 \leq 4$이면 분포의 산포도가 매우 커서 모분산이 존재하지 않으며, $v_2 \leq 2$이면 모평균조차 존재하지 않게 된다.

F분포는 χ^2분포를 따르는 두 개의 독립적인 확률변수 χ_1^2과 χ_2^2를 각각의 대응하는 자유도 v_1, v_2로 나누어 비율로 나타낸 새로운 확률변수의 분포로, 이러한 분포를 하는 확률변수 F는 다음과 같이 표시된다.

$$F = \frac{\chi_1^2/v_1}{\chi_2^2/v_2} \quad \sim \quad F(v_1, v_2)$$

F분포의 모수는 분자의 자유도 v_1과 분모의 자유도 v_2로, v_1과 v_2가 주

[그림 7-2] F분포

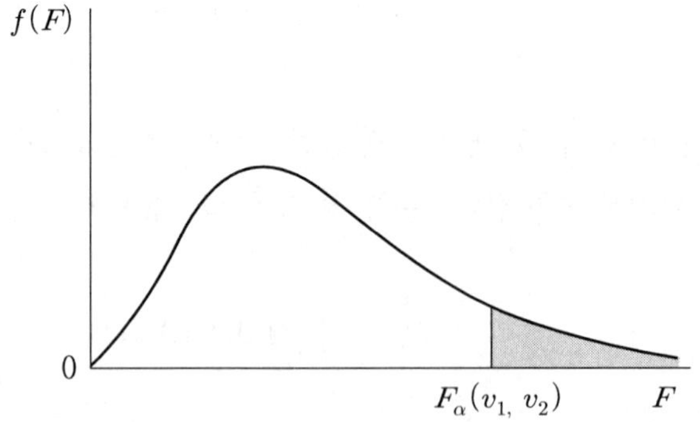

어지면 F분포의 모양은 결정되고 $F(v_1,\ v_2)$로 나타낸다.

F값은 0부터 무한대까지 취할 수 있다. 일반적으로 자유도 v_1과 v_2의 값이 주어지면 F분포표로부터 α의 여러 가지 값에 대한 F값을 구할 수 있는데, 자유도 v_1, v_2에 대해 F분포의 우측 끝부분의 면적이 α인 F값은 $F_\alpha(v_{1,}\, v_2)$로 표시한다. 예를 들면 α=0.05이고 v_1=5, v_2=4일 때의 $F_{0.05(5,4)}$=6.26이다. 다시 말해 확률변수 F가 6.26보다 큰 값을 가질 확률은 0.05라는 것이다. 그런데 F분포의 좌측 끝부분의 면적이 α인 F값을 구하기 위해서는 우측의 면적이 1-α에 대응하는 F값을 구해야 한다. 그러나 이는 F분포표에 나타나 있지 않다. 이 값은 두 자유도를 서로 바꾸어서 F분포표에서 구한 F값의 역수를 취하면 된다. 자유도가 v_1, v_2일 때 F값은 다음과 같은 등식이 성립한다.

$$F_{1-\alpha(v_1,\ v_2)} = \frac{1}{F_{\alpha(v_2,\ v_1)}}$$

예를 들면 $F_{0.95}$(5, 4)를 계산하려면 부록의 F분포표로부터 $F_{0.05}$(4, 5)=5.19이므로 다음과 같이 된다.

$$F_{0.95(5,\ 4)} = \frac{1}{F_{0.05(4,\ 5)}} = \frac{1}{5.19} = 0.19$$

다시 말하면, 확률변수 F가 0.19보다 작을 확률, 즉 확률밀도함수의 왼쪽 면적은 0.95라는 것이다.

6 t분포

모집단이 정규분포인 경우에는 표본의 크기에 관계없이 표본 평균 $\overline{X}$의 분포는 언제나 정규분포를 이룬다. 즉, $\overline{X}$의 분포는

$$\overline{X} \sim N(\mu,\ \sigma^2/n)$$

이다. 또한 모집단이 정규분포를 이루지 않는 경우에도 표본의 크기 n이 $n \geq 30$인 경우에는 평균이 μ이고 분산이 $\frac{\sigma^2}{n}$인 정규분포에 근사하게 된다는 것을 우리는 앞에서 보았다. 그러므로 표본평균 $\overline{X}$를 표준화한

$$Z = \frac{\overline{X} - \mu}{\sigma / \sqrt{n}}$$

는 평균이 0, 분산이 1인 표준정규분포를 이룬다. 그러나 문제는 모표준편차를 모르는데 있다. 모표준편차를 모르기 때문에 확률변수 $Z = \frac{\overline{X} - \mu}{\sigma / \sqrt{n}}$의 분포를 이용한 모평균의 추정은 원칙적으로 불가능하다. 이 경우 모표준편차의 추정량으로 표본에서 계산된 표본의 표준편차를 대신 사용할 수밖에 없다. σ를 s로 대치한 새로운 확률변수를 얻을 수 있으며, 이를 T라고 하면

$$T = \frac{\overline{X} - \mu}{s / \sqrt{n}}$$

가 된다. 이때 새로운 변수 T를 스튜던트 확률변수라고 한다.

t분포는 Z통계량에서 σ대신에 s를 대입한 T통계량의 분포를 정의한 것으로 표본이 큰 경우에는 모집단의 분포가 정규분포가 아닐 때에도 중심극한 정리에 의해 $\overline{X}$는 정규분포에 가까운 분포를 따르며 σ 대신에 표본의 표준편차인 s를 대입해도 위의 사실은 근사적으로 성립한다. 그러나 표본이 작을 경우에는 모집단이 정규분포를 따를 때에도 σ 대신에 s를 대입한 것이 정규분포와는 많이 다를 수 있으며 그래서 t분포가 필요하다.

표본의 표준편차를 이용하여 계산되는 T값은 확률변수로서 이 확률변수

[그림 7-3] t분포와 정규분포

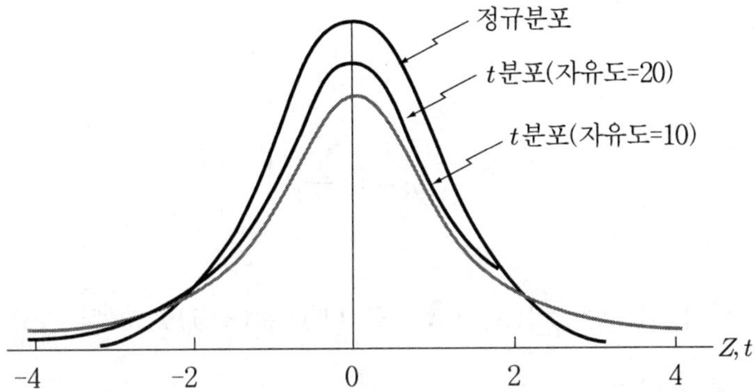

T의 분포는 정규분포를 따르지 않고, t분포를 따른다. [그림 7-3]에서와 같이 t분포의 형태는 표본 수 n에 따라 달라지며, 표본 수 n이 클수록 표준정규분포에 접근한다. 일반적으로 n이 30 이상인 경우 T값의 분포는 표준정규분포에 따른다고 생각한다. t분포는 t분포의 평균을 중심으로 좌우가 대칭이고 t분포의 곡선 모양은 정규곡선보다 낮다. t분포의 일반적 특성은 다음과 같다.

① 평균이 0이다.

② 평균을 중심으로 대칭적이다.

③ 일반적으로 분산은 1보다 크지만, 표본의 크기가 클수록 1에 근사한다.

④ 변수 t의 범위는 $-\infty$에서 $+\infty$이다.

⑤ t분포는 s^2를 계산할 때 사용되는 제수(divisor), n-1의 각 표본값에 따라 별개의 분포가 있으므로 자유도에 따라 여러 가지 분포를 나타낸다.

⑥ 정규분포와 비교하여 t분포는 중심에서 덜 뾰족하고 더 높은 꼬리 부분을 가지고 있다.

⑦ t분포는 n-1이 무한에 가까우면 정규분포를 띤다.

이 t분포는 스튜던트란 필명을 가진 프랑스 수학자 고셋(W. S. Gosset, 1876-1931)에 의해 제시되었는데, 그의 필명을 따라서 스튜던트의 t분포

(Student's t-distribution)라고 부르기도 한다. t분포에서 자유도란 개념은 T값을 유도하는 과정에 이용된 표본분산 s^2의 확률분포와 연계된 개념으로 여기서는

$$s^2 = \frac{1}{n-1}\sum_{n=1}^{n}(X_i - \overline{X})^2$$

에서 편차 제곱합 $\sum_{i=1}^{n}(X_i - \overline{X})^2$을 나눈 값($n$-1)을 s^2의 자유도라고 생각하면 될 것이다.

자유도에 대한 다른 설명은 n개의 관찰값의 합이 K라고 할 때, 즉 $\sum_{i=1}^{n}X_i=K$라고 할 때, X_1, X_2, X_3, $\cdots$, X_n 중에서 임의의 n-1개 값은 어떠한 값도 가질 수 있으나 마지막 1개의 값은 $\sum_{i=1}^{n}X_i$가 K가 되기 위해 다른 n-1개 값에 종속될 수밖에 없다는 논리에서 $\sum_{i=1}^{n}X_i$의 자유도는 n-1이라는 것이다.

t분포는 자유도 n-1에 따라 분포의 형태가 다른데 각각의 자유도에 따른 t분포의 확률값이 주어져 있다. 부록 표 5에는 각각의 자유도에서 확률 α에 대한

$$P_r(T \geq t_a) = \alpha$$

가 되는 t_a값이 주어져 있는데, 자유도가 5일 때 $t_{0.05}$=2.015인데, 이는

$$P_r(T \geq 2.015) = 0.05$$

임을 의미하며, 자유도가 9일 때 $t_{0.025}$=2.262로

$$P_r(T \geqq 2.262) = 0.025$$

임을 의미한다. 또한 자유도가 무한대인 경우는 표준정규분포와 동일하며, 확률은 다음과 같다.

$$P_r(T \geqq 1.645) = 0.05$$
$$P_r(T \geqq 1.96) = 0.025$$

적용 7-12 자유도가 6인 t분포표에서 꼬리 부분의 확률이 0.1, 0.05, 0.025, 0.01인 t값은 아래와 같이 구한다.

$$P_r(T \geqq 1.44) = 0.1$$
$$P_r(T \geqq 1.943) = 0.05$$
$$P_r(T \geqq 2.447) = 0.025$$
$$P_r(T \geqq 3.134) = 0.01$$

표준정규분포와 t분포를 비교하면 표준정규분포에서는 $P_r(Z \geqq 1.96)=0.025$이고, 자유도가 4인 t분포에서는 $P_r(T \geqq 2.776)=0.025$가 된다. 따라서 t분포가 표준정규분포보다 꼬리 부분이 조금 더 높다.

연습 문제

1. 지역 주민에게 보건 및 가족계획을 홍보하기 위해 일선 보건요원들이 가구를 방문했다고 가정하자. 26명의 보건요원의 각 일련번호와 1년 동안 가구 방문한 수는 아래 표와 같다. 다음 모수를 계산하시오.

1년간 가구 방문 수

보건요원	방문 수	보건요원	방문 수
1	5	14	4
2	0	15	8
3	1	16	5
4	4	17	7
5	7	18	0
6	0	19	3
7	12	20	0
8	5	21	8
9	2	22	3
10	6	23	0
11	0	24	1
12	5	25	5
13	6	26	7

1) 총합
2) 평균
3) 분산
4) 표준편차

2. 보건요원의 가구 방문에 대한 위의 표를 보고 표본통계량의 개념을 설명하고자 한다. 먼저 모집단 26명의 보건요원 중에서 10명의 표본을 추출했다고 가정하자. 그리고 아래 표는 표본으로 추출된 10명의 보건요원을 보여 주고 있다. 다음 통계량을 계산하시오.

1년간 가구 방문 수에 대한 표본 자료

보건요원	방문 수	보건요원	방문 수
1	5	14	4
6	0	17	7
7	12	19	3
12	5	21	8
13	6	25	0

1) 총합
2) 평균

3) 분산
4) 표준편차

3. 서울시 중랑구에 6개의 유치원이 있다고 가정하자. 아래의 첫 번째 표는 6개 유치원에서 홍역 예방접종을 하지 않은 학생 수를 보여 준다.

홍역 예방접종을 하지 않은 학생 수에 관한 자료

유치원	학생 수	홍역 예방접종을 하지 않은 학생	
		수(N)	비율(%)
A	59	4	.068
B	28	5	.179
C	90	3	.033
D	44	3	.068
E	36	7	.194
F	57	8	.140
합계	314	30	.096

이들 6개 유치원에서 홍역 예방접종을 하지 않은 총학생 수를 추정하기 위해 3개 유치원을 표본으로 추출하면 모두 20개이다. 모수추정 방정식, $x' = (N/n)x = (6/3)x$를 사용해서 각 표본에서 홍역 예방접종을 하지 않은 학생의 추정된 총합(x')을 아래의 두 번째 표는 보여 주고 있다. ( ) 안에 알맞은 수를 넣으시오.

3개 유치원의 가능한 표본들과 총합(x')

표본조합	x'	표본조합	x'
ABC	24	BCD	( )
ABD	24	BCE	( )
ABE	16	BCF	( )
ABF	34	BDE	( )
ACD	20	BDF	( )
ACE	28	BEF	( )
ACF	( )	CDE	( )
ADE	( )	CDF	( )
ADF	( )	CEF	( )
AEF	( )	DEF	( )

4. 인천시청에 근무하는 5명의 통계 공무원이 있다고 가정하자. 그리고 아래 표는 이들이 통계청에서 실시하는 통계 연수 교육을 받은 후 얻은 연수 성적이라고 하자. 다음에 답하시오.

5명의 공무원으로 구성된 모집단에 관한 자료

공무원	연수 성적	$X-\overline{X}$	$(X-\overline{X})^2$
A	60	-16	256
B	70	-6	36
C	70	-6	36
D	90	14	196
E	90	14	196
합계	380	0	720

1) 평균
2) 표준편차
3) 아래 표는 5명의 공무원 가운데서 2명을 표본으로 추출할 경우 가능한 표본조합과 통계량을 보여 준다. ( ) 안에 적당한 수를 넣으시오.

가능한 표본과 통계량의 값

표본조합	관찰된 표본 단위	평균($\overline{X}$)
AB	60, 70	65
AC	60, 70	65
AD	60, 90	75
AE	60, 90	75
BC	70, 70	( )
BD	70, 90	( )
BE	70, 90	( )
CD	70, 90	( )
CE	70, 90	( )
DE	90, 90	( )

5. 다음은 문제 4의 표에 있는 표본 평균의 분포를 보여 준다. 평균의 기대값과 분산을 구하시오.

1) 평균의 기대값 $E(\overline{X})=\sum_{i=1}^{n}\overline{X}_i p_i$

2) 분산 $VAR(\overline{X}) = \sum_{i=1}^{n}[\overline{X}_i - E(\overline{X})]^2 p_i$

표본 평균의 분포

표본평균 ($\overline{X}_i$)	빈도 (f)	발생 확률 (p_i)	$\overline{X}_i p_i$	$\overline{X}_i - E(\overline{X})$	$(\overline{X}_i - E(\overline{X}))^2$	$(\overline{X}_i - E(\overline{X}))^2 p_i$
65	2	.2	13	−11	121	24.2
70	1	.1	7	−6	36	3.6
75	2	.2	15	−1	1	.2
80	4	.4	32	4	16	6.4
90	1	.1	9	14	196	19.6
합계	10	1.0	76	0	370	54

6. 서울시 중랑구 신내동에 거주하는 19세 이상의 성인을 대상으로 하루 평균 운동 시간을 추정하기 위해 조사가 계획되었다고 가정하자. 신내동에 거주하는 모든 시민들에 대한 명부는 이용이 불가능하다. 그러나 모든 가구의 명부는 동자치센터에 가면 이용이 가능하다. 단순화를 위해 가구명부가 9가구로 되어 있고, 수집하고자 하는 정보는 아래 표에서 보여 주고 있는 것과 같다고 하자.

모집단 가구에 관한 자료

가구	성인 수	가구 내 모든 성인의 운동 시간 수
1	2	1
2	3	3
3	2	7
4	5	8
5	3	4
6	1	0
7	2	1
8	3	2
9	2	0

1) 다음을 토론하시오.

가) 모집단　　나) 구성 단위　　다) 조사 단위　　라) 표본추출틀

2) 신내동에 거주하는 19세 이상 성인의 하루 평균 운동 시간을 추정하기 위한 표본추출계획을 세우시오.

3) 표본추출틀로부터 2가구를 추출할 수 있는 모든 가능한 표본을 선택하고, 각 표본에서 1인당 하루 평균 운동 시간을 계산하시오.
4) 위에서 얻은 표본 평균의 기대값을 계산하고, 실제 모수와 비교하시오.
5) 위에서 얻은 표본 평균의 표준편차, 즉 표준오차를 계산하시오.

7. 확률표본추출법과 비확률표본추출법을 비교하고, 다음의 주요 확률표본추출법에 대해 설명하시오.
   1) 확률표본추출법과 비확률표본추출법의 비교
   2) 단순임의표본추출법
   3) 계통표본추출법
   4) 층화표본추출법
   5) 집락표본추출법

8. 자유도가 24인 t분포표에서 꼬리 부분의 확률이 0.1, 0.05, 0.025, 0.01인 t값을 구하시오.
   1) $P_r(T \geqq t_\alpha) = 0.1$
   2) $P_r(T \geqq t_\alpha) = 0.05$
   3) $P_r(T \geqq t_\alpha) = 0.025$
   4) $P_r(T \geqq t_\alpha) = 0.01$

9. 자유도가 10인 χ^2 분포표에서 꼬리 부분의 확률이 0.1, 0.05, 0.025, 0.01인, χ^2값을 구하시오.
   1) $P_r(\chi^2 \geqq \chi^2_\alpha) = 0.1$
   2) $P_r(\chi^2 \geqq \chi^2_\alpha) = 0.05$
   3) $P_r(\chi^2 \geqq \chi^2_\alpha) = 0.025$
   4) $P_r(\chi^2 \geqq \chi^2_\alpha) = 0.01$

10. 다음 F값을 구하시오.
   1) $F_{0.95}(15, 4)$
   2) $F_{0.95}(5, 15)$
   3) $F_{0.95}(12, 6)$

제 8 장 추 정

통계적 추론이란 모집단으로부터 추출된 표본에서 얻은 결과를 기초로 모집단에 관한 추론이 이루어지는 절차를 말한다. 통계적 추론에는 추정과 가설검정이 있다. 추정은 모집단의 특성을 나타내는 값인 모수를 예측하는 데 그 목적이 있는데 반해, 가설검정은 모수의 값이 표본의 통계량과 같은지 여부를 검정하는 데 그 목적이 있다. 통계적 추론은 확률분포에 그 논리적 근거를 두게 된다. 이러한 확률분포를 특히 표본분포라고 한다. N개의 구성 단위로 된 어떤 모집단에서 크기가 n인 확률표본을 비복원 추출을 한다고 할 때 가능한 표본 수는 ${}_NC_n$개이다. 이들 개개의 표본에서 얻은 통계량은 추출된 표본마다 다른 값을 나타낼 수 있다. 이때 각 통계량이 취하는 값을 확률변수 X라 하면 모집단의 특성인 모수나 표본추출 방법에 따라 X의 각 값에 해당하는 확률이 주어져 통계량이 나타내는 확률분포를 얻을 수 있는데, 이 분포를 표본분포(sampling distribution)라고 한다. 추정이든 가설검정이든 통계량을 기초로 이루어지기 때문에 이러한 통계량의 확률분포인 표본분포를 아는 것은 매우 필요하다. 일반적으로 모수의 추정에 사용되는 표본의 특성값인 통계량은 어떤 표본이 뽑히느냐에 따라 그 값이 달라지고 그 값에 의해 하나의 분포를 이루게 된다.

모수는 일반적으로 알려져 있지 않으므로 표본을 추출하여 모집단의 특성을 나타내는 값인 모수를 추정하게 된다. 추정에는 점추정과 구간추정이 있는데 아래에서 자세히 살펴보기로 한다.

제1절 점추정

점추정은 모수가 어떤 특정값만을 갖는다고 추정한다. 통계량 중에서 모수를 추정하는 통계량을 추정량(estimator)이라고 한다. 추정량은 표본에 따라서 그 값이 변하므로 확률변수이다. 하나의 표본에 근거하여 구한 추정량의 값을 추정값(estimate)이라고 한다. 추정량은 여러 가지 형태로 정의될 수 있는데, 예를 들면 모평균 μ의 추정량으로 고려될 수 있는 통계량은 표본평균, 표본중앙값, 표본최빈값 등 무수히 많다. 따라서 특정 모수에 대한 여러 가지 추정량 중에서 가장 바람직한 추정량을 선정해야 하는데, 가장 바람직한 추정량이란 추정량의 분포에서 분포의 중심이 추정하고자 하는 모수이고, 분포의 흩어진 정도, 즉 분산이 작은 추정량이다. 여러 가지 다양한 추정량 가운데 분포의 중심이 모수인 추정량을 불편추정량이라 하고, 분산이 가장 작은 추정량을 최소분산 추정량이라고 한다. 위의 두 조건을 모두 만족하는 추정량을 최소분산 불편추정량이라고 하며, 추정량을 구할 때는 항상 최소분산 불편추정량을 구하는 것이 바람직하다.

가령 추정량의 기대값이 모수의 값과 동일할 때의 추정량을 불편추정량이라고 하므로 표본 평균의 기대값과 모평균은 다음과 같다.

$$E(\overline{X}) = \mu$$

모평균 μ의 추정량인 $\overline{X}$의 기대값이 다시 μ가 된다. 일반적으로 모수 θ의 추정량 $\hat{\theta}$에 대해 $E(\hat{\theta}) = \theta$가 성립될 때 $\hat{\theta}$를 θ의 불편추정량이라 한다. 따라서 $\overline{X}$는 μ의 불편추정량이다.

분산이 가장 작은 추정량이란 추정량의 표본분포가 모수의 값에 집중분산되어 있음을 의미하므로 표본분포의 분산이나 표준오차가 작다. 즉,

$$VAR(\overline{X}) = \frac{\sigma^2}{n}$$

이다. $\overline{X}$의 분산이 $\frac{\sigma^2}{n}$이므로, $\overline{X}$의 표준편차는 $\frac{\sigma}{\sqrt{n}}$이다. 일반적으로 어떤 불편추정량이 얼마나 좋은 추정량인가를 나타내는 방법으로 그 추정량의 표준편차를 사용한다. 어떤 추정량의 표준편차는 그 추정량의 정밀도를 나타내는 척도가 될 수 있다. 따라서 추정량의 표준편차를 표준오차라고 한다. $\hat{\theta}$의 표준오차를 $SE(\hat{\theta})$로 나타내기도 한다. $\overline{X}$의 표준오차는 $SE(\overline{X})=\frac{\sigma}{\sqrt{n}}$이다. 그러나 일반적으로 σ는 알 수 없으므로 $\overline{X}$의 표준오차를 추정하기 위해서는 σ 대신에 표본표준편차인

$$s=\sqrt{\frac{\sum_{i=1}^{n}(X_i-\overline{X})^2}{n-1}}$$

을 대입한다. 즉, $SE(\overline{X})$의 추정값은 $\widehat{SE}(\overline{X})=\frac{s}{\sqrt{n}}$이다. 실제로 자료로부터 구할 수 있는 것은 표준오차보다는 표준오차의 추정값이 된다. 따라서 $\widehat{SE}(\hat{\theta})$를 $\hat{\theta}$의 표준오차라고 부르기도 한다. 또 추정량은 확률표본(X_1, X_2, $\cdots$, X_n)에 있는 확률변수 X_1, X_2, $\cdots$, X_n의 함수이므로 추정량도 또한 확률변수이다. 따라서 추정량도 특정한 확률분포를 갖는다.

1 모평균의 추정량

모평균을 추정하는 데 가장 많이 사용하는 추정량은 표본 평균으로서 $\overline{X}=\frac{\sum X_i}{n}$이다. 크기가 N인 모집단에서 n개의 구성 단위를 표본으로 추출한다고 하자. 일반적으로 각 표본의 평균 $\overline{X}$는 다를 수 있으며, 이것은 $\overline{X_1}$,

$\overline{X_2}$, …, $\overline{X_n}$ 등으로 표시할 수 있다. 표본 평균의 분포는 표본의 크기가 클수록 정규분포를 하든가 또는 근사적으로 정규분포를 하므로 표본 평균의 평균값은 μ에 근사한다. 모집단에서 n개의 구성 단위를 표본으로 추출한 경우수가 k라고 하면 n개의 표본 평균의 평균은 $\overline{\overline{X}} = \sum_{i=1}^{n} \overline{X_i}/k$가 되며, 표본 평균의 평균은 k가 커질수록 모평균에 가까워진다.

가령 통계 연수 교육에 참가한 30명의 공무원의 성적이 <표 8-1>과 같을 때, 무작위로 5명의 표본을 추출하여 이들 공무원의 평균 성적을 추정하는 방법에 대해 알아보기로 한다.

〈표 8-1〉 30명 공무원의 연수 성적

65	62	73	85	65	46
36	49	81	76	60	44
43	72	21	21	83	46
77	44	91	78	60	48
24	62	54	97	69	31

위 30개의 값에서 5개를 추출하는 표본의 가능한 수는 ${}_{30}C_5$= 142,506가지인데, 30명 전체의 평균 성적(모평균)을 추정하는 다섯 가지 추정량, 평균 ($\overline{X}$), 중앙값(X_{med}), 최소값(X_{min}), 최대값(X_{max}), 최대값과 최소값의 평균(M)을 10개의 표본에 근거하여 구한 추정값과 추정값의 평균 및 분산이 <표 8-2>에 주어져 있다.

<표 8-2>에 있는 자료는 모집단의 크기가 30으로 모평균 μ=59.17를 구할 수 있는데, <표 8-2>에 주어진 바와 같이 크기 5인 표본 10개에 근거한 추정량의 분포에서 $\overline{X}$의 평균이 60.8이고, X_{med}의 평균이 58.8로 모집단 평균에 가까우나 $\overline{X}$의 분산은 22.46인데 반하여 X_{med}의 분산이 88.68로서 $\overline{X}$의 분산이 상대적으로 작음을 알 수 있다. 추정량에 대한 정확한 비교는 모든 가능한 표본의 수인 142,506개의 표본에 근거한 추정량의 분포를 이용해야 하나 위와 같이 10개 표본에 의할 때도 표본 평균 $\overline{X}$가 다른 추정

〈표 8-2〉 10개 표본과 각각의 표본으로부터 구한 추정값

표본 번호	표본관찰값	$\overline{X}$	X_{med}	X_{min}	X_{max}	M
1	(65, 44, 60, 48, 72)	57.8	60	44	72	58
2	(73, 44, 60, 21, 97)	59	60	21	97	59
3	(85, 72, 81, 97, 31)	73.2	81	31	97	64
4	(46, 91, 78, 48, 24)	57.4	48	24	91	57.5
5	(91, 78, 66, 48, 24)	61.4	66	24	91	57.5
6	(62, 54, 97, 69, 31)	62.6	62	31	97	64
7	(33, 83, 46, 77, 44)	56.6	46	33	83	58
8	(46, 36, 49, 81, 76)	57.6	49	36	81	58.5
9	(36, 43, 60, 85, 72)	59.2	60	36	85	60.5
10	(65, 60, 91, 62, 44)	64.4	62	44	91	67.5
평균		60.92	59.4	32.4	88.5	60.45
분산		22.44	94.24	57.04	60.65	11.02

량에 비해 평균이 모수에 가깝고 분산이 작음을 알 수 있다.

2 모분산의 추정량

모분산 σ^2에 대한 추정량으로는 표본분산 s^2을 사용한다. 모집단의 모수 중에서 가장 중요한 것은 모평균 μ와 모분산 σ^2이다. X_1, X_2, $\cdots$, X_n을 평균 $\overline{X}$와 분산 s^2을 갖는 모집단으로부터의 확률표본이라고 할 때, 모분산 σ^2의 추정량은

$$s^2 = \frac{1}{n-1}\sum_{i=1}^{n}(X_i - \overline{X})^2$$

으로 정의한다. s^2을 표본분산이라고 하며, s^2의 양의 제곱근 $s=\sqrt{s^2}$을 표본표준편차라고 하는데, s^2은 σ^2의 불편추정량이나 최소분산을 갖는 추정량은 아니며 최소분산을 갖는 σ^2의 추정량은

$$S^2 = \frac{1}{n}\sum_{i=1}^{n}(X_i - \overline{X})^2$$

이다.

일반적으로 통계분석에서는 $s^2 = \frac{1}{n-1}\sum_{n=1}^{n}(X_i - \overline{X})^2$을 모분산 σ^2의 추정량으로 이용하고 있으며, 이론통계학에서는 $S^2 = \frac{1}{n}\sum_{n=1}^{n}(X_i - \overline{X})^2$을 σ^2의 추정량으로 이용하는데, 여기에서는 s^2을 σ^2의 추정량으로 정의하여 사용한다.

3 모비율의 추정량

모비율은 취업률, 찬성률 등과 같이 모집단에서 어떤 특성을 갖는 것의 비율을 의미한다. 자료분석에서 특정 법안에 대한 찬성 비율이라든가 또는 남북한 유엔 동시 가입안에 대해 찬성하는 사람의 비율 등 모집단의 비율 P를 추정하는 경우가 있다. 이러한 경우에 이용되는 확률분포가 이항분포인데, 여기에서는 이항분포에서 모비율 P의 추정 방법에 대해 설명하고자 한다. n명을 표본으로 추출하여 위와 같은 조사를 한다고 할 때, 표본은 X_1, X_2, $\cdots$, X_n과 같이 표현할 수 있으며, X_i는 특정 안건에 대한 찬성/반대 중 하나를 나타내는 확률변수이므로 이항확률변수의 정의에 의해

$$X_i = \begin{cases} 1, & i\text{번째 사람이 찬성인 경우} \\ 0, & i\text{번째 사람이 반대인 경우} \end{cases}$$

와 같이 표현할 수 있다. 통계량 X를

$$X = \sum_{i=1}^{n} X_i$$

와 같이 정의하면 X는 '표본으로 추출된 n명 중에서 찬성하는 사람의 수'를 의미하므로 X는 이항분포 $B(n, p)$를 따른다. 따라서 모비율 P의 추정량으로는 다음과 같이 정의된 표본 비율을 사용한다. 전체 모집단에서의 찬성률 P의 추정량 $\widehat{P}$는

$$\widehat{P} = \text{찬성하는 사람의 수/표본의 수} = X/n$$

과 같이 정의할 수 있다.

X가 이항분포 $B(n, p)$를 따를 때, 이항분포의 성질로부터 $E(X)=np$, $VAR(X)=np(1-p)$가 성립한다. 따라서 표본 비율 $\widehat{P}$에 대해 다음과 같이 성립한다.

$$E(\widehat{P}) = E(\frac{X}{n}) = \frac{E(X)}{n} = \frac{nP}{n} = P$$

$$VAR(\widehat{P}) = VAR(\frac{X}{n}) = \frac{VAR(X)}{n^2} = \frac{P(1-P)}{n}$$

즉, $\widehat{P}$는 P의 불편추정량이며, 이들을 요약하면 다음과 같다.
$\widehat{P}$의 평균과 분산은 각각

$$E(\hat{P}) = P$$

$$VAR(\hat{P}) = \frac{1}{n}P(1-P)$$

이며, n이 클 때 중심극한 정리에 의해

$$\hat{P} \sim N(P, \frac{P(1-P)}{n})$$

와 같이 정규분포를 따른다고 할 수 있다.

적용 8-1 남북한 유엔 동시 가입에 찬성하는 사람의 비율을 조사하기 위해 우리나라 성인 500명을 임의로 추출하여 조사한 결과 400명이 찬성한다고 대답했다. 이 경우 우리나라 성인 중에서 남북한의 유엔 동시 가입안에 찬성하는 사람의 비율의 추정값은

$$\hat{P}=400/500=4/5=0.8$$

이라고 할 수 있다.

제 2 절 구간추정

구간추정은 구체화된 신뢰 수준으로 모수가 있으리라고 생각되는 두 개의 수치로 이루어진다.

점추정은 모수가 하나의 특정값을 가지므로 사실상 추정이 얼마나 정확한가를 판단하기가 불가능하다. 이러한 점추정의 부정확성을 보완하는 방법이 구간추정(interval estimation)이다. 구간추정은 항상 추정량의 분포에 대한 전제가 주어져야 하고, 구해진 구간 안에 모수가 있을 가능성의 크기가 주어져야 한다. 즉, 특정 구간 안에 모수가 있을 가능성의 크기는 구간의 크기에 비례하는데, 구간이 클수록 그 구간 안에 모수가 있을 가능성이 크다. 이 가능성의 크기를 신뢰 수준(confidence level)이라고 하는데, 일반적으로 신뢰 수준은 90%, 95%, 또는 99%의 확률을 이용하는 경우가 많으며, 각각의 신뢰 수준에서 구한 구간을 신뢰구간(cofidence interval)이라고 한다. 구간의 하한인 a를 신뢰하한(lower confidence limit)이라 하고, 구간의 상한인 b를 신뢰상한(upper confidence limit)이라 부른다.

그런데 $P_r(a \leqq X \leqq b)=1-\alpha$가 되는 실수 a와 b를 정하는 방법에 따

[그림 8-1] 모수 θ의 $(1-\alpha)\times 100\%$ 신뢰구간

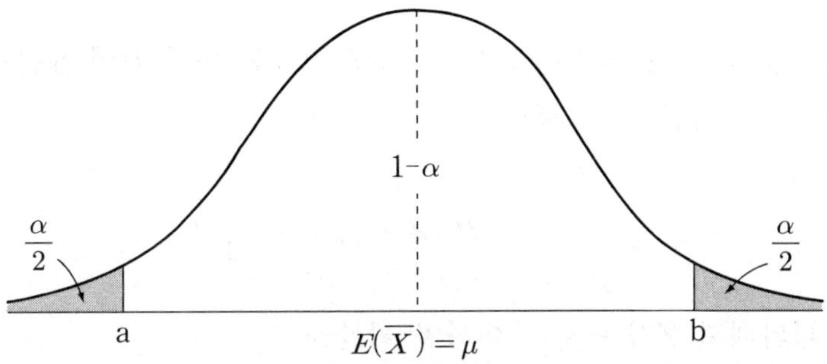

라 신뢰구간은 달라진다. 여러 가지 방법이 있지만, 대부분의 경우에 [그림 8-1]과 같이 추정량 $\overline{X}$의 분포에서 $P_r(\overline{X} < a) = P_r(\overline{X} > b) = \alpha/2$가 되도록 a와 b를 결정한다.

1 모평균의 구간추정

$X_1,\ X_2,\ \cdots,\ X_n$을 $N(\mu,\ \sigma^2)$으로부터의 확률표본이라고 할 때, 모평균 μ의 점추정량은 표본평균 $\overline{X}$임을 알 수 있다. 모평균에 대한 신뢰구간은 $\overline{X}$의 분포를 이용하여 구하는데 모분산 σ^2이 알려져 있을 때와 알려져 있지 않을 때를 구분하여 다음과 같이 구한다.

가. 모분산 σ^2이 알려져 있을 때

모분산 σ^2이 알려져 있을 때 표본평균 $\overline{X}$의 분포는

$$\overline{X} \sim N(\mu, \frac{\sigma^2}{n})$$

과 같이 정규분포를 따르며 정규분포의 표준화 공식에 의해

$$\frac{\overline{X}-\mu}{\sigma/\sqrt{n}} \sim N(0, 1)$$

임을 알 수 있다. 따라서 [그림 8-2]에서 보는 바와 같이 표준정규확률변수 Z가 $z_{\alpha/2}$ 이상일 확률을

$$P_r(Z \geqq z_{\alpha/2}) = \frac{\alpha}{2}$$

로 나타내고, Z가 $-z_{\alpha/2}$ 이하일 확률을

$$P_r(Z \leqq -z_{\alpha/2}) = \frac{\alpha}{2}$$

로 나타내면, Z가 $-z_{\alpha/2}$와 $z_{\alpha/2}$ 사이에 있을 확률은

$$P_r(-z_{\alpha/2} \leqq Z \leqq z_{\alpha/2}) = 1-\alpha$$

로 된다.

위의 식 $P_r(-z_{\alpha/2} \leqq Z \leqq z_{\alpha/2}) = 1-\alpha$에 Z 대신 $\frac{\overline{X}-\mu}{\sigma/\sqrt{n}}$를 대입하면

$$P_r\left(-z_{\alpha/2} \leqq \frac{\overline{X}-\mu}{\sigma/\sqrt{n}} \leqq z_{\alpha/2}\right) = 1-\alpha$$

[그림 8-2] 표준정규분포

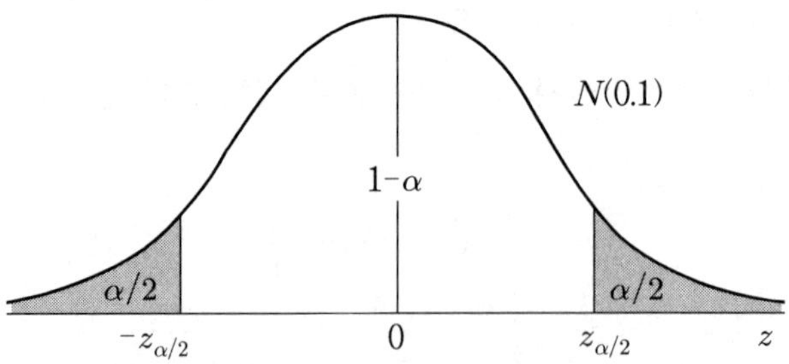

[그림 8-3] 모평균 μ의 $(1-\alpha)\times 100\%$ 신뢰구간

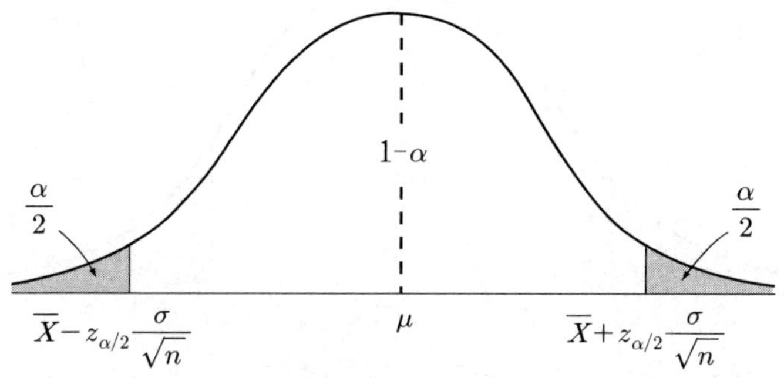

로 되는데, 이것을 μ에 관해서 정리하면

$$P_r(\overline{X} - z_{\alpha/2}\frac{\sigma}{\sqrt{n}} \leqq \mu \leqq \overline{X} + z_{\alpha/2}\frac{\sigma}{\sqrt{n}}) = 1-\alpha$$

가 된다. 이것은 구간 $\overline{X} \pm z_{\alpha/2}\frac{\sigma}{\sqrt{n}}$에 모평균 μ가 있을 확률이 $1-\alpha$라는 것이다. 따라서 모평균 μ의 $100(1-\alpha)\%$ 신뢰구간은

$$\overline{X} - z_{\alpha/2}\frac{\sigma}{\sqrt{n}} \leqq \mu \leqq \overline{X} + z_{\alpha/2}\frac{\sigma}{\sqrt{n}}$$

로 정해진다(그림 8-3 참조).

하나의 모집단에서 표본의 크기가 n인 표본을 계속해서 추출하면, 그때마다 표본 평균 $\overline{X}$의 값이 달라지고, 이에 따라 [그림 8-4]에서 볼 수 있듯이 각각의 표본 평균 $\overline{X}$에 의해 구해질 수 있는 구간은 달라지는데 이 구간 안에 모집단의 평균 μ가 포함될 확률이 $100(1-\alpha)\%$라는 것을 의미한다.

$$[\overline{X} - z_{\alpha/2}\frac{\sigma}{\sqrt{n}},\ \overline{X} + z_{\alpha/2}\frac{\sigma}{\sqrt{n}}]$$

[그림 8-4] μ에 대한 구간추정

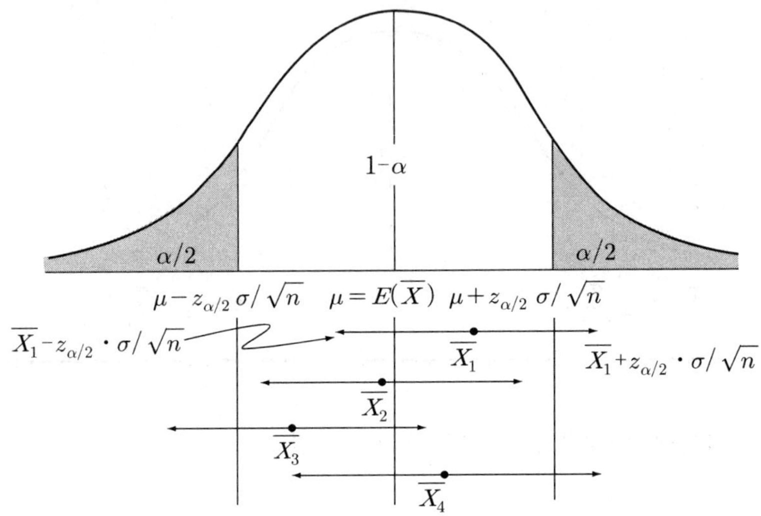

95% 신뢰구간을 구하고자 하는 경우 부록의 표 4에 의해

$$P_r(-1.96 \leqq Z \leqq 1.96) = 0.95$$

임을 알 수 있으며, $\frac{\overline{X}-\mu}{\sigma/\sqrt{n}}$이 표준정규분포를 따르므로 위의 식에 Z 대신 $\frac{\overline{X}-\mu}{\sigma/\sqrt{n}}$을 대입하여 다음과 같이 정리할 수 있다.

$$P_r(-1.96 \leqq \frac{\overline{X}-\mu}{\sigma/\sqrt{n}} \leqq 1.96) = 0.95$$

$$P_r(-19.6\frac{\sigma}{\sqrt{n}} \leqq \overline{X}-\mu \leqq 1.96\frac{\sigma}{\sqrt{n}}) = 0.95$$

$$P_r(\overline{X}-19.6\frac{\sigma}{\sqrt{n}} \leqq \mu \leqq \overline{X}+1.96\frac{\sigma}{\sqrt{n}}) = 0.95$$

즉, 모평균 μ가 구간$(\overline{X}-1.96\frac{\sigma}{\sqrt{n}},\ \overline{X}+1.96\frac{\sigma}{\sqrt{n}})$에 있을 가능성이

95%임을 알 수 있는데, 여기에서 구간$(\overline{X}-1.96\frac{\sigma}{\sqrt{n}},\ \overline{X}+1.96\frac{\sigma}{\sqrt{n}})$을 모평균 μ에 대한 95% 신뢰구간이라고 한다.

부록 표 4를 이용하여 신뢰 수준 90%, 95%, 99%에 대한 표준정규 확률변수 Z의 구간은 다음과 같다.

$$P_r(-1.645 \leqq Z \leqq 1.645) = 0.90$$
$$P_r(-1.96 \leqq Z \leqq 1.96) = 0.95$$
$$P_r(-2.58 \leqq Z \leqq 2.58) = 0.99$$

위의 표준정규분포 구간을 모평균 μ의 신뢰구간을 구하는 공식에 적용하면, μ의 90% 신뢰구간은

$$(\overline{X}-1.645\frac{\sigma}{\sqrt{n}},\ \overline{X}+1.645\frac{\sigma}{\sqrt{n}})$$

이고, μ의 99% 신뢰구간은

$$(\overline{X}-2.58\frac{\sigma}{\sqrt{n}},\ \overline{X}+2.58\frac{\sigma}{\sqrt{n}})$$

임을 알 수 있다. 여기에서 각각의 신뢰 수준에 따른 신뢰구간은 표준오차 $\frac{\sigma}{\sqrt{n}}$ 앞의 계수만 서로 다름을 알 수 있는데, 1.645, 1.96, 2.58 등을 각각 90%, 95%, 99% 신뢰 수준에서의 신뢰계수라고 한다.

신뢰구간의 정확한 의미를 이해하기 위해서는 추정하고자 하는 모수가 확률변수가 아닌 일정한 상수임을 알아야 한다. 따라서 μ에 대한 90% 신뢰구간의 의미는 크기가 동일한 20개의 서로 다른 표본에 의해 동일한 공식으로 20개의 신뢰구간을 구했을 때 그 중에서 18개 신뢰구간이 모평균 μ를 포함한다고 보는 것이다. 이를 알기 쉽게 표현하면 [그림 8-5]와 같다.

[그림 8-5] 서로 다른 표본에 의한 모평균 μ의 신뢰구간

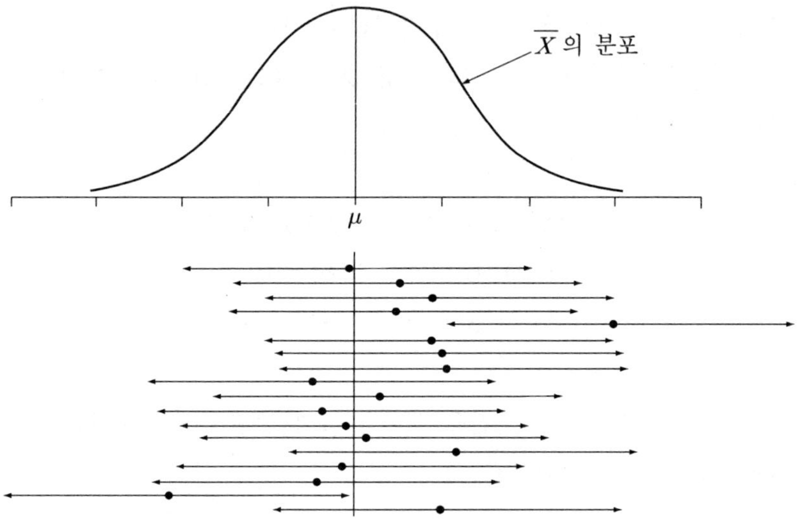

각 표본으로부터 구한 신뢰구간의 범위는

$$(\overline{X}+1.645\frac{\sigma}{\sqrt{n}})-(\overline{X}-1.645\frac{\sigma}{\sqrt{n}})=1.645\frac{2\sigma}{\sqrt{n}}$$

와 같이 모든 표본에 대해 동일하다.

적용 8-2 한 대학교 신입생의 학력고사 성적을 추정하기 위해 임의로 200명의 학생을 추출하여 조사한 결과 표본 평균이 250점이었다. 그 대학교 신입생의 학력고사 성적의 표준편차가 σ=100점이라고 할 때 신입생 학력고사의 평균에 대한 95% 신뢰구간을 구하면,

$$(\overline{X}-1.96\frac{\sigma}{\sqrt{n}},\ \overline{X}+1.96\frac{\sigma}{\sqrt{n}})$$
$$=(250-1.96\frac{100}{\sqrt{200}},\ 250+1.96\frac{100}{\sqrt{200}})$$

=(250−13.86, 250+13.86)
=(236.14, 263.86)

모수 μ에 대한 95% 신뢰구간이라고 할 때 모수 μ가 이 구간 안에 들어갈 확률이 95%라는 것을 의미하는 것은 아니고 크기 n의 표본을 반복하여 수없이 추출하여 계산한 각 표본 평균이 분산에 입각하여 구한 신뢰구간 가운데 평균적으로 95%는 모평균 μ를 포함하고 5%는 포함하지 않을 것이라는 것을 의미한다.

나. 모분산 σ^2이 알려져 있지 않을 때

$X_1, X_2, \cdots, X_n$을 평균 μ와 분산 σ^2을 갖는 정규분포인 $N(\mu, \sigma^2)$으로부터의 확률표본이라고 할 때, 표본 평균 $\overline{X}$의 분포는

$$\overline{X} \sim N(\mu, \frac{\sigma^2}{n})$$

이며, 정규확률분포의 표준화 공식에 의해

$$\frac{\overline{X} - \mu}{\sigma / \sqrt{n}} \sim N(0, 1)$$

이다. 따라서 μ에 대한 95% 신뢰구간은

$$(\overline{X} - 1.96\frac{\sigma}{\sqrt{n}},\ \overline{X} + 1.96\frac{\sigma}{\sqrt{n}})$$

임을 알고 있다. 그러나 이러한 신뢰구간을 구하는 데 따르는 문제점은 모표준편차 σ도 모평균 μ와 같이 모수이기 때문에 일반적으로 알려져 있지 않다는 사실이다. 표본의 크기가 30 미만인 경우의 해결 방법으로는 모표준편차 σ의

[그림 8-6] t분포

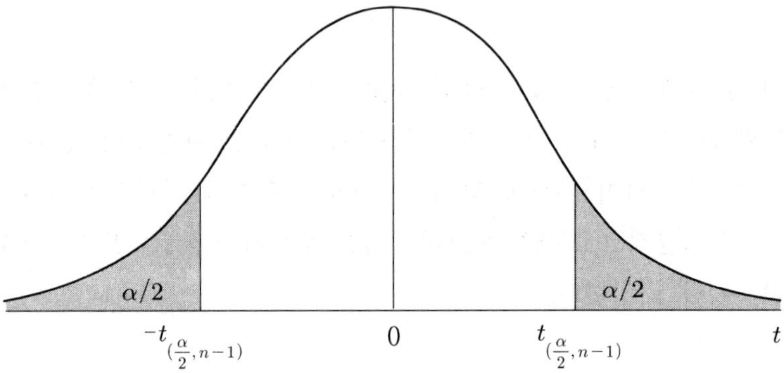

추정량인 표본표준편차 $s=\sqrt{s^2}$을 대신 사용할 수 있는데, 이 경우 검정 통계량

$$T=\frac{\overline{X}-\mu}{s/\sqrt{n}}$$

은 표준정규분포 $N(0, 1)$가 아닌 자유도가 n-1인 t분포를 따른다. t분포는 '표본관찰값의 수-1' 즉, n-1로 계산되는 자유도에 따라서 분포의 형태가 결정되며 부록의 표 5에 t분포표가 주어져 있다. [그림 8-6]에서 알 수 있듯이 확률변수 T가 $-t_{(\alpha/2,\ n-1)}$과 $t_{(\alpha/2,\ n-1)}$ 사이에 포함될 확률은

$$P_r(-t_{(\alpha/2,\ n-1)} \leqq T \leqq t_{(\alpha/2,\ n-1)}) = 1-\alpha$$

로 된다. 여기에서 T값을 바꾸어 쓰면,

$$P_r(-t_{(\alpha/2,\ n-1)} \leqq \frac{\overline{X}-\mu}{s/\sqrt{n}} \leqq t_{(\alpha/2,\ n-1)}) = 1-\alpha$$

로 된다. 이것을 μ에 대해서 풀면 다음과 같이 된다.

$$P_r(\overline{X} - t_{(\alpha/2,\ n-1)}\frac{s}{\sqrt{n}} \leqq \mu \leqq \overline{X} + t_{(\alpha/2,\ n-1)}\frac{s}{\sqrt{n}}) = 1-\alpha$$

따라서 모집단의 평균 μ의 100(1-α)% 신뢰구간은

$$\overline{X} - t_{(\alpha/2,\ n-1)}\frac{s}{\sqrt{n}} \leqq \mu \leqq \overline{X} + t_{(\alpha/2,\ n-1)}\frac{s}{\sqrt{n}}$$

로 정해진다.

신뢰구간을 구하는 경우 주어진 신뢰 수준에서의 신뢰계수를 t분포표를 이용하여 구하고, 이 신뢰계수에 의해 신뢰구간을 구하는데 이를테면 표본의 수 n이 10인 경우 자유도는 n-1=9이며, 부록 표 5에 의해

$$P_r(-2.26 \leqq T \leqq 2.26) = 0.95$$

임을 알 수 있다.

위 식의 T에 $\dfrac{\overline{X}-\mu}{s/\sqrt{n}}$을 대입하면

$$P_r(-2.26 \leqq \frac{\overline{X}-\mu}{s/\sqrt{n}} \leqq 2.26) = 0.95$$

$$P_r(\overline{X} - 2.26\frac{s}{\sqrt{n}} \leqq \mu \leqq \overline{X} + 2.26\frac{s}{\sqrt{n}}) = 0.95$$

이므로, n=10인 경우 μ의 95% 신뢰구간은

$$(\overline{X} - 2.26\frac{s}{\sqrt{n}},\ \overline{X} + 2.26\frac{s}{\sqrt{n}})$$

이다. 그러나 표본의 크기가 30 이상인 경우에는 t분포가 표준정규분포와

근사적으로 동일하다고 할 수 있으므로 앞에 설명한 σ^2이 알려져 있는 경우의 신뢰구간을 구하는 것과 같이 부록 표 4에 있는 표준정규분포표를 이용하여 신뢰구간을 구한다. 즉, $n \geq 30$인 경우에는

$$\frac{\overline{X}-\mu}{s/\sqrt{n}} \sim N(0,\ 1)$$

이라고 할 수 있다.

적용 8-3 10명의 공무원이 하루에 처리하는 업무의 건수는 다음과 같다.

{32, 38, 42, 29, 30, 37, 33, 40, 37, 35}

공무원이 하루에 처리하는 평균 업무의 건수의 95% 신뢰구간을 구하면,

$$\overline{X} = \frac{1}{10}\sum_{n=1}^{10} X_i = 35.3$$

$$s = \sqrt{\frac{1}{9}\sum_{n=1}^{10}(X_i - \overline{X})^2} = 4.27$$

이다. 부록의 표 5에서 자유도가 10-1=9인 t분포에서

$$P_r(-2.26 \leqq T \leqq 2.26) = 0.95$$

이므로, μ의 95% 신뢰구간은

$$(\overline{X} - 2.26\frac{s}{\sqrt{n}},\ \overline{X} + 2.26\frac{s}{\sqrt{n}})$$

$$=(35.3-2.26\frac{4.27}{\sqrt{10}},\ 35.3+2.26\frac{4.27}{\sqrt{10}})$$
$$=(35.3-3.05,\ 35.3+3.05)$$
$$=(32.25,\ 38.35)$$

이다.

2 두 모집단 평균 차의 구간추정

모집단 평균 μ에 관한 추정에서 표본 평균인 $\overline{X}$를 알고 있을 때 μ에 대한 신뢰구간을 구할 수 있었던 것과 같이, 두 모집단에서 뽑은 표본의 평균차 $(\overline{X_1}-\overline{X_2})$를 기초로 하여 두 모집단 평균의 차 $(\mu_1-\mu_2)$에 대해서도 신뢰구간을 구할 수 있다. 그러나 두 모집단의 표준편차 σ_1, σ_2를 알고 있을 경우와 그렇지 않을 경우의 추정 절차에 차이가 있다. 먼저 두 모집단의 표준편차를 알고 있을 경우를 보자. 평균이 각각 μ_1, μ_2이고 표준편차가 각각 σ_1, σ_2인 두 개의 정규모집단에서 각각 독립적으로 추출한 크기가 n_1, n_2인 임의표본의 평균을 $\overline{X_1}$, $\overline{X_2}$라고 하면 표본 평균차 $(\overline{X_1}-\overline{X_2})$의 분포는 정규분포를 따르므로

$$Z=\frac{(\overline{X_1}-\overline{X_2})-(\mu_1-\mu_2)}{\sqrt{\sigma_1^2/n_1}+\sqrt{\sigma_2^2/n_2}}$$

는 평균 0, 표준편차 1인 표준정규분포(0, 1)를 따른다. 그러므로 모평균 μ의 구간 추정에서와 같이 두 모집단 평균의 차에 대한 신뢰구간을 다음과 같이 구할 수 있다.

$$(\overline{X_1}-\overline{X_2})-z_{\alpha/2}\times\sigma_p\leqq\mu_1-\mu_2\leqq(\overline{X_1}-\overline{X_2})+z_{\alpha/2}\times\sigma_p$$

여기서 $\sigma_p = \sqrt{\sigma_1^2/n_1 + \sigma_2^2/n_2}$, $z_{\alpha/2}$는 Z분포의 임계값이다.

적용 8-4 어느 두 공무원집단의 월소득 격차가 얼마인지를 알아보려고 한다. A집단 공무원의 월소득 표준편차는 3천 원, B집단 공무원의 월소득 표준편차는 2천 원이라고 한다. A집단에서 30명을 뽑아보았더니 공무원당 월평균 소득이 180만 원, B집단에서 40명을 뽑아보았더니 공무원당 월평균소득이 170만 원이었다. 두 집단의 소득차를 얼마로 볼 것인가? 95% 신뢰구간으로 계산해 보자.

이 문제를 풀기 위해서는 두 모집단의 분포가 서로 독립적이라는 가정이 필요하고, 아래와 같이 정리할 수 있다.

모집단 A 모집단 B

σ_1= 3천 원 σ_2= 2천 원

n_1= 30 n_2= 40

$\overline{X_1}$ = 180만 원 $\overline{X_2}$ = 170만 원

$$\sigma_p = \sqrt{\sigma_1^2/n_1 + \sigma_2^2/n_2} = \sqrt{(3000)^2/30 + (2000)^2/40} = 632.46$$

95% 신뢰구간이므로 $z_{0.025}$=1.96이다. 따라서 위의 식에 대입하면 두 집단의 월소득에 대한 95% 신뢰구간은 다음과 같다.

$$(1{,}800{,}000-1{,}700{,}000)-1.96(632.46) \leq \mu_1 - \mu_2 \leq (1{,}800{,}000-1{,}700{,}000)+1.96(632.46)$$

$$100{,}000-1{,}239.62 \leq \mu_1 - \mu_2 \leq 100{,}000+1{,}239.62$$

$$98{,}760.38 \leq \mu_1 - \mu_2 \leq 101{,}239.62$$

앞에서는 두 모집단의 표준편차를 안다는 가정 하에 설명했다. 그러나 두 모집단의 표준편차가 알려져 있지 않은 것이 보통이다. 이때 모집단의 표준편차는 모르지만 모집단에서 추출한 두 표본이 클 경우 두 모집단 평

균의 차에 대한 추정을 할 수 있다. 먼저 두 모집단에서 추출한 두 표본의 평균차의 표본분포가 어떠한지 알아보자.

두 표본이 모두 클 경우에는 두 모집단의 평균차를 추정하기 위해 각각의 모집단으로부터 독립적인 임의의 표본을 추출하고, 이들 자료로부터 표본평균 $\overline{X_1}$ 와 $\overline{X_2}$가 각각 계산된다. 모집단에서 두 표본을 추출하는 경우 두 표본의 평균차($\overline{X_1} - \overline{X_2}$)로 이루어지는 표본분포는 다음의 특성을 갖는 분포이다.

첫째, 평균차의 분포는 정규분포에 가까운 분포를 한다.

둘째, 두 표본 평균의 차로 이루어지는 표본분포의 평균차($\overline{X_1} - \overline{X_2}$)는 두 모평균의 차($\mu_1 - \mu_2$)와 같다.

셋째, 두 표본 평균차로 이루어지는 표본분포의 표준편차는

$$s_{\overline{X_1}-\overline{X_2}} = \sqrt{\frac{s_{\overline{X_1}}^2}{n_1} + \frac{s_{\overline{X_2}}^2}{n_2}}$$

로 주어진다. $s_{\overline{X_1}}$는 $\overline{X_1}$의 표본평균분포의 표준오차, 즉 표준오차이며, $s_{\overline{X_2}}$는 $\overline{X_2}$의 표준오차이다. $s_{\overline{X_1}-\overline{X_2}}$는 표본평균차의 표준오차이다.

신뢰구간의 식은

$$(\overline{X_1} - \overline{X_2}) \pm z_{a/2} \quad s_{\overline{X_1}-\overline{X_2}}$$

또는

$$(\overline{X_1} - \overline{X_2}) \pm z_{a/2} \sqrt{\frac{s_{\overline{X_1}}^2}{n_1} \frac{+ s_{\overline{X_2}}^2}{n_2}}$$

이다.

3 t분포를 이용한 두 모집단 평균 차의 구간추정

일반적으로 한 변수의 모표준편차는 알 수 없다. 그래서 표본을 추출하여 변수의 측정값을 조사하는 목적은 표본 평균으로부터 모평균을 추정하여 모집단의 특성을 설명하기 위해서다. 그런데 표본 평균으로부터 모평균을 추정하여 신뢰구간을 추정하려면 모집단의 분산이나 표준편차를 이용해야 한다. 그러나 모집단의 분산은 분산공식에서 보듯이 모집단의 평균을 알아야 계산이 가능하므로 처음부터 모집단의 분산이나 표준편차가 알려진 경우는 드물다.

표본의 한 평균으로부터 모집단의 평균에 대한 신뢰구간을 측정할 때 모집단의 표준편차를 모르고 표본의 크기가 작을 때에는 두 표본의 표준편차를 이용하여 t분포에 따라 신뢰구간을 구한다.

두 표본의 평균차로부터 모평균의 차에 대한 신뢰구간을 계산하는 공식은

$$(\overline{X_1}-\overline{X_2})\pm t_{a/2}\sqrt{s_p^2/n_1+s_p^2/n_2}$$

이다. 위 식에서 s_p는 모집단의 표준편차 σ를 추정한 값이다.

s_p의 추정식은 다음과 같다.

$$s_p=\sqrt{\frac{(n_1-1)s_1^2+(n_2-1)s_2^2}{n_1+n_2-2}}$$

여기서,

$$s_1=\frac{\sum X_1^2-(\sum X_1)^2/n_1}{n_1-1},\quad s_2^2=\frac{\sum X_2^2-(\sum X_2)^2/n_2}{n_2-1}$$

$t_{a/2}$는 t분포의 X축 좌표이고, 이 t분포의 자유도는

$$(n_1-1)+(n_2-1)=n_1+n_2-2$$

이다.

4 모비율의 구간추정

확률변수 X가 이항분포를 따를 때 $X \sim B(n,\ p)$라고 하면 모비율 P의 추정량 $\widehat{P}$는

$$\widehat{P} = \frac{X}{n}$$

이다. 앞의 절에서 $\widehat{P}$의 평균과 분산은 각각

$$E(\widehat{P}) = P$$
$$VAR(\widehat{P}) = \frac{P(1-P)}{n}$$

와 같이 주어졌으며, 따라서 표본 비율 $\widehat{P}$는 표본의 크기가 클 때, 즉 $np \geq 5$이고 $n(1-p) \geq 5$일 때 근사적으로 정규분포를 한다는 중심극한 정리에 의해

$$\frac{\widehat{P}-P}{\sqrt{\frac{P(1-P)}{n}}} \sim N(0,\ 1)$$

이 됨을 알 수 있다. 모비율 P에 대한 신뢰구간은 위에 주어진 중심극한 정리에 의한 표본정규분포를 이용하여 구한다. $N(0,\ 1)$에서

$$P_r(-1.96 \leq Z \leq 1.96) = 0.95$$

이므로

$$P_r(-1.96 \leq \frac{\hat{P} - P}{\sqrt{\frac{P(1-P)}{n}}} \leq 1.96) = 0.95$$

에 의해 모비율 P에 대한 95% 신뢰구간은

$$(\hat{P} - 1.96\sqrt{\frac{\hat{P}(1-\hat{P})}{n}},\ \hat{P} + 1.96\sqrt{\frac{\hat{P}(1-\hat{P})}{n}})$$

가 되는데, $\hat{P}$의 표준오차인 $\sqrt{\frac{P(1-P)}{n}}$에 모수 P가 있으므로 이를 P의 추정량인 $\hat{P}$로 대치하여 구한다. 따라서 모비율 P의 95% 신뢰구간은

$$(\hat{P} - 1.96\sqrt{\frac{\hat{P}(1-\hat{P})}{n}},\ \hat{P} + 1.96\sqrt{\frac{\hat{P}(1-\hat{P})}{n}})$$

이다.

적용 8-5 1995년 6월에 실시된 광역단체장 선거에서 선거일 하루 전에 1,000명을 대상으로 한 후보에 대한 지지율을 조사한 결과 540명이 여당 후보를 지지한다고 말했다면 여당 후보가 과반수의 표를 얻을 수 있는지를 조사해 보자. 여당 후보에 대한 지지율의 추정값이 540/1,000=0.54이므로 여당 후보에 대한 지지율 P의 95% 신뢰구간은

$$(\hat{P} - 1.96\sqrt{\frac{\hat{P}(1-\hat{P})}{n}},\ \hat{P} + 1.96\sqrt{\frac{\hat{P}(1-\hat{P})}{n}})$$

$=(0.54-1.96\times(\sqrt{0.54\times0.46)/1{,}000},\ 0.54+1.96\times\sqrt{(0.54\times0.46)/1{,}000}$

$=(0.51,\ 0.57)$

이다. 따라서 95%의 신뢰 수준에서 여당 후보에 대한 지지율의 범위가 51%에서 57% 사이에 있다고 믿을 수 있으므로 여당 후보는 과반수의 표를 얻을 수 있을 것으로 추정된다.

5 두 모집단의 비율 차에 대한 구간추정

두 모집단의 비율 차에 대한 크기는 자주 흥미 있는 특징을 나타낸다. 예를 들면, 남자와 여자, 두 연령집단 등과 같이 두 모집단의 비율 차에 대한 신뢰구간을 구하려면 두 표본 비율의 차로 이루어진 표본분포의 특성을 알아야 한다.

만일 같은 크기의 표본 비율 $\widehat{P_1}$으로 이루어지는 비율의 표본분포가 P_1을 평균으로, $P_1(1-P_1)/n_1$을 분산으로 정규분포를 하고, 다른 크기의 표본 비율 $\widehat{P_2}$로 이루어지는 표본분포가 P_2를 평균으로, $P_2(1-P_2)/n_2$를 분산으로 정규분포를 한다면, 두 표본의 비율차 $(\widehat{P_1}-\widehat{P_2})$로 이루어지는 비율의 표본분포는 (P_1-P_2)을 평균으로 하고, $(P_1(1-P_1)/n_1+P_2(1-P_2)/n_2)$를 분산으로 하는 정규분포를 한다. 따라서 이 $(\widehat{P_1}-\widehat{P_2})$로 이루어지는 표본분포의 표준편차, 즉 표준오차는

$$\sqrt{\frac{\widehat{P_1}(1-\widehat{P_1})}{n_1}+\frac{\widehat{P_2}(1-\widehat{P_2})}{n_2}}$$

이다. 따라서 두 모집단의 비율 차, P_1-P_2에 대한 $100(1-\alpha)$%의 신뢰구간은

$$(\widehat{P_1}-\widehat{P_2})\pm z_{(1-\alpha/2)}\sqrt{\frac{\widehat{P_1}(1-\widehat{P_1})}{n_1}+\frac{\widehat{P_2}(1-\widehat{P_2})}{n_2}}$$

이다.

적용 8-6 2006년 서울시장 선거에서 민주당 후보자에 대한 지지율이 남녀별로 다른지를 알아보기 위해 피선거권을 가진 서울시민 가운데 임의로 100명씩을 표본으로 추출하여 조사한 결과 민주당 후보자를 지지하는 사람들의 비율은 남자가 90%, 여자가 78%씩 나타났다고 가정하자. 남녀별 민주당 후보자를 지지하는 비율의 차이를 95% 신뢰 수준에서 구간 추정해 보자. 남자의 지지율을 $\widehat{P}_1$, 여자의 지지율을 $\widehat{P}_2$라 하면 모집단 비율의 차이에 대한 점추정량은 $\widehat{P}_1-\widehat{P}_2=0.90-0.78=0.12$이다. 그리고 $\widehat{P}_1-\widehat{P}_2$에 대한 95% 신뢰구간은

$$(0.90-0.78)\pm 1.96\sqrt{\frac{(0.90)(0.10)}{100}+\frac{(0.78)(0.22)}{100}}$$

$$=0.12\pm 1.96(0.05)=0.12\pm 0.10$$

이다. 결과적으로 성별 두 집단 간의 민주당에 대한 지지율의 차이가 95% 신뢰 수준에서 2%에서 22% 사이라고 추정할 수 있다.

6 모분산의 구간추정

앞에서 모분산 σ^2에 대한 추정량으로 표본분산 s^2를 사용한다는 것을 설명했다. 그렇다면 어떻게 σ^2의 구간추정을 할 수 있을까? 모분산 σ^2의 구간추정값을 구하기 위해서는 다른 표본분산 s^2을 찾을 수 있게 해 주는 χ^2 분포라는 새로운 분포를 알아야 한다.

X_1, X_2, $\cdots$, X_n을 $N(\mu,\ \sigma^2)$으로부터의 확률표본이라고 할 때, 표본분산 s^2의 분포는 자유도가 $n-1$인 χ^2분포, 즉

$$\frac{(n-1)s^2}{\sigma^2} \sim \chi^2(n-1)$$

이라고 했다.

χ^2분포에서 각각의 자유도에 대한 확률분포가 부록 표 6에 주어져 있는데, 이를테면 자유도($d.f$)가 5인 경우 $\chi^2_{(0.025;5)}$=12.83이고, $\chi^2_{(0.975;5)}$=0.83이다.

따라서 자유도가 5인 경우

$$P_r(0.83 \leqq \chi^2 \leqq 12.83) = 0.95$$

이므로, χ^2에 $\frac{(n-1)s^2}{\sigma^2} = \frac{5s^2}{\sigma^2}$을 대입하면

$$P_r(0.83 \leqq \frac{5s^2}{\sigma^2} \leqq 12.83) = 0.95$$

$$P_r(\frac{5s^2}{12.83} \leqq \sigma^2 \leqq \frac{5s^2}{0.83}) = 0.95$$

가 되어 자유도가 5인 경우 σ^2에 대한 95% 신뢰구간은

$$(\frac{5s^2}{12.83}, \ \frac{5s^2}{0.83})$$

이다.

변수 χ^2가 $\chi^2_{(1-\alpha/2;n-1)}$와 $\chi^2_{(\alpha/2;n-1)}$ 사이에 있을 확률이 $1-\alpha$이면

$$P_r\chi^2_{(1-\alpha/2;n-1)}) \leqq \chi^2 \leqq (\chi^2_{\alpha/2;n-1}) = 1-\alpha$$

로 된다. 여기에 χ^2의 값을 대입하면

$$P_r(\chi^2_{(1-\alpha/2;n-1)} \leq \frac{(n-1)s^2}{\sigma^2} \leq \chi^2_{(\alpha/2;n-1)})=1-\alpha$$

로 되는데, 이것을 σ^2에 대해서 풀면

$$P_r(\frac{(n-1)s^2}{\chi^2_{(\alpha/2;n-1)}} \leq \sigma^2 \leq \frac{(n-1)s^2}{\chi^2_{(1-\alpha/2;n-1)}})=1-\alpha$$

로 된다. 따라서 모집단의 분산 σ^2의 $100(1-\alpha)\%$ 신뢰구간은 다음과 같이 정해진다.

$$\frac{(n-1)s^2}{\chi^2_{(\alpha/2;n-1)}} \leq \sigma^2 \leq \frac{(n-1)s^2}{\chi^2_{(1-\alpha/2;n-1)}}$$

과 같이 구한다.

적용 8-7 인천광역시에 근무하는 10명의 공무원이 통계 연수 교육을 이수한 성적은 다음과 같다.

68.2, 57.3, 62.6, 58.9, 67.4, 55.2, 63.5, 61.2, 59.2, 64.5

연수교육 성적의 분산에 대한 95% 신뢰구간을 구하면 표본 평균과 표본 분산은 각각

$$\overline{X} = 61.8$$
$$s^2 = 18.05$$

이다. n=10이므로 자유도가 n-1, 즉 9 이며, 부록의 표 6에 의해 자유도가 9일 때

$$X^2{}_{0.975} = 2.70$$
$$X^2{}_{0.025} = 19.02$$

이다. 따라서 σ^2에 대해 95% 신뢰구간은

$$\left(\frac{(n-1)s^2}{\chi^2_{(0.025;9)}},\quad \frac{(n-1)s^2}{\chi^2_{(0.975;9)}}\right)$$

에 의해

$$\begin{aligned} &((9\times18.05)/19.02,\ (9\times18.05)/2.70) \\ &=(162.45/19.02,\ 162.45/2.70) \\ &=(8.54,\ 60.16) \end{aligned}$$

이다.

두 정규모집단의 분산을 비교할 때 분산 비에 관한 추론에 이용되는 분포가 F분포이다. 즉, 분산이 각각 σ_1^2, σ_2^2인 두 정규모집단에서 뽑은 크기가 각각 n_1, n_2인 확률표본에서 구한 표본분산을 각각 s_1^2, s_2^2이라고 하면 새로운 확률변수

$$F=\frac{s_1^2/\sigma_1^2}{s_2^2/\sigma_2^2}$$

은 자유도 n_1-1, n_2-1인 F분포를 한다. 자유도 n_1-1=v_1, n_2-1=v_2라고 한다면

$$P_r[F_{1-\alpha/2(v_1,\ v_2)} \leqq F \leqq F_{\alpha/2(v_1,\ v_2)}]=1-\alpha$$

가 성립한다. 여기에 F의 값을 대입하면

$$P_r[F_{1-\alpha/2(v_1,\ v_2)} \leqq \frac{s_1/\sigma_1^2}{s_2/\sigma_2^2} \leqq F_{\alpha/2(v_1,\ v_2)}] = 1-\alpha$$

로 된다. 이것을 $\frac{\sigma_1^2}{\sigma_2^2}$에 대해서 풀면

$$P_r[\frac{1}{F_{\alpha/2(v_1,\ v_2)}} \times \frac{s_1^2}{s_2^2} \leqq \frac{\sigma_1^2}{\sigma_2^2} \leqq \frac{1}{F_{1-\alpha/2(v_1,\ v_2)}} \times \frac{s_1^2}{s_2^2}] = 1-\alpha$$

로 된다. 따라서 모분산의 비 $\frac{\sigma_1^2}{\sigma_2^2}$는 100(1-α)% 신뢰구간은

$$\frac{1}{F_{\alpha/2(v_1,\ v_2)}} \times \frac{s_1^2}{s_2^2} \leqq \frac{\sigma_1^2}{\sigma_2^2} \leqq F_{\alpha/2(v_2,\ v_1)} \times \frac{s_1^2}{s_2^2}$$

로 정해진다. 여기서 F분포의 하위 P백분위값은 자유도를 바꾼 F분포의 상위 P백분위값의 역수와 같다. 즉,

$$F_{\alpha/2(v_1,\ v_2)} = \frac{1}{F_{1-\alpha/2(v_2,\ v_1)}}$$

이다.

적용 8-8 통계연수원에서 연수 중인 공무원들의 성적을 조사했더니 A반에서 뽑은 10명의 평균 성적은 80점, 분산은 9점이었고, B반에서 뽑은 16명의 평균 성적은 84점, 분산은 12점이었다. 이 두 모집단의 분산비 $\frac{\sigma_1^2}{\sigma_2^2}$의 90% 신뢰구간을 구해 보자.

신뢰계수가 90%이므로 $\frac{\alpha}{2}$=0.05이다. 따라서 부록의 F분포표에서 $F_{0.05}$

(9, 15)=2.59, $F_{0.05(15,\ 9)}$=3.01을 찾아서 윗식에 대입하면, $\frac{\sigma_1^2}{\sigma_2^2}$의 신뢰구간은 다음과 같이 구해진다.

$$\frac{1}{F_{0.05(9,\ 15)}}\times\frac{9}{12}\leqq\frac{\sigma_1^2}{\sigma_2^2}\leqq F_{0.05(15,\,9)}\times\frac{9}{12}$$

$$\frac{1}{2.59}\times\frac{9}{12}\leqq\frac{\sigma_1^2}{\sigma_2^2}\leqq 3.01\times\frac{9}{12}$$

$$0.29\leqq\frac{\sigma_1^2}{\sigma_2^2}\leqq 2.25$$

연습 문제

1. 통계적 추론이란 무엇인가?

2. 추정에는 몇 가지가 있으며, 추정이 추론에서 중요한 이유는 무엇인가?

3. 불편추정량(unbiased estimator)의 의미를 설명하시오.

4. 다음을 설명하시오.
   가. 신뢰 수준
   나. 신뢰구간
   다. 표준오차
   라. 추정량
   마. 추정값

5. 모집단으로부터 100명의 공무원을 임의표본으로 추출하여 혈압을 측정했더니 평균과 표준편차가 다음과 같았다.

$$\overline{X}=130.5,\ s=5.5$$

이것을 기초로 하여 모평균을 추정하시오.

6. $t_{(0.95,\ 50)}$는 무엇을 의미하는가?

7. 자유도가 20인 t분포의 상위 5백분위값을 구하시오.

8. 10명의 신생아를 표본으로 뽑아 출생시 체중을 조사했더니 아래와 같았다. 분산을 모른다고 가정하고 평균에 대한 95% 신뢰구간을 구하시오.

3.52, 2.80, 4.19, 3.12, 3.14, 3.45, 3.77, 3.40, 3.00, 3.26

9. 자유도가 20인 χ^2분포의 상위 및 하위 2.5백분위값을 구하시오.

10. 아래 표는 두 측정자가 10명의 혈압을 측정한 것이다. 첫 번째 측정자와 두 번째 측정자가 측정한 혈압의 차이를 d_1이라 하고 이 차이의 모집단의 분포가 평균이 μ이고 분산이 σ^2인 정규분포를 한다고 가정하자. σ^2의 95% 신뢰구간을 구하시오.

두 측정자가 측정한 10명의 혈압

대상자	측정자		차이(d_i)
	A	B	
1	194	200	−6
2	126	123	+3
3	130	128	+2
4	98	101	−3
5	136	135	+1
6	145	145	0
7	110	111	−1
8	108	107	+1
9	102	99	+3
10	126	128	−2

11. 무작위로 추출한 19세 이상의 성인 10,000명 중 4,900명이 찬성했다고 하자. 여기서 찬성률 P에 대한 가장 좋은 점추정값은 표본 비율 $\hat{P}$ =4,900/10,000=0.49이다. 그렇다면 P에 대한 95% 신뢰구간을 구하시오.

12. 공무원연수원에서 연수 중인 공무원들의 성적을 조사했더니 A반에서 뽑은 16명의 평균 성적은 81점, 분산은 16점이었고, B반에서 뽑은 25명의 평균 성적은 64점, 분산은 8점이었다. 이 두 모집단의 분산비 $\frac{\sigma_1^2}{\sigma_2^2}$의 95% 신뢰구간을 구하시오.

13. $F_{0.05,(24,15)}$를 구하시오.

제 9 장 가설검정

통계적 추론의 한 형태, 즉 추정은 앞 장에서 설명되었고, 다른 형태인 가설검정은 이 장에서 소개될 것이다. 추정에서와 같이 가설검정은 모집단으로부터 하나의 표본을 조사하고자 할 때 연구자나 행정공무원들이 모집단에 관한 결정을 하는 데 도움을 주는 데 그 목적이 있다. 일상생활을 통해서 우리는 어떤 모집단의 특성에 대한 예측이나 주장을 자주 하게 된다. 이러한 예측이나 주장은 모집단에서 추출한 표본에서 얻은 정보를 이용하여 일정한 방법에 따라 그 타당성 여부를 판단할 수 있다. 이와같이 모집단에 대한 가설을 먼저 설정하고 모집단에서 추출한 표본의 관찰에서 얻은 통계량을 근거로 하여 그 가설의 타당성 여부를 판단하는 절차를 통계적 의미의 가설검정이라고 한다. 즉, 가설검정이란 모집단에 대한 어떤 가설을 설정한 뒤에 표본관찰을 통해 가설의 채택 여부를 결정하는 일련의 과정을 말한다.

제 1 절 가설설정

가설검정에서 가장 기본적인 사항은 검정하고자 하는 모집단의 모수에 대해 가설을 설정하는 것이다. 가설은 모집단의 분포에 관한 것과 그 모수에 관한 것으로 나눌 수 있다. 그런데 가설검정에서는 모집단의 분포 형태는 주어진 것이라고 전제하고 모수에 관한 가설을 검정하는 것이 일반적이다. 가설은 항상 귀무가설(null hypothesis: H_0)과 대립가설(alternative hypothesis: H_1)의 두 가지로 설정하며 전자는 직접 검정의 대상이 되는 가설이고 후자는 귀무가설이 거부될 때 받아들여지는 가설이다. 가설검정이란 표본관찰 또는 실험을 통해 귀무가설과 대립가설 중에서 하나를 선택하는 과정이라고 할 수 있다. 일반적으로 자료를 통해 새로 보이고 싶은 주장은 언제나 귀무가설에 설정한다. 따라서 실험 결과를 통계분석할 때 실험자는 귀무가설은 기각하고 대립가설을 채택하기를 바라게 된다. 통계적 가설검정은 보수적 관점에서 개발되었기 때문에 자료를 통한 확실한 증거가 없이는 함부로 처리들 간에 차이가 있다는 사실을 받아들이지 않는다. 따라서 두 가설 H_0와 H_1은 각각의 경우에 따라서 결정되는데 모수에 대한 가설 중에서 '항상 간단하고 구체적인 표현'을 귀무가설로 설정한다. 가설검정에서 귀무가설은 '모수가 특정한 값이다' 또는 '두 모수의 값이 같다' 등과 같이 간단하고 구체적인 경우를 지정하며, 대립가설은 '모수가 특정한 값이 아니다' 또는 '한 모수의 값이 다른 모수의 값보다 크다' 또는 '두 모수의 값이 다르다' 등과 같이 모수에 대한 관심의 영역 중에서 귀무가설로 지정되지 않은 모든 경우를 포괄적으로 지정한다.

통계적 가설검정은 두 가설 H_0와 H_1 중에서 하나를 선택하는 과정이므로 H_0를 채택하면 H_1을 기각하게 되고, H_0를 기각하면 H_1을 채택하게 된다. 따라서 가설검정이란 '귀무가설 H_0를 채택하든지 또는 기각하는 과정'이라고 이해할 수 있다.

적용 9-1 통계청의 '사회통계조사'의 결과에 의하면, 1988년 우리나라의 도시 피고용자 가구의 가구당 월평균 소득은 707,300원이라고 한다. 이것의 사실 여부를 확인하기 위해 귀무가설을 세우고 이 가설의 타당성 여부를 표본관찰에 의해 검토한다. 이 귀무가설은 조사 결과가 정확하다고 생각하는 것이므로 '가구당 월평균 소득'이 707,300원이라고 설정하게 된다. 즉, H_0는

$$H_0 \ : \ \mu = 707{,}300\text{원}$$

으로 된다. 이에 대해 대립가설 H_1는 조사 결과가 정확하지 않고 가구당 월평균 소득이 707,300원보다 적거나 적지 않다고 의심하므로

$$H_1 \ : \ \mu \neq 707{,}300\text{원}$$

이 된다.

가설검정은 항상 귀무가설이 옳다는 전제 하에 표본관찰에서 구한 검정통계량의 값이 나타날 가능성에 의해 귀무가설의 채택 여부를 결정한다. 검정통계량이 나타날 가능성이 큰 경우에는 귀무가설을 채택하고, 나타날 가능성이 작은 경우에는 귀무가설을 기각하게 되는데, 여기에서 가능성이 '크다' 또는 '작다'의 판단 기준을 유의 수준(significant level)이라고 한다. 유의 수준 α는 일반적으로 1%, 5%, 10% 등을 이용하는데, 이를테면 한 검정에서 유의 수준 α를 5%로 정하면, 귀무가설에서 구한 검정통계량의 값이 나타날 가능성이 5% 이하이면 귀무가설을 기각하고, 5% 이상이면 귀무가설을 채택하게 된다. 다시 말하면 나타날 가능성이 5% 이하일 때 '가능성이 작다'라고 판단한다는 것이다. 따라서 유의 수준이란 귀무가설을 기각하게 되는 확률의 크기로 '귀무가설이 옳은데도 불구하고 이를 기각하는 확률의 크기'로 정의한다.

검정통계량의 분포가 파악되면 그 분포의 전 영역을 기각역(critical region)과 채택역(acceptance region)의 두 가지 영역으로 나눈다. 기각역은 표본관찰의 결과에서 계산된 검정통계량의 값이 이 영역에 위치함으로써 귀무가설을 옳다고 받아들일 수 없는 영역이고, 이에 반해 채택역은 귀무가설을 옳다고 받아들일 수 있는 영역이다. 이러한 구분은 유의 수준에 의해 이루어진다. 즉, 유의 수준이 결정되면 이에 따라 검정통계량의 확률분포에서 귀무가설이 기각되거나 채택될 영역이 정해지는데, 두 영역으로 나누는 기준이 되는 검정통계량의 값을 임계값(critical value)이라고 한다. 또한 기각역은 귀무가설이 옳다는 전제하에서 구한 검정통계량의 분포에서

확률이 유의 수준 α인 부분을 말하는데, 검정통계량이 나타날 가능성이 유의 수준 α보다 작은 경우에 귀무가설을 기각한다는 것은 곧 검정통계량의 값이 기각역에 속하면 귀무가설을 기각한다는 것과 같은 의미이다. 따라서 기각역이란 가설검정에서 유의 수준 α가 정해졌을 때 검정통계량의 분포에서 이 유의 수준의 크기에 해당하는 영역을 말하는데, 검정통계량의 분포에서 이 영역의 위치는 대립가설의 형태에 따라 다르다.

귀무가설이 설정되면 모집단에서 추출한 표본을 관찰하여 그 가설을 기각할 것인가, 아니면 채택할 것인가를 판정하는 수단이 되는 통계량을 구해야 한다. 이러한 귀무가설의 채택 여부를 판단하는 수단이 되는 통계량을 검정통계량(test statistic)이라고 한다. 이 검정통계량은 모수에 대한 가설을 설정한 후에 표본 관찰을 통해 구해진다. 따라서 검정통계량은 표본 관찰값의 함수이므로 확률변수이며 일정한 확률분포를 갖는다. 검정통계량의 분포는 항상 가설에서 주어지는 모수를 갖는 분포를 따르므로 어떤 확률분포를 갖는가를 파악해야 한다. 표본의 관찰을 통해 얻은 통계량은 표본의 크기나 모집단의 특성에 따라 그 분포가 달라지므로, 모수에 관한 가정을 내용으로 하는 귀무가설의 성격이나 표본의 크기에 의해서 검정통계량의 분포가 결정된다. 검정통계량의 분포가 파악되면 모집단에서 일정한 크기의 표본을 추출하고 그 표본에서 검정통계량의 값을 계산한다.

검정통계량의 값이 계산되면 이미 정해진 판정 기준에 의해 기각역에 속하는지 채택역에 속하는지를 판정한다. 즉, 검정통계량의 값이 기각역에 속하는가를 판단하여 기각역에 속하면 귀무가설 H_0을 기각하고 기각역에 속하지 않으면 귀무가설 H_0을 채택한다고 판정한다. 여기서 주의해야 할 점은 귀무가설이 사실이라는 것을 증명하는 것은 아니다. 단지 귀무가설을 기각할 만한 충분한 이유가 없다는 것으로, 만일 의심의 여지가 있다면 표본의 크기를 증가시키든지 다른 표본을 추출하여 재검토할 필요가 있을 것이다. 이와 같은 이유로 '귀무가설을 채택한다'라는 표현은 하지 않고 '귀무가설을 기각할 수 없다'로 표현한다.

제 2 절 단측검정과 양측검정

검정통계량의 분포에서 유의 수준 α에 의해 기각역의 크기가 결정되는데 기각역의 위치는 대립가설 H_1의 형태에 의해 결정된다. 대립가설의 형태는 가설검정의 목적에 따라 결정되는데 가설검정은 대립가설의 형태에 따라 양측검정과 단측검정으로 나뉘고, 단측검정은 다시 좌측검정과 우측검정으로 분류된다. 양측검정은 가설검정에서 기각역이 검정통계량의 분포의 양쪽 끝에 있게 되는 경우의 검정을 말하고, 단측검정은 기각역이 검정통계량분포의 우측에만 있는 우측검정과 그 분포의 좌측에만 있는 좌측검정으로 나뉜다. 단측검정과 양측검정 중에서 어느 것을 적용할 것인가는 주어진 통계자료를 분석하여 결정해야 한다.

양측검정이란 귀무가설이 '모수가 특정값이다'라고 할 때, 대립가설이 '모수가 특정값이 아니다'라고 주어지는 경우로

$$H_0: \mu = \mu_0 \,;\, \mu_0\text{는 일정한 상수}$$
$$H_1: \mu \neq \mu_0$$

와 같이 표현할 수 있고, 모수가 양쪽 끝에 기울어져 있다고 생각될 경우로, 표본관찰값의 결과가 어떤 방향으로 나타날 것인지를 예상할 수 없는 경우

[그림 9-1] 양측검정의 영역

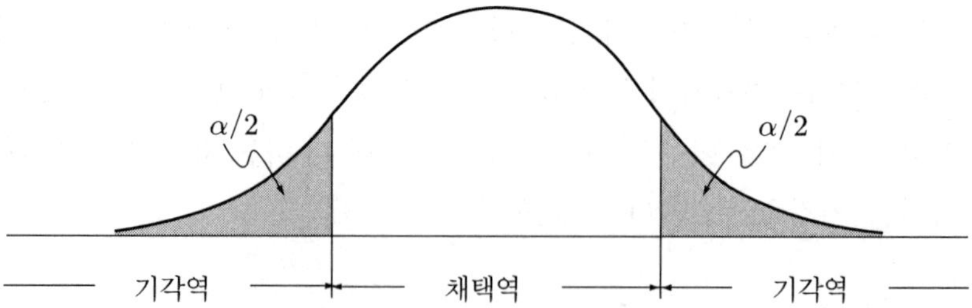

[그림 9-2] 좌측검정의 영역

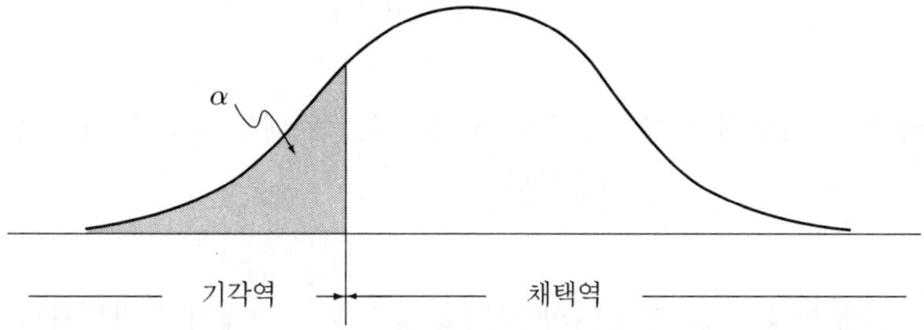

에 사용한다.

좌측검정은 위와 동일한 귀무가설 H_0에 대해 대립가설 H_1이 '모수가 μ_0보다 작다'로 주어지는 경우로

$$H_0: \mu = \mu_0$$
$$H_1: \mu < \mu_0$$

와 같이 표현할 수 있고, 모수가 귀무가설에 대해 좌측으로 치우쳐 있다고 생각될 경우에 사용된다.

우측검정은 위와 동일한 귀무가설 H_0에 대해 대립가설 H_1이 '모수가 μ_0보다 크다'로 주어지는 경우로

[그림 9-3] 우측검정의 영역

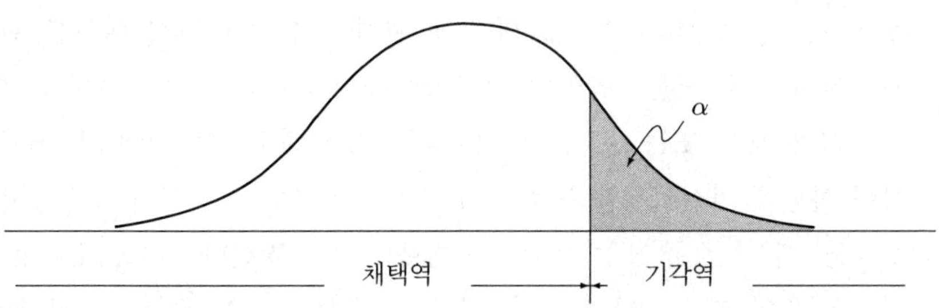

$$H_0: \ \mu = \mu_0$$
$$H_1: \ \mu > \mu_0$$

와 같이 표현할 수 있고, 모수가 귀무가설에 대해 우측 방향으로 치우쳐 있다고 생각될 경우에 사용된다.

적용 9-2 두 모집단의 모평균 동일성 검정에서도 귀무가설 $H_0 : \mu_1 = \mu_2$ 에 대해 다음과 같이 세 가지 경우로 정의할 수 있다.

양측검정 $H_1: \ \mu_1 \neq \mu_2$
좌측검정 $H_1: \ \mu_1 < \mu_2$
우측검정 $H_1: \ \mu_1 > \mu_2$

제 3 절 가설검정의 오류

통계적 결정은 자료에 담긴 정보를 기초로 한다. 따라서 연구자가 바라지는 않지만 언제나 판단 착오를 할 위험이 존재한다. 즉, 가설검정 시에 연구자가 취할 수 있는 경우는 다음의 네 가지, 즉 ① 옳은 가설을 버리는 경우, ② 틀린 가설을 버리는 경우, ③ 옳은 가설을 받아들인 경우, 그리고 ④ 틀린 가설을 받아들인 경우 등이다. 이 중 ①과 ④는 잘못을 범하는 경우에 해당한다. ①의 경우는 모수에 관한 가설의 타당성 여부를 판정하는 과정에서 귀무가설이 참인데 귀무가설을 기각하는 경우로 우리는 이 경우에 '제1종 오류 또는 α오류를 범했다'라고 말하고, ④는 반대로 귀무가설이 참이 아닌데 가설검정을 통해 귀무가설을 채택하는 경우에 해당하며, 이 경우에는 '제2종 오류 또는 β오류를 범했다'라고 말한다. 제1종 오류를 범하는 확률은 유의 수준 α와 같으며, 제2종 오류를 범하는 확률은 β라 한다. 제1

〈표 9-1〉 가설검정과 두 가지 오류

가설검정 결과 \ 정확한 사실	H_0이 참임	H_0이 참이 아님
H_0를 기각	제1종 오류(α)	옳은 결정
H_0를 채택	옳은 결정	제2종 오류(β)

종 오류가 발생할 확률 α는 가설검정에 의한 통계적 판정을 내리기 전에 정해지는 것이지만 제2종 오류가 발생할 확률 β는 실제 모수의 값을 알기 전에는 계산할 수 없다. 가설검정에서는 두 가지 오류가 모두 작은 경우가 바람직한데, 표본의 크기를 크게 하면 제1종 오류를 범하는 위험을 증가시키지 않고, 틀린 가설을 받아들이는 제2종 오류를 줄일 수 있다. 제1종 오류와 제2종 오류는 부(負)의 관계이다. 제1종 오류를 범할 확률을 감소시키면 제2종 오류를 범할 확률은 증가한다. 따라서 α=0으로 놓을 수가 없다. α의 값은 두 오류의 상대적 중요성에 따라 결정된다. 보통 가설검정에서는 제1종 오류 α만을 사용한다. α는 가설검정 과정에서 귀무가설을 기각할 것인가를 판단하는 기준인 유의 수준이다. 실제로 많이 사용하는 판정 기준의 확률은 5%와 1%이며, 이를 5% 유의 수준, 1% 유의 수준이라 하고, α=0.05, α=0.01이라고 쓴다. 따라서 모든 가설검정에서 귀무가설의 채택 여부를 결정하는 경우에는 항상 유의 수준이 제시되어야 한다.

제 4 절 p값

이제 p값에 대해 알아보기로 하자. 귀무가설의 기각 여부는 유의 수준 α와 직접적인 관련이 있으며 동일한 검정통계량의 경우에도 유의 수준의 크기에 따라 귀무가설을 기각할 수도 있고 기각하지 않을 수도 있다. 이와같이 유의 수준의 크기에 따라 귀무가설의 채택 여부가 좌우되므로 통계 소프트웨어에서는 언제나 유의확률(significance probability)을 출력하여 연구자에게 가설검정의 결과에 대한 판정을 맡기고 있다. 유의확률을 p값이라 부르기도 한다. p값이란 귀무가설이 옳다는 전제 하에서 검정통계량의 값이 나타날 가능성을 측정하는 확률로 귀무가설의 채택 여부를 결정하는 기준인 유의 수준 α와는 직접적인 관계가 있다. 어떤 분포에서 평균을 중심으로 자료의 $100(1-\alpha)\%$ 신뢰구간이 결정되면 임의의 자료가 이 구간 밖에 존재할 확률은 α가 되며, α를 유의 수준이라고 한다. 유의 수준을 0.01로 정했을 때는 계산된 유의확률이 0.01보다 작게 나와야 귀무가설을 기각하고 대립가설을 채택할 수 있으며, 반대로 유의확률이 0.01보다 크게 나오면 대립가설을 채택할 수 없게 된다. 유의성을 검정함으로써 가설의 채택 여부를 판정하는 것을 가설검정이라고 하는데, 인정된 차가 유의 수준 5%로서 유의할 때 '유의하다'고 말하며, p값으로서 $p<0.05$이라고 표시하기도 한다. '유의하다'라고 할 때, 이것은 모수와 통계량의 차이가 매우 커 통계값의 확률이 귀무가설을 기각할 수 있을 만큼 낮은 경우를 의미한다. 유의 수준을 정했을 때, 가설을 채택하거나 기각하는 판단 기준이 있어야 하는데, 이 값을 임계값(critical value)이라 하고 p로 나타낸다. $\alpha=0.01$ 수준에서 $p<0.01$로 표기할 수 있는데, 이것은 p로 표기된 확률 수준이 0.01보다 작으면 귀무가설을 기각시킨다는 의미이다. 가설검정에서 p값과 유의 수준 α와는 다음과 같은 관계가 있다:

i) p값$\geq\alpha$이면 귀무가설을 채택한다.

ii) p값$<\alpha$이면 귀무가설을 기각한다.

가설검정에는 양측검정과 단측검정의 두 가지가 있다. 이때 사용되는 검정통계량의 값은 Z값 또는 t값이 될 것이고, 이것들이 임계값과 같다고 할 때 대립가설의 형태에 따라 구한다. 즉, 양측검정은 양방향으로 옳은지 그른지 알고 싶은 가설검정으로 아래와 같이 설정한다.

$$H_0 \ : \ \mu_1 = \mu_2$$
$$H_1 \ : \ \mu_1 \neq \mu_2$$

단측검정은 대립가설에 부등호를 사용하여 한쪽 방향으로만 가설이 옳은지 그른지 알고 싶을 때 설정하는 가설검정으로, 여기에는 좌측검정과 우측검정이 있다. 먼저 좌측검정의 가설은

$$H_0 \ : \ \mu_1 \geqq \mu_2$$
$$H_1 \ : \ \mu_1 < \mu_2$$

와 같이 설정한다. 다음으로 우측검정의 가설은

$$H_0 \ : \ \mu_1 \leqq \mu_2$$
$$H_1 : \ \mu_1 > \mu_2$$

와 같이 설정한다.

양측검정과 단측검정은 판정 기준인 기각역이 서로 다르다. 즉, 귀무가설을 기각하고 대립가설을 채택하려면, 검정통계량의 값이 임계값보다 작아야 한다. 물론 여기서 정확한 임계값은 지정된 유의 수준 α의 값과 검정통계량의 분포에 따라 결정된다.

제 5 절 하나의 모평균에 대한 가설검정

이 검정법은 자료의 평균이 어떤 지정된 값과 같다고 해도 좋은지를 검정할 때 사용한다. 실험설계와 직접적으로 관련된 분석법은 아니지만 모평균에 대한 가설검정이 어떤 식으로 확장되는지 이해하는 데 기초가 되는 검정법이다. 이 경우에 우리는 두 가지 다른 조건에서 모집단에 관한 가설검정을 한다. 즉, ① 표본이 모분산 σ^2이 이미 알려진 정규분포 $N(0, 1)$을 따르는 모집단으로부터 추출되었을 때, ② 표본이 모분산 σ^2이 알려져 있지 않은 정규분포 $N(0, 1)$을 따르는 모집단이나 정규분포를 하지 않은 모집단으로부터 추출되었을 때 등이다.

1 모분산이 알려져 있을 때

표본이 정규분포 $N(0, 1)$을 따르는 모집단으로부터 추출되고 모분산 σ^2이 알려져 있을 때 모평균 μ에 대한 가설검정 과정은 다음과 같다.

H_0와 H_1은 각각 다음과 같이 형성한다.

$$H_0:\ \mu = \mu_0$$

$$H_1:\ \mu \neq \mu_0 \quad \text{또는} \quad \mu < \mu_0 \quad \text{또는} \quad \mu > \mu_0$$

여기에서 μ_0은 구체적으로 주어지는 특정값이며, H_1에 주어지는 세 가지 서로 다른 가설은 가설검정에서 알고자 하는 목적에 따라 결정된다. 즉, 가설검정에 의해 알고자 하는 바가 '모집단의 평균이 μ_0와 다르냐'인 경우에는 H_1: $\mu \neq \mu_0$로 양측검정이고, '모집단의 평균이 μ_0보다 작으냐'인 경우에는 H_1: $\mu < \mu_0$로 좌측검정이며, '모집단의 평균이 μ_0보다 크냐'인 경우에는 H_1: $\mu > \mu_0$로 우측검정이다.

[그림 9-4] 양측검정의 기각역

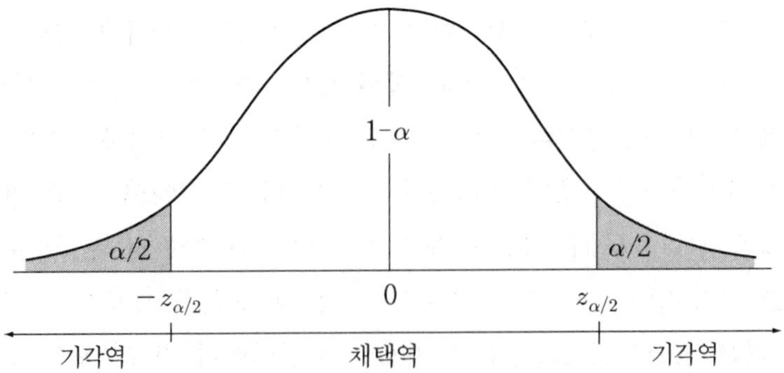

[그림 9-5] 좌측검정의 기각역

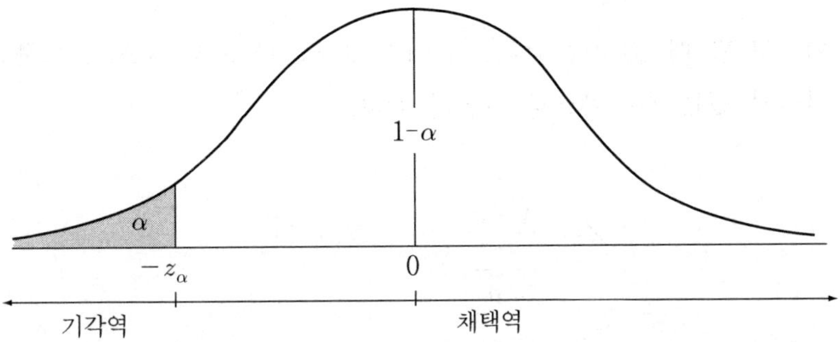

[그림 9-6] 우측검정의 기각역

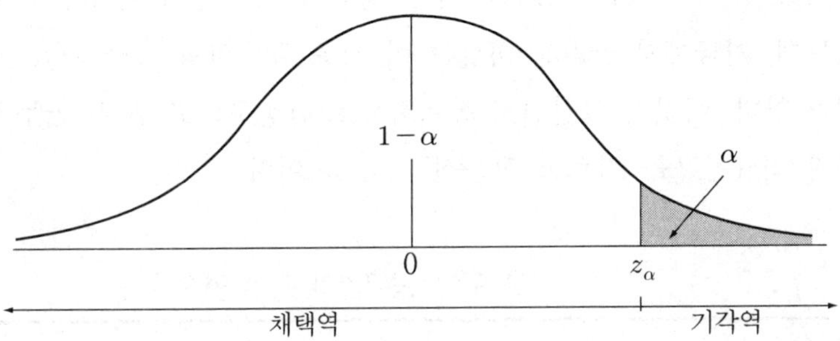

가설검정에서 유의 수준 α는 구간 추정에서 신뢰 수준 $100(1-\alpha)\%$와 동일한 의미를 갖는다. 유의 수준 α는 보통 1%, 5%, 10% 등을 이용한다. 예를 들면, 가설검정에서 유의 수준 α를 5%로 정하면 α=0.05가 된다. 가설검정에서 기각역은 유의 수준 α가 주어졌을 때 검정통계량의 분포에서 결정된다. 가령 양측검정의 경우 기각역은 검정통계량의 값이 귀무가설이 옳은데도 불구하고 이를 기각하는 확률의 크기인 유의 수준 α보다 크거나 $-\alpha$보다 작음을 알 수 있다. 즉, $z<-\alpha$ 또는 $z>\alpha$이다.

표본평균 $\overline{X}$와 표본분산 s^2을 각각

$$\overline{X} = \frac{1}{n}\sum_{i=1}^{n} X_i \qquad s^2 = \frac{1}{n-1}\sum_{i=1}^{n}(X_i - \overline{X})^2$$

이라고 할 때, 검정통계량은 $\overline{X}$ 이며 표준화한 $\overline{X}$ 의 분포는 모분산이 이미 알려져 있는 경우이므로 다음과 같다.

$$Z = \frac{\overline{X} - \mu}{\frac{\sigma}{\sqrt{n}}} \sim N(0,\ 1)$$

검정통계량 Z의 값을 구한 다음, 이 값이 기각역에 속하면 H_0을 기각하고, 기각역에 속하지 않으면 H_0을 채택한다고 결론을 내린다.

적용 9-3 <표 9-2>는 어떤 직종의 공무원의 근무연수를 나타내고 있는데, 지금까지 알려진 바로는 이 직종 공무원의 평균 재직 연수는 22년이라 한다. 이것이 사실인지 통계적으로 검정하려고 한다. 공무원의 직무연수가 정규분포를 따르고 모분산 σ^2은 16이다.

〈표 9-2〉 공무원의 근무 연수

17.2	18.0	18.7	19.8	20.3
20.9	21.0	21.7	22.3	22.6
23.1	23.4	23.8	24.2	24.6
25.8	26.0	26.3	27.2	27.6
28.1	28.6	29.3	30.1	35.1

유의 수준을 0.05로 한다면 이 경우에 알맞은 귀무가설과 대립가설은 다음과 같다.

$$H_0 \ :\ \mu_1 = 22\text{년}$$
$$H_1 \ :\ \mu_1 \neq 22\text{년}$$

<표 9-2>에서 표본의 크기 n=25, 표본 평균 $\overline{X}$=24.23임을 확인할 수 있다. 또 검정하려는 평균 μ_0는 22년으로 주어져 있다. 그러므로 통계량 Z는 다음과 같이 계산할 수 있다.

$$Z = \frac{24.23-22}{4/\sqrt{25}} = 2.79$$

부록 표 4의 표준정규분포표에서 $Z_{\alpha/2} = Z_{0.025}$=1.96이므로, 검정통계량 Z의 절대값이 표본의 임계값보다 크다. 따라서 귀무가설은 기각한다. 즉, 유의 수준 0.05에서 공무원의 평균 근무 연수는 22년이라고 말할 수 없다고 판정을 내린다.

2 모분산이 알려져 있지 않을 때

표본이 정규분포 $N(0, 1)$을 따르는 모집단으로부터 추출되고 모분산 σ^2이 알려져 있지 않을 때에 모평균 μ에 대한 가설검정 과정은 다음과 같다.

H_0와 H_1은 각각 다음과 같이 형성한다.

$$H_0:\ \mu = \mu_0$$
$$H_1:\ \mu = \mu_0 \quad \text{또는} \quad \mu < \mu_0 \quad \text{또는} \quad \mu > \mu_0$$

유의 수준 α는 보통 1%, 5%, 10% 등을 이용한다. 가령 가설검정에서 유의 수준 α를 5%로 정하면 α=0.05가 된다. 가설검정에서 기각역은 유의 수준 α가 주어졌을 때 검정통계량의 분포에서 결정된다.

표본평균 $\overline{X}$와 표본분산 s^2을 각각

$$\overline{X} = \frac{1}{n}\sum_{i=1}^{n} X_i$$

$$s^2 = \frac{1}{n-1}\sum_{i=1}^{n}(X_i - \overline{X})^2$$

이라고 할 때, 검정통계량은 $\overline{X}$이며 표준화한 $\overline{X}$의 분포는 모분산이 알려져 있지 않고 표본의 수가 30 미만이면 자유도가 n-1인 t분포를 이용하여 검정하고, 표본의 수가 30 이상이면 표준정규분포를 이용하여 검정을 실시한다.

1) 소표본일 때

표본이 작을 때, $\frac{\overline{X}-\mu}{s/\sqrt{n}}$는 자유도 n-1인 t분포를 이룬다.

$$T = \frac{\overline{X}-\mu}{s/\sqrt{n}} \sim t_{(\alpha/2,\ n-1)}$$

따라서 작은 표본이고 모집단의 분산을 모르는 경우에는 t분포를 사용하여 모집단의 평균 μ에 대한 검정을 할 수 있다. t분포를 이용하여 검정을

[그림 9-7] 양측검정의 기각역

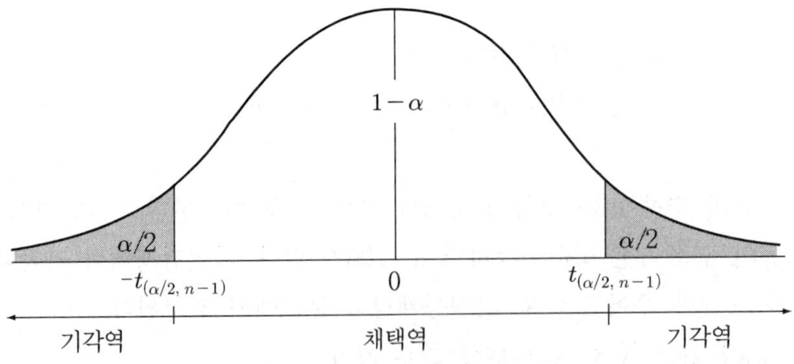

할 때에는 t분포표에서 검정의 임계값을 구해야 한다. 그리고 이 t분포에 의한 검정의 경우에도 양측검정과 단측검정으로 나뉜다.

양측검정에서는 유의 수준이 α로 주어지면 [그림 9-7]에서와 같이 검정통계량분포의 양쪽 끝부분 기각역의 면적이 각각 $\alpha/2$로 되는 두 개의 임계값 $t_{(\alpha/2, n-1)}$와 $-t_{(\alpha/2, n-1)}$을 결정해야 한다. 이 두 임계값은 표본의 크기가 정해지면 t분포표에서 구할 수 있다.

다음은 검정통계량의 값을 구한 다음, 이 값이 기각역에 속하면 H_0을 기각하고, 기각역에 속하지 않으면 H_0을 채택한다고 결론을 내린다.

단측검정의 경우에는 먼저 가설이

$$H_0 \ : \ \mu_1 \geqq \mu_2$$
$$H_1 \ : \ \mu_1 < \mu_2$$

로 설정되는 좌측검정부터 설명한다.

유의 수준이 α로 정해지면 [그림 9-8]에서 볼 수 있듯이 임계값은 $-t_{(\alpha, n-1)}$로 결정된다. 임계값 $-t_{(\alpha, n-1)}$가 정해지면 모집단에서 추출된 크기가 n인 표본의 평균 $\overline{X}$와 분산 s^2을 계산하여 검정통계량

[그림 9-8] 좌측검정의 기각역

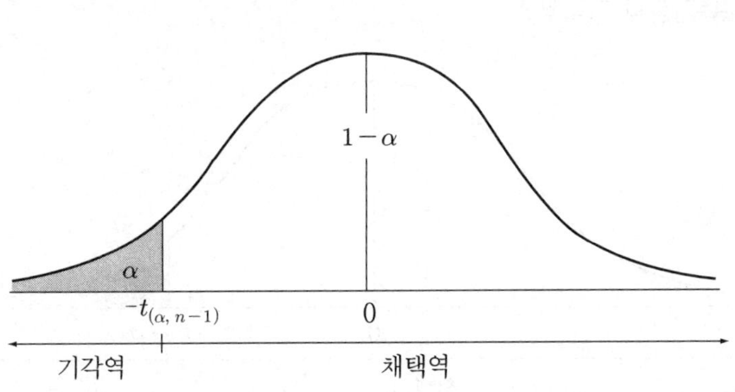

$$T = \frac{\overline{X} - \mu}{s / \sqrt{n}}$$

을 계산한다. 이 계산된 검정통계량 T와 임계값 $-t_{(\alpha, n-1)}$를 비교하여 판정을 내린다. 즉, $t < -t_{(\alpha, n-1)}$이면 귀무가설 H_0를 기각하고, $t \geq -t_{(\alpha, n-1)}$이면 귀무가설 H_0를 채택한다.

다음으로 귀무가설

$$H_0 \ : \ \mu_1 \leq \mu_2$$

에 대해 대립가설이

$$H_1 \ : \ \mu_1 > \mu_2$$

로 설정되는 우측검정을 설명하기로 한다.

유의 수준이 α로 정해지면 [그림 9-9]에서 볼 수 있듯이 임계값은 $t_{(\alpha, n-1)}$로 결정된다. 임계값 $t_{(\alpha, n-1)}$가 정해지면 모집단에서 추출된 크기가 n인 표본의 평균 $\overline{X}$와 분산 s^2을 계산하여 검정통계량

[그림 9-9] 우측검정의 기각역

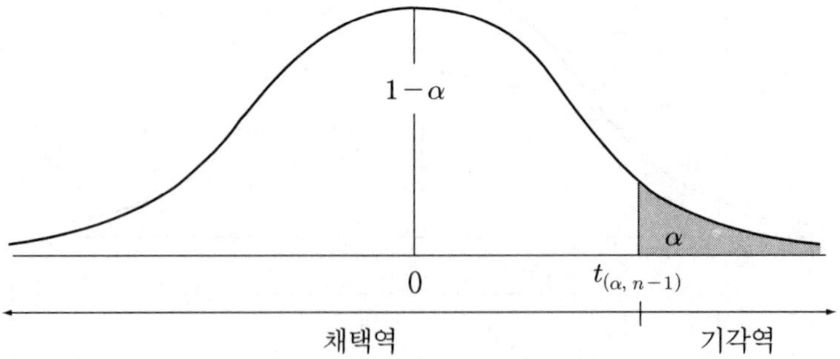

$$T=\frac{\overline{X}-\mu}{s/\sqrt{n}}$$

을 계산한다. 이 계산된 검정통계량 T와 임계값 $t_{(\alpha,\, n-1)}$를 비교하여 판정을 내린다. 즉 $T > t_{(\alpha,\, n-1)}$이면 귀무가설 H_0를 기각하고, $T \leq t_{(\alpha,\, n-1)}$이면 귀무가설 H_0를 채택한다.

적용 9-4 앞의 적용에서 모분산이 얼마인지 모른다고 가정하자. 모분산에 대한 정보가 없고 소표본($n<30$)이므로 검정을 하려면 t분포를 이용해야 한다. 유의 수준 0.05에서 공무원의 평균 근무 연수가 22년이라고 할 수 있는지 검정해 보기로 하자. 자료에서 n=25, $\overline{X}$=24.23, s^2=18.04, s=4.25를 얻을 수 있다. 검정통계량 T는 다음과 같이 계산한다.

$$T=\frac{24.23-22}{4.25/\sqrt{25}}=2.62$$

이 검정통계량의 값은 자유도 n-1=24의 t분포를 따른다. 따라서 t분포표에서 읽어야 할 t값은 $t_{(0.025,\, 24)}$=2.06이다. 검정통계량 T의 절대값 $|2.62|$가 t값 2.06보다 크므로 귀무가설을 기각한다. 그러므로 유의 수준 0.05에서 공무원의 평균 근무 연수는 22년이라고 할 수 없다.

2) 대표본일 때

표본이 클 때, 즉 표본의 크기가 $n \geq 30$이면 모집단의 분산을 알고 있는 경우의 검정 방법과 마찬가지로 표준정규분포를 이용하여 모집단의 평균 μ에 대한 검정을 할 수 있다.

표본이 정규분포를 하지 않은 모집단으로부터 추출되었을 때, 표본이 크면 앞에서 배운 중심극한 정리가 적용되므로 검정통계량으로서 $Z=\frac{\overline{X}-\mu_0}{\sigma/\sqrt{n}}$을 사용할 수 있다. 만약 모집단의 표준편차가 알려져 있지 않을 경우에는 일반적으로 표본표준편차를 모표준편차의 추정값으로 사용하여 검정통계량의 값을 구한다. 이는 중심극한 정리가 적용되면 큰 표본은 모표준편차의 근사값을 낳는다는 이론에 근거한다. 표본이 정규분포를 하지 않은 모집단으로부터 추출되었을 때 모평균 μ에 대한 가설검정 과정은 다음과 같다.

H_0와 H_1은 각각 다음과 같이 형성한다.

$$H_0: \ \mu = \mu_0$$
$$H_1 \ : \ \mu_1 \neq \mu_2 \quad \text{또는} \quad \mu_1 < \mu_2 \quad \text{또는} \quad \mu_1 > \mu_2$$

유의 수준 α는 보통 1%, 5%, 10% 등을 이용한다. 가령 가설검정에서 유의 수준 α를 5%로 정하면 α=0.05가 된다. 가설검정에서 기각역은 유의 수준 α가 주어졌을 때 검정통계량의 분포에서 결정된다. 기각역은 검정통계량의 값이 귀무가설이 옳은데도 불구하고 이를 기각하는 확률의 크기인 유의 수준보다 크거나 작음을 알 수 있다. 즉, $z<-\alpha$ 또는 $z>\alpha$이다.

표본평균 $\overline{X}$와 표본분산 s^2을 각각

$$\overline{X} = \frac{1}{n}\sum_{i=1}^{n} X_i \quad s^2 = \frac{1}{n-1}\sum_{i=1}^{n}(X_i - \overline{X})^2$$

이라고 할 때, 검정통계량은 $\overline{X}$이며 표준화한 $\overline{X}$의 분포는 모분산이 알려져 있지 않고 표본의 수가 크면 중심극한 정리가 적용되므로 표준정규분포를 이용하여 검정을 실시하고, 모표준편차 대신 추정값인 표본표준편차를 사용한다.

$$Z = \frac{\overline{X} - \mu}{s/\sqrt{n}} \sim N(0, 1)$$

검정통계량의 값 $\dfrac{\overline{X} - \mu}{s/\sqrt{n}}$을 구한 다음, 이 계산된 검정통계량의 값이 기

각역에 속하면 H_0을 기각하고, 기각역에 속하지 않으면 H_0을 채택한다고 결론을 내린다.

적용 9-5 요즘 국회의원의 선거비용이 법정 선거비용을 훨씬 초과하고 있다고 한다. 적게는 몇 억에서 많게는 수십억 원이 든다고 하는 말이 있다. 이를 확인하기 위해 가설을 '국회의원이 사용하는 선거비용은 평균 1억 원이다'라는 가설을 만들고 이 가설을 검정하기 위해 100명의 국회의원을 대상으로 조사한 결과 평균 180,000,000원을 썼고 표준편차는 80,000,000원이라고 하자.

유의 수준 0.05에서 국회의원이 사용하는 선거비용이 1억 원이 아니다라고 결론을 내릴 수 있을까? 우선 이 문제를 해결하기 위한 가설은 다음과 같이 설정할 수 있다.

H_0 : 국회의원의 평균 선거비용은 1억 원이다.

H_1 : 국회의원의 평균 선거비용은 1억 원이 아니다 또는 국회의원의 평균 선거비용은 1억 원 이상이다 또는 국회의원의 평균 선거비용은 1억 원 이하이다.

표본이 정규분포를 따른다는 가정도 없고 모분산도 모르지만 대표본이므로 근사적으로 표준정규분포를 이용하는 검정법을 적용시킬 수 있다. 검정통계량 Z는 다음과 같이 계산한다.

$$Z = \frac{180{,}000{,}000 - 100{,}000{,}000}{80{,}000{,}000/\sqrt{100}} = 10$$

부록 표 4의 표준정규분포표에서 읽어야 할 값은 $z_{0.05}$=1.96이다. 따라서 검정통계량의 값 10이 임계값 1.96보다 더 크기 때문에 귀무가설을 기각한다. 그러므로 유의 수준 0.05에서 국회의원이 사용하는 선거비용은 1억 원이 아니다라고 결론을 내린다.

제 6 절 두 모집단 평균의 차에 관한 가설검정

자료분석에서 두 모집단 평균의 차에 대한 검정을 하는 경우가 있다. 이러한 검정에서 전제 조건은 '두 집단이 서로 독립이며 두 집단 모두 정규분포를 따른다'는 것이다. 일반적으로 두 집단이 서로 독립이며 각 집단이 평균과 분산이 각각 (μ_1, σ_1^2)과 (μ_2, σ_2^2)인 정규분포를 따를 때 두 모평균의 동일성$(\mu_1 = \mu_2)$에 대한 검정을 각 집단에 '무작위로' n_1과 n_2개의 표본을 추출하여 실시한다. 각 집단에서 '무작위하게' n_1과 n_2개의 표본을 추출했을 때 각 표본의 평균과 분산을 각각 $(\overline{X_1}, s_1^2)$과 $(\overline{X_2}, s_2^2)$으로 표현하면 두 집단의 모수와 통계량은 <표 9-3>과 같다.

〈표 9-3〉 두 집단의 모수와 통계량

모수와 통계량 / 집단	모 수		표본의 크기	통계량	
	모평균	모분산		표본평균	표본분산
집단 1	μ_1	σ_1^2	n_1	$\overline{X_1}$	s_1^2
집단 2	μ_2	σ_2^2	n_2	$\overline{X_2}$	s_2^2

위와 같은 두 표본에 의한 두 모집단 평균의 차에 대한 검정은 두 가지 경우로 나뉜다.

1 모분산이 알려져 있을 때

모분산 σ^2이 알려져 있고, 남자 공무원집단의 평균 성적을 μ_1, 여자 공무원집단의 평균 성적을 μ_2라고 할 때 두 집단의 평균 성적이 동일한가에 대한 검정을 하고자 하므로 양측검정이라고 할 수 있다.

H_0와 H_1은 각각 다음과 같이 형성한다.

$$H_0: \ \mu_1 = \mu_2$$
$$H_1: \ \mu_1 \neq \mu_2$$

여기에서 가설검정에 의해 알고자 하는 바가 '두 모집단의 평균이 같은가 또는 다른가'인 경우이므로 대립가설 H_1은 $\mu_1 \neq \mu_2$이다.

가설검정에서 유의 수준 α는 구간 추정에서 신뢰 수준 100(1- α)%와 동일한 의미를 갖는다. 유의 수준 α는 보통 1%, 5%, 10% 등을 이용한다. 예를 들면, 가설검정에서 유의 수준 α를 5%로 정하면 α=0.05가 된다. 가설검정에서 기각역은 유의 수준 α가 주어졌을 때 검정통계량의 분포에서 결정된다. 가령 양측검정의 경우 기각역은 검정통계량의 값이 귀무가설이 옳은데도 불구하고 이를 기각하는 확률의 크기인 유의 수준 α보다 크거나 $-\alpha$보다 작음을 알 수 있다. 즉, $z<-\alpha$ 또는 $z>\alpha$이다. 여기서 유의 수준은 $\alpha = 0.05$이다. 따라서 기각역은 $z>1.96$ 또는 $z<-1.96$이다.

두 집단이 서로 독립이며 각각 정규분포를 따르므로 두 집단의 표본평균 $\overline{X_1}$, $\overline{X_2}$의 분포는 각각 독립적으로

$$\overline{X_1} \sim N(\mu_{1,}\ \frac{\sigma_1^2}{n_1}) \quad \overline{X_2} \sim N(\mu_{2,}\ \frac{\sigma_2^2}{n_2})$$

이다. 두 개의 독립인 정규확률변수의 차이, 즉 $\overline{X_1} - \overline{X_2}$는 평균 $\mu_1 - \mu_2$와 분산 $\frac{\sigma_1^2}{n_1} + \frac{\sigma_2^2}{n_2}$을 갖는 정규분포를 따르므로

$$\overline{X_1} - \overline{X_2} \ \sim (\mu_1 - \mu_2,\ \frac{\sigma_1^2}{n_1} + \frac{\sigma_2^2}{n_2})$$

이 되며, 정규분포의 표준화 공식에 의해

[그림 9-10] 양측검정의 기각역

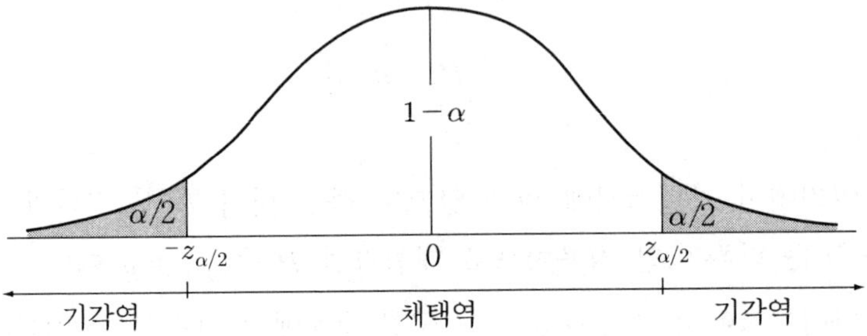

$$Z = \frac{(\overline{X_1} - \overline{X_2}) - (\mu_1 - \mu_2)}{\sqrt{\frac{\sigma_1^2}{n_1} + \frac{\sigma_2^2}{n_2}}} \sim N(0,\ 1)$$

이 된다.

두 집단의 모분산 σ_1^2과 σ_2^2이 알려져 있는 경우 귀무가설($H_0 : \mu_1 = \mu_2$) 하에서 검정통계량의 값은

$$Z = \frac{\overline{X_1} - \overline{X_2}}{\sqrt{\frac{\sigma_1^2}{n_1} + \frac{\sigma_2^2}{n_2}}}$$

이다.

적용 9-6 통계청 통계교육 연수에 참가하고 있는 남녀 공무원의 연수 성적 수준에 차이가 있는지 알아보기 위해 남녀 공무원 각각 100명씩을 임의로 선발한 뒤에 연수시험를 실시하여

남자 공무원 : $\overline{X_1}$ = 82점

여자 공무원 : $\overline{X_2}$ = 78점

과 같은 결과를 얻었다고 하고, 두 집단의 모분산이 각각 σ_1^2=4,500과 σ_2^2=3,600일 때 남녀 공무원의 연수 성적의 차이가 있는지 알아보기로 하자.

두 집단의 모분산 σ_1^2과 σ_2^2이 알려져 있는 경우 귀무가설 ($H_0 : \mu_1 = \mu_2$) 하에서 검정통계량의 값은

$$Z = \frac{\overline{X_1} - \overline{X_2}}{\sqrt{\frac{\sigma_1^2}{n_1} + \frac{\sigma_2^2}{n_2}}} = \frac{82-78}{\sqrt{\frac{4{,}500}{100} + \frac{3{,}600}{100}}} = \frac{4}{9} = 0.44$$

이다.

검정통계량 Z의 값이 0.44이므로 양측검정에서 유의 수준 α=0.05에 대한 표준정규분포의 기각역인 Z>1.96 또는 Z<−1.96에 속하지 않으므로 귀무가설은 기각되지 않는다. 따라서 통계청 통계교육 연수에 참가하고 있는 남녀 공무원의 평균 성적에는 차이가 없다고 결론을 내릴 수 있다.

2 모분산이 알려져 있지 않을 때

모분산이 알려져 있지 않은 경우에 두 가지 가능성이 존재한다. 모분산이 같은 경우와 모분산이 다른 경우가 바로 이에 해당한다. 이 책에서는 모분산은 모르는데 두 모분산 σ_1과 σ_2가 같은 경우만을 다루기로 한다. 모분산이 같은 경우는 표본의 수가 크냐 또는 작냐에 따라 분포의 형태가 달라진다. 두 표본 n_1, n_2가 30 이상인 경우에는 검정통계량의 값은 정규분포를 따른다고 할 수 있다. 반면 두 표본 n_1, n_2가 30 미만인 경우에는 검정통계량의 값은 t분포를 따른다. 양자는 검정통계량 값의 분포만이 다를 뿐 비슷하다.

1) 표본이 클 때

두 모분산 σ_1^2과 σ_2^2는 모르지만 서로 같다는 것을 알고 대표본인 경우 두 모집단 평균의 차에 관한 검정은 Z분포의 검정법을 적용한다.

$\sigma_1^2 = \sigma_2^2 = \sigma^2$이라고 할 때 두 표본의 분산 s_1^2과 s_2^2은 모두 σ^2의 추정량이므로 σ^2의 추정량 s_p^2은 s_1^2과 s_2^2의 가중 평균을 이용하여 구한다.

$$s_p^2 = \frac{(n_1-1)s_1^2 + (n_2-1)s_2^2}{(n_1-1)+(n_2-1)} = \frac{(n_1-1)s_1^2 + (n_2-1)s_2^2}{n_1+n_2-2}$$

$\sigma_1^2 = \sigma_2^2 = \sigma^2$인 경우

$$Z = \frac{(\overline{X_1} - \overline{X_2}) - (\mu_1 - \mu_2)}{\sigma\sqrt{\dfrac{1}{n_1} + \dfrac{1}{n_2}}}$$

이며, σ의 추정량 $s_p = \sqrt{s_p^2}$을 σ에 대입하면

$$Z = \frac{(\overline{X_1} - \overline{X_2}) - (\mu_1 - \mu_2)}{s_p\sqrt{\dfrac{1}{n_1} + \dfrac{1}{n_2}}}$$

이고, Z의 분포는 다음과 같이 결정된다.

$$Z = \frac{(\overline{X_1} - \overline{X_2}) - (\mu_1 - \mu_2)}{s_p\sqrt{\dfrac{1}{n_1} + \dfrac{1}{n_2}}} \sim N(0,\ 1)$$

위의 경우 귀무가설 $(H_0 : \mu_1 = \mu_2)$ 하에서 검정통계량의 값은

$$Z = \frac{\overline{X_1} - \overline{X_2}}{s_p\sqrt{\dfrac{1}{n_1} + \dfrac{1}{n_2}}}$$

이다.

적용 9-7 통계청 통계교육 연수에 참가하고 있는 남녀 공무원들의 연수 성적 수준에 차이가 있는지 알아보기 위해 남녀 공무원 각각 100명씩을 임의로 선발한 뒤에 연수시험을 실시하여

남자 공무원: $\overline{X_1}=82$점 $s_1=20$점

여자 공무원: $\overline{X_2}=78$점 $s_2=18$점

과 같은 결과를 얻었다고 하고, 두 집단의 모분산이 알려져 있지 않을 때 남자 공무원의 연수 성적이 여자 공무원의 연수 성적보다 높은지를 알아보기로 하자.

남자 공무원의 평균 성적 μ_1가 여자 공무원의 평균 성적 μ_2보다 높은가에 대한 검정을 하고자 하므로 단측검정이라고 할 수 있다. H_0와 H_1은 각각 다음과 같이 형성한다.

$$H_0:\ \mu_1=\mu_2$$
$$H_1:\ \mu_1>\mu_2$$

여기에서 가설검정에 의해 알고자 하는 바가 두 모평균이 서로 같은가 또는 이에 따라 μ_1이 μ_2보다 큰가인 경우이므로 대립가설 H_1은 $\mu_1>\mu_2$이다.

유의 수준은 α=0.05이다. 가설검정에서 기각역은 유의 수준 α가 주어졌을 때 검정통계량의 분포에서 결정된다. 검정통계량의 값은 정규분포를 따르고 단측검정에 해당하므로 기각역은 검정통계량의 값이 귀무가설이 옳은데도 불구하고 이를 기각하는 확률은 α보다 큼을 알 수 있다. 즉, $z>\alpha$이다. 따라서 기각역은 $z>1.96$이다.

$\sigma_1^2=\sigma_2^2$이므로

$$s_p^2 = \frac{(n_1-1)s_1^2+(n_2-1)s_2^2}{(n_1-1)+(n_2-1)} = \frac{(n_1-1)s_1^2+(n_2-1)s_2^2}{n_1+n_2-2}$$

$$= \frac{99\times400+99\times324}{100+100-2} = 731.39$$

따라서 $s_p = \sqrt{s_p^2}$ =27.04이다. 검정통계량의 값은

$$Z = \frac{\overline{X_1}-\overline{X_2}}{s_p\sqrt{\frac{1}{n_1}+\frac{1}{n_2}}} = \frac{82-78}{27.04\sqrt{\frac{1}{100}+\frac{1}{100}}} = \frac{4}{3.82} = 1.05$$

가 되며, n_1과 n_2가 각각 100명으로 30보다 큰 대표본이므로 Z분포를 따른다고 할 수 있다.

검정통계량 Z의 값이 1.05이므로 유의 수준 $\alpha = 0.05$에 대한 표준정규분포의 기각역은 단측검정에 해당하므로 α>1.96임을 알 수 있다. Z=1.05는 이 기각역에 속하지 않으므로 귀무가설은 채택된다. 따라서 통계청 연수교육에 참가한 남자 공무원의 연수 성적은 여자 공무원의 연수 성적보다 높다고 결론을 내릴 수 없다.

2) 표본이 작을 때

두 모분산은 모르지만 서로 같고 소표본인 경우에는 t분포를 적용하여 모집단의 평균차 $\mu_1 - \mu_2$에 대한 검정을 한다.

$\sigma_1^2 = \sigma_2^2 = \sigma^2$이라고 할 때 두 표본의 분산 s_1^2과 s_2^2은 모두 σ^2의 추정량이므로 σ^2의 추정량 s_p^2은 s_1^2과 s_2^2의 가중평균을 이용하여 구한다.

$$s_p^2 = \frac{(n_1-1)s_1^2+(n_2-1)s_2^2}{(n_1-1)+(n_2-1)} = \frac{(n_1-1)s_1^2+(n_2-1)s_2^2}{n_1+n_2-2}$$

$\sigma_1^2 = \sigma_2^2 = \sigma^2$인 경우

$$T = \frac{(\overline{X_1} - \overline{X_2}) - (\mu_1 - \mu_2)}{\sigma \sqrt{\dfrac{1}{n_1} + \dfrac{1}{n_2}}}$$

이며, σ의 추정량 $s_p = \sqrt{s_p^2}$을 σ에 대입하면

$$T = \frac{(\overline{X_1} - \overline{X_2}) - (\mu_1 - \mu_2)}{s_p \sqrt{\dfrac{1}{n_1} + \dfrac{1}{n_2}}}$$

이고, 검정통계량 t의 분포는 다음과 같이 결정된다.

$$T = \frac{(\overline{X_1} - \overline{X_2}) - (\mu_1 - \mu_2)}{s_p \sqrt{\dfrac{1}{n_1} + \dfrac{1}{n_2}}} \sim t_{(\alpha/2,\ n_1 + n_2 - 2)}$$

위의 경우 모두 귀무가설 ($H_0 : \mu_1 = \mu_2$) 하에서 검정통계량의 값은

$$T = \frac{\overline{X_1} - \overline{X_2}}{s_p \sqrt{\dfrac{1}{n_1} + \dfrac{1}{n_2}}}$$

이다.

적용 9-8 인천광역시 5급 승진시험 대상자 중 10명의 여자 공무원과 20명의 남자 공무원을 임의로 선정해 조사한 결과 평균 성적과 표준편차는

남자 공무원: $\overline{X_1} = 62.6$점 $s_1 = 33.8$점

여자 공무원: $\overline{X_2}=47.2$점 $s_2=10.1$점

과 같고, 두 집단의 모분산이 알려져 있지 않을 때 두 집단의 연수 성적이 동일한지를 알아보기로 하자.

두 집단의 연수 성적이 동일한지에 대한 검정을 하고자 하므로 양측검정이라고 할 수 있다. H_0와 H_1은 각각 다음과 같이 형성한다.

$$H_0 : \mu_1 = \mu_2$$
$$H_1 : \mu_1 \neq \mu_2$$

여기에서 가설검정에 의해 알고자 하는 바가 '두 모평균이 서로 같은가 또는 다른가'인 경우이므로 대립가설 H_1은 $\mu_1 \neq \mu_2$이다.

유의 수준은 $\alpha=0.05$이다. 가설검정에서 기각역은 유의 수준 α가 주어졌을 때 검정통계량의 분포에서 결정된다. 양측검정이므로 기각역은 $t<-2.048$ 또는 $t>2.048$이다.

$\sigma_1^2=\sigma_2^2$이므로

$$s_p^2 = \frac{(n_1-1)s_1^2+(n_2-1)s_2^2}{(n_1-1)+(n_2-1)} = \frac{(n_1-1)s_1^2+(n_2-1)s_2^2}{n_1+n_2-2}$$

$$= \frac{9\times1142.44+19\times102.01}{10+20-2} = \frac{10281.96+1938.19}{28} = 436.43$$

$$s_p = \sqrt{s_p^2} = 20.89$$

이다. 따라서 검정통계량 T의 값은

$$T = \frac{\overline{X_1}-\overline{X_2}}{s_p\sqrt{\frac{1}{n_1}+\frac{1}{n_2}}} = \frac{62.6-47.2}{20.89\sqrt{\frac{1}{10}+\frac{1}{20}}} = \frac{15.4}{8.09} = 1.90$$

이 되며, n_1과 n_2가 각각 30보다 작은 소표본이므로 검정통계량 T의 값은

자유도가 28인 t분포를 따른다.

검정통계량 T의 값 1.90는 양측검정에서 유의 수준 α=0.05에 대한 t분포의 기각역에 속하지 않으므로 귀무가설은 채택된다. 따라서 인천광역시 5급 승진시험 대상자인 남녀 공무원들의 성적은 같다고 결론을 내릴 수 있다.

제 7 절 짝지은 표본의 모평균에 대한 가설검정

두 집단의 모평균 차이에 대한 검정은 앞 절에서 설명한 바와 같이 각 집단으로부터 독립적인 표본의 관찰 결과에 의해 실시한다. 그러나 실험이나 정책 효과를 평가하기 위해 자주 사용되는 방법은 비독립적인 표본의 관찰 결과를 기초로 실시하는 짝지은 표본의 모평균에 대한 검정이다. 짝지은 표본의 관찰 결과는 여러 가지 방법으로 얻을 수 있다.

어떤 정책이 지역사회에 미치는 영향을 조사하고자 할 때 우선 생각할 수 있는 검정 방법은 정책환경이 좋은 지역의 주민 n_1명과 정책환경이 좋지 않은 지역의 주민 n_2를 임의로 선발하여 동일한 정책에 대한 효과를 분석하여 검정할 수 있다. 그러나 이와 같은 검정 방법에서 생각할 수 있는 문제점은 정책의 결과에 대한 요인이 단순히 정책환경의 차이인가에 대한 의문이다. 즉, 정책이 외생적 요인에 의해서도 영향을 받는다면 두 지역사회의 주민들에게 미친 정책의 결과 차이는 정책환경과 외생적 요인이 복합적으로 작용하여 나타난 결과이므로 단순히 정책환경의 차이에 의한 결과라고 단정지을 수 없다. 이 문제에 대한 바람직한 접근 방법은 외생적 요인의 효과를 제거하는 것이다. 또한 어떤 치료약의 효과를 보고자 할 때 투약 전의 효과와 투약 후의 효과를 검사하여 그 효과의 차이가 유의한가를 검정하는 문제 등과 같은 경우에는 짝지은 표본에 의한 모평균의 동일성에 대한 검정을 실시할 수 있다.

짝지은 표본의 모평균에 대한 검정은 가능한 많은 변수와 관련하여 짝을 유사하게 만듦으로써 외생적 요인이 개입될 가능성을 최대한으로 줄이는데 그 목적이 있다. 가설검정 방법은 다음과 같다.

정부의 '주택가격 안정을 위한 정책'의 실시로 주택보급률이 매우 향상되었다고 한다. 여기서 정책이 실시되기 전과 후 수도권의 주택보급률에 차이가 있는지 여부를 검정해 보기로 하자.

확률변수 X, Y, D로 표현되는 세 집단의 모평균을 각각 μ_1, μ_2, μ_3라고 할 때 X와 Y 집단 모평균의 동일성에 대한 검정은

$$H_0 : \mu_1 = \mu_2$$
$$H_1 : \mu_1 \neq \mu_2$$

이다. 그러나 $D = X - Y$이므로 $\mu_d = \mu_1 - \mu_2$가 되어

$\mu_1 = \mu_2$는 $\mu_d = 0$과 같고,
$\mu_1 \neq \mu_2$는 $\mu_d \neq 0$과
$\mu_1 > \mu_2$는 $\mu_d > 0$과
$\mu_1 < \mu_2$는 $\mu_d < 0$과

각각 같게 된다.

따라서 짝지은 표본에 의한 두 집단 모평균의 동일성에 대한 검정은 다음과 같이 설정한다.

$$H_0 : \mu_d = 0$$
$$H_1 : \mu_d \neq 0 \text{ 또는 } \mu_d > 0 \text{ 또는 } \mu_d < 0$$

유의 수준은 α이다. 가설검정에서 기각역은 유의 수준 α가 주어졌을 때 검정통계량의 분포에서 결정된다. 양측검정의 경우이므로 기각역은 $t_{(\alpha/2,\, n-1)}$보다 크거나 $-t_{(\alpha/2,\, n-1)}$보다 작음을 알 수 있다. 따라서 기각역은 $t > t_{(\alpha/2,\, n-1)}$ 또는 $t < -t_{(\alpha/2,\, n-1)}$이다.

각각의 표본관찰로부터 구한 $d_1, d_2, ..., d_n$의 표본 평균과 표본분산을 각각

$$\overline{d} = \frac{1}{n}\sum_{i=1}^{n} d_i$$

$$s_d^2 = \frac{1}{n-1}\sum_{i=1}^{n}(d_i - \overline{d})^2$$

이라고 할 때, 검정통계량과 그 분포는 단일모평균에 대한 검정과 동일하다. 즉, 검정통계량은

$$T = \frac{\overline{d} - \mu}{\frac{s_d}{\sqrt{n}}}$$

이며, 이 통계량은 자유도가 n-1인 t분포를 따른다. 귀무가설($\mu_d = 0$) 하에서 검정통계량의 값은

$$T = \frac{\overline{d}}{\frac{s_d}{\sqrt{n}}}$$

이며, 검정 과정에서 이 값의 분포는 표본의 크기 n에 따라 다음과 같다.

i) $n \geq 30$인 경우

$$T = \frac{\overline{d}}{\frac{s_d}{\sqrt{n}}} \sim N(0,\ 1)$$

ii) $n<30$인 경우

$$T = \frac{\bar{d}}{\frac{s_d}{\sqrt{n}}} \sim t_{(\alpha/2,\ n-1)}$$

검정통계량의 계산식은 다음과 같다. 즉,

$$T = \frac{\bar{d}}{\frac{s_d}{\sqrt{n}}}$$

이다. 검정통계량 T의 값을 계산한 후, 위에서 선정된 유의 수준에서 표본의 크기 n에 따른 t분포에서 설정된 기각역에 검정통계량 T의 값이 속하면 귀무가설은 기각하고 속하지 않으면 귀무가설을 채택한다.

적용 9-9 운동 시작 전과 후의 콜레스테롤 수준을 비교하기 위해 서울대학교 병원은 12명의 공무원을 임의로 선발하여 운동과 함께 다이어트 프로그램의 효과를 조사하는 실험을 했다고 하자. <표 9-4>는 운동 시작 전과 후의 콜레스테롤 수준을 보여 준다. 유의 수준 1% 하에서 검정해 보자.

우선 운동 시작 전후의 콜레스테롤 수준이 동일한가에 대한 검정이므로 A, B, D의 모평균을 각각 μ_1, μ_2, μ_d라고 할 때 H_0과 H_1은 각각 다음과

〈표 9-4〉 운동 시작 전 후의 콜레스테롤

표본	운동 전(A)	운동 후(B)	D=B-A	표본	운동 전(A)	운동 후(B)	D=B-A
1	201	200	-1	7	326	296	-30
2	231	236	5	8	235	195	-40
3	221	216	-5	9	240	207	-33
4	260	233	-27	10	267	247	-20
5	228	224	-4	11	284	210	-74
6	237	216	-21	12	201	209	8

같이 설정할 수 있다.

$$H_0 \ : \ \mu_d = 0$$
$$H_1 \ : \ \mu_d \neq 0$$

유의 수준 α=0.01이고, 자유도가 n-1, 즉 11인 t분포의 양측검정에 대한 기각역은 $t>3.106$ 또는 $t<-3.106$이다.

<표 9-4>의 자료에 의해 D의 표본 평균과 표본분산은 각각

$$\bar{d} = \frac{\sum d_i}{n} = \frac{(-1)+(5)+(-5)+(-27)+\cdots+(8)}{12} = \frac{-242}{12} = -20.17$$

$$s_d^2 = \frac{\sum (d_i - \bar{d})^2}{n-1} = \frac{n\sum d_i^2 - (\sum d_i)^2}{n(n-1)} = \frac{12(10{,}766)-(-242)^2}{12(11)} = 535.06$$

이므로, 귀무가설($\mu_d = 0$) 하에서 검정통계량의 값은

$$T = \frac{\bar{d}}{\frac{s_d}{\sqrt{n}}} = \frac{-20.17}{\sqrt{\frac{535.06}{12}}} = \frac{-20.17}{6.68} = -3.02$$

이다. 짝의 크기 $n=12$이므로 검정통계량 T는 자유도가 n-1인 t분포를 따른다.

귀무가설($\mu_d = 0$) 하에서 검정통계량 T의 값 -3.02는 채택역에 속하므로 (-3.02>-3.106) 귀무가설은 채택된다. 즉, 1% 유의 수준에서 다이어트와 운동을 병행하는 프로그램은 효과가 없다고 결론을 내릴 수 있다.

제 8 절 모비율에 대한 가설검정

모비율이 P인 경우 이 비율에 대한 검정을 실시할 수 있다. 예를 들면 광역의회 선거에서 투표율이 50% 이상이 될 것인가? 또는 가족법 개정안에 대해 남자와 여자의 찬성 비율이 동일한가? 등 많은 경우에 모집단의 비율, 즉 모비율에 대한 검정을 생각할 수 있다. 이와같이 모비율 P에 대한 검정에서 기본적으로 전제가 되는 확률분포는 이항분포이며 검정 과정은 모평균 μ에 대한 검정과 동일하다고 볼 수 있다.

하나의 모집단에서 모비율 P가 특정값과 같은지에 대한 검정은 단일모평균 μ에 대한 검정 과정과 같다고 할 수 있다. 다른 점은 단일모평균 μ에 대한 검정은 모분산 σ^2을 모를 때 표본의 크기 n에 의해 표준정규분포 $N(0, 1)$ 또는 자유도가 $n-1$인 t분포를 이용하여 검정하는데 비해 모비율 P에 대한 검정은 표본의 크기 n에 관계없이 항상 표준정규분포를 이용해 검정을 실시한다는 데 있다.

모집단의 비율 P가 특정값 P_0와 같은가에 대한 검정에서 표본 비율을 $\hat{P}$라고 할 때 검정 과정은 다음과 같이 설명할 수 있다.

먼저 검정하고자 하는 목적에 따라 가설은 다음과 같이 설정한다.

$$H_0 \; : \; P = P_0$$
$$H_1 \; : \; P \neq P_0 \text{ 또는 } P > P_0 \text{ 또는 } P < P_0$$

유의 수준 α는 보통 1%, 5%, 10% 등을 이용한다. 예를 들면 가설검정에서 유의 수준 α를 5%로 정하면 α=0.05가 된다. 가설검정에서 기각역은 유의 수준 α가 주어졌을 때 검정통계량의 분포에서 결정된다. 검정통계량 Z의 값은 근사적으로 표준정규분포 $N(0, 1)$을 따르므로 기각역은 α=0.05에서 z<-1.96 또는 z>1.96이다.

표본 비율 $\hat{P}$ 는 근사적으로 평균 P와 분산 $\frac{P(1-P)}{n}$ 을 갖는 정규분포를 따르므로

$$\hat{P} \sim N\left(P,\ \frac{P(1-P)}{n}\right)$$

이며, 중심극한 정리에 의해 검정통계량은

$$Z = \frac{\hat{P} - P}{\sqrt{\frac{P(1-P)}{n}}} \sim N(0,\ 1)$$

과 같다. 일반적으로 대표본에서는 P가 어떤 값(P_0)를 취한다는 귀무가설 ($\hat{P} = P_0$) 하에서 검정통계량의 값은

$$Z = \frac{\hat{P} - P_0}{\frac{\sqrt{P_0(1-P_0)}}{n}}$$

이며, Z는 근사적으로 표준정규분포 $N(0,\ 1)$을 따른다.

검정통계량 Z의 값이 $N(0,\ 1)$을 따르므로 표준정규분포에서 유의 수준 α에 의한 기각역을 구하고, Z값이 기각역에 속하면 귀무가설을 기각하고, 기각역에 속하지 않으면 귀무가설을 채택한다.

적용 9-10 광역자치단체장 선거에서 투표율이 50% 이상이 될 것이다라고 정부는 발표했다. 그 발표가 사실인지를 알아보기 위해 전국 유권자 1,000명을 임의로 추출하여 조사한 결과 650명이 투표에 참여한 것으로 나타났다. 정부의 발표가 타당하다고 볼 수 있는가를 유의 수준 5% 하에서

검정해 보자.

모비율 P가 0.5 이상인 경우에 관심이 있으므로 H_0과 H_1은 각각 다음과 같이 설정한다.

$$H_0 \ : \ P = 0.5$$
$$H_1 \ : \ P > 0.5$$

유의 수준이 α=0.05일 때 우측검정에 대한 N(0, 1)에서의 기각역은 $z>$ 1.96이다.

모비율 P의 추정량인 $\hat{P}$ 의 값은

$$\hat{P} = \frac{650}{1000} = \frac{65}{100} = 0.65$$

이므로, 검정통계량의 값은

$$Z = \frac{\hat{P} - P_0}{\sqrt{\frac{P_0(1-P_0)}{n}}} = \frac{0.65-0.5}{\sqrt{\frac{0.5\times 0.5}{1000}}} = \frac{0.15}{0.0158} = 9.49$$

이고, Z는 근사적으로 N(0, 1)을 따른다.

유의 수준 α=0.05일 때 검정통계량 Z의 값이 9.49이므로 우측검정에 대한 N(0, 1)에서의 기각역에 속한다. 따라서 귀무가설은 기각된다. 그러므로 "광역자치단체장 선거에서 투표율이 50% 이상이 될 것이다"라는 정부의 발표는 타당하지 않다.

두 모집단의 모비율 P_1과 P_2의 동일성에 대한 검정은 두 모집단의 모평균 μ_1과 μ_2의 동일성에 대한 검정과 유사하다. 즉, 두 집단의 모비율이 각각 P_1과 P_2라고 할 때, 각 집단에서 각각 크기가 n_1과 n_2인 표본을 임의로 추출하여 조사한 결과 특성을 만족하는 표본의 수가 각각 X_1과 X_2라고 하면 모비율 P_1과 P_2의 추정량을 각각 $\widehat{P_1}$과 $\widehat{P_2}$라고 할 때

$$\widehat{P_1} = \frac{X_1}{n_1}, \quad \widehat{P_2} = \frac{X_2}{n_2}$$

이다. $\widehat{P_1}$과 $\widehat{P_2}$는 서로 독립이며 근사적으로

$$\widehat{P_1} \sim N(P_1, \ \frac{P_1\,(1-P_1)}{n_1})$$

$$\widehat{P_2} \sim N(P_2, \ \frac{P_2\,(1-P_2)}{n_2})$$

임을 알 수 있다. $\widehat{P_1}$과 $\widehat{P_2}$의 분포가 서로 독립이므로

$$\widehat{P_1} - \widehat{P_2} \sim N(P_1 - P_2, \ \frac{P_1(1-P_1)}{n_1} + \frac{P_2(1-P_2)}{n_2})$$

이고, 중심극한 정리에 의해

$$Z = \frac{(\widehat{P_1} - \widehat{P_2}) - (P_1 - P_2)}{\sqrt{\frac{P_1(1-P_1)}{n_1} + \frac{P_2(1-P_2)}{n_2}}} \sim N(0, 1)$$

임을 알 수 있다.

두 모비율의 동일성에 대한 검정 과정은 아래와 같다. 두 모비율 P_1과 P_2의 동일성에 대한 검정이므로 검정의 목적에 따라 H_0과 H_1은 다음과 같이 설정할 수 있다.

$$H_0: P_1 = P_2$$
$$H_1: P_1 \neq P_2 \quad \text{또는} \quad P_1 > P_2 \text{ 또는 } P_1 < P_2$$

유의 수준은 보통 $\alpha = 0.01$ 또는 $\alpha = 0.05$이다. 기각역은 유의 수준에 따라 그리고 검정통계량이 어떤 분포를 따르느냐, 즉 Z분포를 따르느냐 또는 t분포를 따르느냐에 따라 달라진다.

두 모비율의 추정량을 각각 $\widehat{P_1}$과 $\widehat{P_2}$라고 할 때, 검정통계량은

$$Z = \frac{(\widehat{P_1} - \widehat{P_2}) - (P_1 - P_2)}{\sqrt{\frac{P_1(1-P_1)}{n_1} + \frac{P_2(1-P_2)}{n_2}}} \sim N(0,\ 1)$$

이다. 따라서 귀무가설($P_1 = P_2$) 하에서 검정통계량의 값은 다음과 같이 구한다. $n_1 \neq n_2$일 때 두 표본이 함께한 비율을 사용한다.

$P_1 = P_2 = P$라고 할 때, P의 추정량은

$$\hat{p} = \frac{X_1 + X_2}{n_1 + n_2} = \frac{n_1\widehat{P_1} + n_2\widehat{P_2}}{n_1 + n_2}$$

이며, 이 값을 검정통계량 Z의 분모에 대입하면

$$Z = \frac{\widehat{P_1} - \widehat{P_2}}{\sqrt{\hat{p}(1-\hat{p})(\frac{1}{n_1} + \frac{1}{n_2})}}$$

이다.

귀무가설($H_0 : P_1 = P_2$) 하에서 검정통계량 Z가 표준정규분포를 따르므로 $N(0,\ 1)$에서 유의 수준 α의 크기와 검정의 종류, 즉 양측검정 또는 단측검정에 따라서 설정된 기각역에 Z값이 속하면 귀무가설을 기각하고

속하지 않으면 귀무가설을 채택한다.

적용 9-11 한 지방자치단체에서 지역경제의 발전을 위해 IT산업의 유치에 대한 주민들의 의견을 조사했다. IT산업이 입지할 지역 부근에 거주하는 주민 250명과 다른 지역에 살고 있는 주민 160명을 각각 임의로 추출하여 찬반 여부를 조사한 결과 IT산업이 입지할 지역 부근에 사는 주민 100명과 다른 지역에 사는 주민 80명이 IT산업 유치에 반대 의사를 각각 밝혔다. 두 지역 주민 간에 의견의 차이가 있는지에 대한 검정을 유의 수준 5%에서 실시해 보자.

두 지역 주민 간에 의견 차이가 있는지를 알아보고자 하는 검정이므로 가설은 다음과 같이 설정된다. 즉,

$$H_0: P_1 = P_2$$
$$H_1: P_1 \neq P_2$$

이다. 유의 수준이 5%이므로 임계값은 $Z_{0.025}$=1.96과 $-Z_{0.025}$= -1.96이다. 그리고

$$\hat{p} = \frac{X_1 + X_2}{n_1 + n_2} = \frac{100+80}{250+160} = \frac{180}{410} = 0.44$$

이므로, 검정통계량은

$$Z = \frac{\hat{P}_1 - \hat{P}_2}{\sqrt{\hat{p}(1-\hat{p})(\frac{1}{n_1} + \frac{1}{n_2})}} = \frac{0.4-0.5}{\sqrt{0.44(1-0.44)\ (\frac{1}{250} + \frac{1}{160})}} = -2.0$$

으로 계산된다. 따라서 $-2.0 < -Z_{0.025} = -1.96$이므로 귀무가설은 기각된다. 즉, 두 지역 주민 간의 의견 차이는 있다고 할 수 있다.

제 9 절 χ^2의 적합도 검정

앞에서는 연속된 자료의 기본적인 가설검정법에 대해 다루었다. 자료가 연속적이지 않고 분류된 경우에는 다른 방법을 사용해야 한다. 여기에서는 분류된 자료에 적합한 검정 방법에 대해 알아보고자 한다.

표본분포가 정규분포에 일치하는지의 여부를 검정하는 것을 적합도검정이라고 한다. 모집단은 정규분포를 한다는 가설을 설정하고, 모집단의 분포로부터 계산된 이론적 도수, 즉 기대도수를 실제의 관찰도수와 비교하여 그 설정된 가설의 타당성을 검정할 수 있다. χ^2검정에 의한 적합도 검정에서는 계산된 검정통계량 χ^2의 값과 유의 수준 α에 따른 임계값 χ^2_α를 비교하여 귀무가설의 기각 여부를 결정하는데, $\chi^2 > \chi^2_\alpha$이면 귀무가설을 기각한다. 그런데 χ^2분포의 형태는 표본의 크기에 따라 달라지지만 여기서는 표본의 크기가 아닌 계급의 수 k에 따라 달라진다. 각 계급의 관찰도수와 기대도수를 검정하기 위해 $\frac{(O-E)^2}{E}$를 사용하며, 또한 모든 계급의 $\frac{(O-E)^2}{E}$를 합해 전체 기대도수와 관찰도수의 일치 정도를 요약한다. 자유도는 χ^2분포를 이용한 검정에서 일정한 분포가 갖는 모수의 수를 검정통계량의 자유도에서 빼면 된다. 모집단의 분포를 정규분포로 가정할 경우에는 모수가 평균 μ와 분산 σ^2이므로 자유도는 $(k-1)-p=k-3$이다. 여기서 $k-1$은 관찰도수와 기대도수를 일치시켰기 때문에 계급의 수에서 1을 뺀 것이며, p는 기대도수를 계산하기 위해 자료에서 추정된 모수의 수이다. 그리고 χ^2분포의 근사적 적용에 의한 오차를 될 수 있는 한 작게 하기 위해서는 계급의 기대도수가 너무 작지 않아야만 근사한다는 가정이 타당하다. 특히 계급의 기대도수가 5보다 작은 것이 없어야 한다. 계급의 기대도수가 5보다 작으면 계급을 합쳐 계급의 기대도수가 5가 되도록 만들어야 한다.

적용 9-12 행정통계학 시험 성적을 처리하는 데 행정학과 학생들의 성적 X가 정규분포를 따른다는 가정을 전제로 한다. <표 9-5>는 지난 1학기에 수강했던 50명의 성적이다. 이 자료로부터 변수 X가 정규분포를 따른다는 가정을 유의 수준 5%에서 검정해 보기로 하자.

〈표 9-5〉 행정과 50명 학생의 통계학 성적

54	65	61	66	71	70	70	86	60	93	73	73	55	63	56	79	82	54	76	62	76	68	53	58	85
64	61	61	56	80	65	62	90	69	76	74	64	54	77	79	65	65	61	56	63	84	79	71	56	80

검정하고자 하는 가설은 다음과 같다.

H_0 : 행정학과 학생들의 통계학 성적은 정규분포를 따른다.
H_1 : 행정학과 학생들의 통계학 성적은 정규분포를 따르지 않는다.

가설이 설정되면 먼저 자료를 각 계급의 기대도수가 5 이상이 되도록 하는 범주형 자료로 바꾸는 것이다. 이를 위한 한 방법은 n=50이므로 정규분포를 10개의 동일 계급 구간으로 나누는 것이다. 그러면 각 계급이 발생할 확률은 10%이며, 실험을 50회 실시하므로 각 계급의 기대도수는 50(0.1)=5가 된다. 귀무가설에 의해 정규분포를 가정하므로 각 계급의 경계값은 표준정규분포에 의해 구할 수 있다. 우선 상위 10% 계급의 경계값을 구하는 방법을 생각해 보자. 부록 표 4의 표준정규분포표로부터 $P(Z \geqq 1.28)=0.1$이며 $Z=(X-\mu)/\sigma$이므로, $X=\mu+(1.28)\sigma$가 된다. 따라서 μ와 σ를 안다면 이들을 대입하여 바로 X의 값을 구할 수 있다. 그러나 μ와 σ를 알 수 없으므로 이들의 추정량인 $\overline{X}$와 s를 각각 대체하여 계급의 경계값을 근사적으로 구하게 된다. 각 계급의 경계값은 다음과 같이 구할 수 있다. <표 9-5>의 자료로부터 $\overline{X}$=68.4, s=10.4를 구한 후,

상위 10%의 경계값=68.4+(1.28)(10.4)=81.7
상위 20%의 경계값=68.4+(0.84)(10.4)=77.1

상위 30%의 경계값=68.4+(0.52)(10.4)=73.8

↓ ↓

하위 20%의 경계값=68.4-(0.84)(10.4)=59.7

하위 10%의 경계값=68.4-(1.28)(10.4)=55.1

등 각 계급의 경계값을 구해 도수분포표를 작성하여 피어슨 통계량을 구하게 된다.

검정에 적용되는 χ^2분포의 자유도는

$$d.f=k-1-(\text{추정된 모수의 수})=10-1-2=7$$

이므로 유의 수준 0.05에서 기각역은 $\chi^2_{0.05}>14.07$이 된다. 도수분포표 <표 9-6>에서 관찰된 검정통계량의 값 7.2는 기각역에 속하지 않으므로 유의수준 0.05에서 귀무가설을 기각할 수 없다. 즉, 행정학과 학생들의 통계학 성적은 정규분포를 따른다고 말할 수 있다.

〈표 9-6〉 피어슨 통계량의 계산

계 급	$O(n_i)$	$E(n_i)$	$[O(n_i)-E(n_i)]^2/E(n_i)$
~55.1	5	5	0
55.1~59.7	5	5	0
59.7~63.0	9	5	3.2
63.0~65.8	6	5	0.2
65.8~68.4	2	5	1.8
68.4~71.0	5	5	0
71.0~73.8	2	5	1.8
73.8~77.2	5	5	0
77.2~81.7	5	5	0
81.7 +	6	5	0.2
합계	50		7.2

연습 문제

1. 다음은 공무원연금공단 직원의 근무 연수이다. 지금까지 알려진 바로는 직원들의 평균 재직연수는 20년이라 한다. 이것이 사실인지 통계적으로 검정하시오. 공무원의 직무 연수가 정규분포를 따르고 모분산 ($\sigma^2 = 4$)이 알려져 있다. 유의 수준은 0.05이다.

공무원연금공단 직원의 근무 연수

19	18	17	19	20	20	21	22	
22	23	23	24	25	24	26	25	26
26	27	28	31	29	30	31	24	

2. 앞의 문제 1에서 모분산이 얼마인지 모른다고 가정하자. 모분산에 대한 정보가 없고 소표본($n < 30$)이므로 검정을 하려면 t분포를 이용해야 한다. 유의 수준 0.05에서 공무원의 평균 근무 연수가 20년이라고 할 수 있는지 검정하시오.

3. 최근 광역자치단체장의 선거비용이 법정 선거비용을 훨씬 초과하고 있다고 한다. '광역자치단체장이 사용하는 선거비용은 평균 10억 원이다'라는 가설을 만들고, 이 가설을 검정하기 위해 16명의 광역자치단체장을 대상으로 조사한 결과 평균 1,800,000,000원을 썼고 표준편차는 800,000,000원이라고 하자. 유의 수준 0.05에서 가설을 검정하시오.

4. 국방부 교육 연수에 참가하고 있는 남녀 공무원의 연수 성적 수준에 차이가 있는지 알아보기 위해 남녀 공무원 각각 100명씩을 임의로 선발한 뒤에 연수시험을 실시하여

남자 공무원 : $\overline{X_1} = 82$점

여자 공무원 : $\overline{X_2} = 78$점

과 같은 결과를 얻었다고 하고, 두 집단의 모분산이 각각 σ_1^2=45과 σ_2^2=36일 때 남녀 공무원의 연수 성적의 차이가 있는지 유의 수준 0.05에

서 검정하시오.

5. 지방공무원 교육 연수에 참가하고 있는 남녀 공무원의 연수 성적 수준에 차이가 있는지 알아보기 위해 남녀 공무원 각각 25명씩을 임의로 선발한 뒤에 연수시험을 실시하여

남자 공무원: $\overline{X_1} = 82$점 $s_1 = 20$점

여자 공무원: $\overline{X_2} = 78$점 $s_2 = 18$점

과 같은 결과를 얻었다고 하고, 두 집단의 모분산이 알려져 있지 않을 때 남자 공무원의 연수 성적이 여자 공무원의 연수 성적보다 높은지를 유의 수준 0.05에서 검정하시오.

6. 서울특별시 5급 승진시험 대상자 중 16명의 여자 공무원과 9명의 남자 공무원을 임의로 선정하여 조사한 결과 평균 성적과 표준편차는

남자 공무원: $\overline{X_1} = 62.6$점 $s_1 = 33.8$점

여자 공무원: $\overline{X_2} = 47.2$점 $s_2 = 10.1$점

과 같고, 두 집단의 모분산이 알려져 있지 않을 때 두 집단의 연수 성적이 동일한지를 유의 수준 0.05에서 검정하시오.

7. 광역자치단체장 선거에서 투표율이 50% 이상이 될 것이다라고 중앙선거관리위원회는 발표했다. 그 발표가 사실인지를 알아보기 위해 전국 유권자 100명을 임의로 추출하여 조사한 결과 65명이 투표에 참여한 것으로 나타났다. 중앙선거관리위원회의 발표가 타당하다고 볼 수 있는가를 유의 수준 5%에서 검정하시오.

8. 경기도의 한 지방자치단체에서 지역경제의 발전을 위해 게임산업의 유치에 대한 주민들의 의견을 조사했다. 게임산업이 입지할 지역 부근에 거주하는 주민 160명과 다른 지역에 살고 있는 주민 100명을 각각

임의로 추출하여 찬반 여부를 조사한 결과 게임산업에 입지할 지역 부근에 사는 주민 64명과 다른 지역에 사는 주민 81명이 IT산업 유치에 반대 의사를 각각 밝혔다. 두 지역 주민 간에 의견의 차이가 있는지 유의 수준 5%에서 가설검정을 하시오.

9. 운동 시작 전과 후의 혈당 수준을 비교하기 위해 서울대학교 병원은 12명의 당뇨 환자를 임의로 선발해 실험을 했다. 다음은 운동 시작 전과 후의 혈당 수준을 보여 준다. 유의 수준 5%에서 검정해 보시오.

운동 시작 전 후의 혈당 수준

표본	운동 전(A)	운동 후(B)	D=B-A
1	201	200	-1
2	231	236	5
3	221	216	-5
4	260	233	-27
5	228	224	-4
6	237	216	-21
7	226	196	-30
8	235	195	-40
9	240	207	-33
10	267	247	-20
11	284	210	-74
12	201	209	8

10. 지방공무원 연수에 참가한 공무원들의 연수 성적 X가 정규분포를 따른다는 가정을 하자. 다음은 연수에 참여했던 48명의 성적이다. 이 자료로부터 변수 X가 정규분포를 따른다는 가정을 유의 수준 5%에서 검정해 보시오.

지방공무원 48명의 연수 성적

54	65	61	66	71	70	70	86	60	93	73	73	55	79	63	56
79	82	54	76	62	76	68	53	58	85	64	61	61	56	80	65
62	90	69	76	74	64	54	77	65	65	61	56	63	84	79	71

제 10 장 분산분석

이 장에서는 실험 결과 얻은 표본자료의 총변동을 여러 가지 구성 요소로 나누는 기법인 분산분석을 다룬다. 앞 장에서 우리는 표준정규분포나 t 분포를 사용하여 두 모집단 평균을 비교했는데 만일 두 개 이상의 모집단 평균을 비교할 때에는 F분포에 기초를 둔 분산분석을 사용한다. 분산분석은 종속변수에 영향을 줄 수 있는 여러 요인을 통제하고 순수한 독립변수와 종속변수의 관계를 분석하는 데 사용하는 방법이다.

분산분석은 실험 결과 얻은 자료의 분석에 널리 이용된다. 실험설계의 원리는 여러 책(Cochran & Cox, 1957; Cox, 1958; Davies, 1960)에서 다루고 있으나 이 책에서는 다루지 않는다. 그러나 분산분석에 대한 논의를 통해 실험설계의 중요한 개념이 설명될 것이다.

분산분석은 두 가지 상이한 목적을 위해 사용된다. 즉, 첫째는 모분산을 추정하고, 그것에 대한 가설을 검정하기 위해서이고, 둘째는 모평균을 추정하고, 그것에 대한 가설을 검정하기 위해서이다. 이 책에서는 후자, 즉 모평균을 추정하고 그것에 대한 가설을 검정하기 위해 분산분석을 사용하고자 한다.

분산분석에서 사용하는 몇 가지 중요한 용어는 다음과 같다. 요인(factor)이란 변화가 가능하고 그 결과를 측정할 수 있는 예컨대 시간, 온도, 근무자, 물품 조달자 등과 같은 통제 가능한 독립변수를 말한다. 요인은 양적 변수이거나 질적 변수이다. 수준이란 요인을 변화시키기 위해 부여하는 값을 말한다. 만약 근무 연수가 업무 성과에 미치는 영향을 실험하기 위해 근무 연수를 5년, 10년, 15년, 20년으로 정했다면 근무 연수는 요인이고 10년은 요인의 한 수준(level)이며 수준의 수는 4개이다. 이 경우 반응변수, 즉 종속변수는 업무 성과가 된다. 요인은 실험의 결과에 영향을 미치는데 그 정도를 효과(effect)라고 한다. 효과에는 다른 요인의 존재를 고려하지 않아도 되는 주효과와 요인 2개 이상이 서로 상승작용을 일으키는 경우, 이러한 효과를 말하는 상호작용(interaction)이 있다.

실험이 행해지는 대상을 실험 단위(experiment unit)라고 하고, 실험을 행하는 사람을 실험자라고 하며, 실험이 행해지는 대상이 사람이면 실험 단위는 피실험자가 된다. 실험자가 관심을 갖는 실험 결과에 관련된 변수를 종속변수라 하며, 이러한 종속변수에 영향을 미치는 요인의 수준 간 어떤 조합이나 실험을 통제하는 요인의 수준을 처리(treatment)라고 한다.

분산분석은 실험계획에 따라 적용되는 모형의 형태가 달라진다. 여러 가지 실험계획 중에서 이 장에서는 완전임의설계법, 임의블록설계법, 그리고 요인실험설계법으로 나누어 다룬다. 먼저 독립변수가 하나인 경우의 분산분석에 대해 설명하여 분산분석의 기본 개념을 익힌 다음, 독립변수가 둘인 경우의 분산분석에 대해 설명한다.

제 1 절 완전임의설계법

독립변수 이외에 실험에 영향을 미칠 수 있는 요인의 효과를 상쇄시키기 위해 독립변수의 각 처리에 실험 단위를 임의로 배정하는 설계 방법이다. 예컨대 교수법에 따른 통계 연수생들의 성적 차이를 비교한다면 매우 세심한 실험설계가 필요하다. 왜냐하면 어떤 특정 교수법에 성적이 우수한 연수생을 배정하고 교수법에 대한 평균 성적의 차이를 비교한다면 그 차이는 교수법에 따른 학습 효과라고 볼 수 없기 때문이다.

1 기본 모형

k개의 모집단으로부터 $n_1, n_2, \cdots, n_k$의 관찰값을 갖는 k개의 독립적인 표본을 취한다. 각각의 모집단은 공통분산 σ^2을 갖고 정규분포를 이루고 있다고 가정한다. k개의 모평균은 $\mu_1, \mu_2, \cdots, \mu_k$로 나타낸다. 관찰값은 <표 10-1>과 같이 나타낼 수 있다. 여기서 X_{ij}는 j번째 처리 또는 표본에서의 i번째 관찰값을 나타낸다.

$$X_{ij} = j\text{번째 처리에 속한 } i\text{번째 관찰값}$$
$$i=1, 2, \cdots, n_j, \quad j=1, 2, \cdots, k$$
$$T_{.j} = \sum_{i=1}^{n_j} X_{ij} = j\text{열의 합}$$
$$\overline{X_{.j}} = \frac{T_{.j}}{n_j} = j\text{열의 평균}$$
$$T_{..} = \sum_{j=1}^{k} T_{.j} = \sum_{j=1}^{k}\sum_{i=1}^{n_j} X_{ij} = \text{모든 관찰값의 합}$$
$$\overline{X} = \frac{T_{..}}{N} \quad N = \sum_{j=1}^{k} n_j$$

〈표 10-1〉 완전임의설계법에서 관찰값 배열

	처리					
	1	**2**	**3**	…	k	
	X_{11}	X_{12}	X_{13}	…	X_{1k}	
	X_{21}	X_{22}	X_{23}	…	X_{2k}	
	X_{31}	X_{32}	X_{33}	…	X_{3k}	
	⋮	⋮	⋮	⋮	⋮	
	$X_{n_1 1}$	$X_{n_2 2}$	$X_{n_3 3}$	…	$X_{n_k K}$	
합계	$T_{.1}$	$T_{.2}$	$T_{.3}$		$T_{.k}$	$T_{..}$
평균	$\overline{X}_{.1}$,	$\overline{X}_{.2}$,	$\overline{X}_{.3}$		$\overline{X}_{.k}$	$\overline{X}$

총표본의 크기는

$$N = n_1 + n_2 + n_3 + \cdots + n_k$$

이다.

$\overline{X_{.1}}$, $\overline{X_{.2}}$, $\cdots$, $\overline{X_{.k}}$가 k개 처리집단의 평균을 나타낸다고 하고, $\overline{X}$는 N개의 관찰값의 평균을 나타낸다. j번째 처리집단의 평균 $\overline{X_{.j}}$는 다음과 같이 계산된다.

$$\overline{X_{.j}} = \frac{\sum_{i=1}^{n_j} X_{ij}}{n_j} \qquad j = 1,\ 2,\ 3,\ \cdots,\ k$$

총평균 $\overline{X}$는 다음과 같이 계산된다.

$$\overline{X} = \sum_{j=1}^{k} \sum_{i=1}^{n_j} X_{ij} / N$$

분산분석에서 처리가 k개 있을 경우, k개의 모집단은 서로 독립적인 정규분포를 따르며, k개의 모분산은 동일하다는 가정이 필요하다.

통계적 모형은 다음과 같다.

$$X_{ij} = \mu_i + \epsilon_{ij} = \mu + \tau_j + \epsilon_{ij}, \quad i = 1,\ 2,\ \cdots,\ n_j;\ j = 1,\ 2,\ \cdots,\ k$$

여기서 X_{ij} : 처리 j가 적용되는 i번째 실험 단위의 관찰값
μ : 공통 상수
τ_j : 처리 j의 효과
μ_j : 처리 j의 모집단 평균
ϵ_{ij} : 처리 j에 대한 i번째 관찰값의 임의오차

따라서 X_{ij}는 공통상수 μ와 처리 효과 τ_j 그리고 임의오차 ϵ_{ij}로 구성된다. 오차항(ϵ_{ij})은 j번째 모집단으로부터 선택된 i번째 관찰값과 관련된 오차로 X_{ij}와 μ_j의 차이를 나타낸다. ϵ_{ij}는 평균이 0이고 표준편차가 σ인 정규분포를 따른다고 가정한다. τ_j는 j번째 모집단이 관찰값에 주는 효과의 크기로서 μ와 처리 j의 모집단 평균 μ_j와의 차를 말한다. μ는 모집단에 속한 모든 관찰값의 평균으로, k개의 모집단이 있다면, k개 모평균의 평균을 구함으로써 얻을 수 있다.

2 가설검정

분산분석을 하기 위해서는 먼저 가설을 설정해야 한다. 앞에서 본 바와 같이 분산분석은 모집단의 평균에 차이가 없다는 것을 검정하는 것이다.

이 경우 검정하려는 귀무가설과 대립가설은 다음과 같다.

$$H_0: \mu_1 = \mu_2 = \mu_3$$

H_1 : 모평균 중 적어도 하나는 다르다.

제곱합(sum of squares: SS)은 각 관찰값과 평균의 차이, 즉 편차를 제곱하여 더해 준다는 의미인데, 이것을 변동(variation)이라고도 한다. 또 제곱합을 자유도로 나누면 제곱평균(mean squares: MS) 또는 분산이 된다.

총제곱합(total sum of squares: TSS)은 총변동이라고도 하며 각 관찰값에서 모든 관찰값의 평균, 즉 총평균을 뺀 후에 제곱한 것을 모두 합한 것이다.

TSS의 계산식은 다음과 같다.

$$TSS = \sum_{j=1}^{k}\sum_{i=1}^{n_j}(X_{ij} - \overline{X})^2 = \sum_{j=1}^{k}\sum_{i=1}^{n_j}X_{ij}^2 - \frac{T_{..}^2}{N}$$

여기서 TSS는 SSB와 SSW로 분할된다.

총제곱합의 구성

$$TSS = SSB + SSW$$

집단 내 제곱합(SSW)은 각 처리집단 내에서의 각 관찰값으로부터 그 처리집단의 평균을 뺀 후에 제곱을 하여 합한 것으로 잔차 제곱합이라고도 한다.

SSW의 계산식은 다음과 같다.

$$SSW = \sum_{j=1}^{k}\sum_{i=1}^{n_j}(X_{ij} - \overline{X_{.j}})^2 = \sum_{j=1}^{k}\sum_{i=1}^{n_j}X_{ij}^2 - \sum_{j=1}^{k}\frac{(T_{.j})^2}{n_j}$$

여기서 k : 열의 수
n_j : 행의 수
X_{ij} : i행, j열의 관찰값
$\overline{X_{.j}}$: j열의 평균

집단 간 제곱합(SSB)은 각 처리집단의 평균에서 총평균을 뺀 후에 제곱해서 표본 크기를 곱한 다음 모두 합한 것이다.

SSB의 계산식은 다음과 같다.

$$SSB = \sum_{j=1}^{k}n_j(\overline{X_{.j}} - \overline{X})^2 = \sum_{j=1}^{k}\frac{T_{.j}^2}{n_j} - \frac{T_{..}^2}{N}$$

여기서 k : 열의 수
n_j : 행의 수
$\overline{X_{.j}}$: j열의 평균
$\overline{X}$: 총평균

분산분석에서 가설검정을 위한 통계량은 F값이다. F값은 독립변수에 의해 설명된 분산과 독립변수에 의해 설명되지 않은 외생변수에 의한 분산

비율을 말한다. 검정통계량 F값에서 처리 효과, 즉 집단 간 분산이라 하고 외생변수에 의한 분산을 집단 내 분산이라고 한다. 그런데 분산은 제곱합을 자유도로 나눈 것이다.

집단 간 제곱합과 관련된 자유도는 k-1이다. 열의 수가 k이며, k개의 평균 중에서 총평균($\overline{X}$)을 알고 있으므로 k개의 평균 중에서 k-1개만 알면 나머지 하나는 자동적으로 정해진다. 따라서 자유도는 k-1이다. 집단 내 제곱합에 대한 자유도는 전체 관찰값의 수(N)에서 처리집단의 수 k를 뺀 것이다. 즉, 행의 수가 n_j이므로 각 집단 내에서 n_j개의 관찰값이 있는데 이들의 평균을 알고 있으므로 각 집단에서는 (n_j-1)개의 관찰값만 알면 나머지 하나는 자동으로 정해진다. 그런데 k개의 집단이 있으므로 자유도는 $k(n_j-1)$, 즉 $N-k$이다. 그리고 총제곱합에 대한 자유도는 전체 관찰값의 수 N에서 1을 뺀 값, 즉 N-1이다. 즉, 전체 관찰값의 수가 N개이고 총평균($\overline{X}$)을 알고 있으므로 N-1개만 알면 나머지 하나는 자동적으로 정해진다. 따라서 총제곱합은 집단 간 제곱합과 집단 내 제곱합으로 구성되어 있으므로 집단 간 제곱합에 대한 자유도와 집단 내 제곱합과 관련된 자유도를 합하면 총제곱합의 자유도가 된다. 즉,

$$(k-1)+k(n_j-1)=k-1+n_jk-k=n_jk-1=N-1$$

이다.

분산분석에서 검정통계량은

$$F_{(k-1,N-k)}=\frac{SSB/(k-1)}{SSW/(N-k)}=MSB/MSW$$

이다. 이것은 만약 귀무가설이 참이라면 MSB/MSW는 k-1과 N-k를 자유도로 갖는 F분포를 따른다는 것을 의미한다. 여기서 MSB와 MSW는 SSB와 SSW를 각각의 자유도로 나누어 준 제곱평균이다. MSB가 MSW에 비해 상대적으로 크다면 이는 모평균 간의 차이가 있음을 나타내는 것

이며, 따라서 귀무가설을 기각하게 된다.

SSB와 SSW를 각각의 자유도로 나누면 집단 간 분산과 집단 내 분산이 되는데, 이것을 제곱 평균(mean square)이라고 한다.

집단 간 제곱 평균(mean square between: MSB) $=SSB/(k-1)$
집단 내 제곱 평균(mean square within: MSW)$=SSW/(N-k)$

여기서 MSB를 MSW로 나누면 처리 효과에 의한 분산과 외생변수에 의한 분산의 비율, 즉 분산비가 되며, 이것을 분자의 자유도가 $k-1$이고 분모의 자유도가 $N-k$인 F분포를 따르게 된다.

지금까지 설명한 내용을 요약하여 분산분석표를 작성해 보면 <표 10-2>와 같다.

〈표 10-2〉 분산분석(ANOVA)

변동	제곱합	자유도	제곱 평균	분산비
집단 간 집단 내	SSB SSW	$k-1$ $N-k$	$MSB=SSB/(k-1)$ $MSW=SSW/(N-k)$	$F=MSB/MSW$
합계	TSS	$N-1$		

적용 10-1 교수법에 따른 학습 효과의 차이를 조사하기 위해 통계청에서 통계교육을 받고 있는 15명의 통계 연수생을 뽑아 <표 10-3>과 같이 3개의 그룹으로 나누어 세 가지 교수법을 각각 사용했다고 가정하자. 교수법은 아래와 같이

교수법 1: 이론을 강의한다.
교수법 2: 그룹 프로젝트를 하도록 한다.
교수법 3: 강의에 컴퓨터 실습을 추가한다.

등 세 가지라고 할 때 가설을 설정하여 유의 수준 0.05로 검정해 보자.

〈표 10-3〉 교수법에 대한 시험 성적

	교수법			
	교수법 1	교수법 2	교수법 3	
	52	53	52	
	51	52	57	
	54	54	53	
	53	51	50	
	51	49	54	
합계	261	259	266	786
평균	52.2	51.8	53.2	52.4

<표 10-3>에서 교수법 2에 의한 첫 번째 점수, 즉 X_{12}의 값은 53이 된다. 각 교수법의 평균 점수 $\overline{X_{.1}}$, $\overline{X_{.2}}$, $\overline{X_{.3}}$와 총평균 $\overline{X}$를 표시하면 다음과 같다.

$$\overline{X_{.1}}=\sum_{i=1}^{5}X_{i1}/5=52.2,\quad \overline{X_{.2}}=\sum_{i=1}^{5}X_{i2}/5=51.8,\quad \overline{X_{.3}}=\sum_{i=1}^{5}X_{i3}/5=53.2$$

$$\overline{X}=\sum_{j=1}^{k}\sum_{i=1}^{n_j}X_{ij}/15=52.4$$

각 교수법은 실험 단위에 임의로 적용되었고 모든 교수법에 대해 실험을 실시했기 때문에 완전임의설계법이다. 여기서 실험 단위는 통계 연수생이고 처리는 교수법이다.

앞의 자료에서 TSS를 구해 보면 다음과 같다.

$$TSS=(52-52.4)^2+(51-52.4)^2+\cdots+(50-52.4)^2+(54-52.4)^2=53.6$$

여기서 각 관찰값이 총평균($\overline{X}$)으로부터 떨어져 있는 이유는 교수법의 효과에 차이가 있거나 아니면 외부적 요인, 즉 외생변수 때문이라고 할 수 있다.

앞의 자료에서 SSW는 다음과 같이 계산된다.

$$SSW=(52-52.2)^2+(51-52.2)^2+(54-52.2)^2+(53-52.2)^2$$
$$+(51-52.2)^2+(53-51.8)^2+(52-51.8)^2+(54-51.8)^2$$
$$+(51-51.8)^2+(49-51.8)^2+(52-53.2)^2+(57-53.2)^2$$
$$+(53-53.2)^2+(50-53.2)^2+(54-53.2)^2=48.4$$

앞에서 설명한 바와 같이 처리집단의 각 평균에서 관찰값이 벗어난 것은 처리 효과와는 관계없는 외생적 요인 때문이다. 따라서 SSW는 외생변수에 의한 효과라고 할 수 있다.

앞의 자료를 이용해서 SSB를 계산하면 다음과 같다.

$$SSB = 5(52.2-52.4)^2+5(51.8-52.4)^2+5(53.2-52.4)^2$$
$$= 0.2+1.8+3.2=5.2$$

SSB는 처리 효과, 즉 각 교수법의 학습 효과 차이에서 기인된 것이다. 우리는 앞의 자료를 사용해서 다음과 같이 제곱 평균을 구할 수 있다.

SSB의 자유도는 3-1=2
SSW의 자유도는 15-3=12
TSS의 자유도는 15-1=14

가 된다.

집단 간 제곱 평균(mean square between: MSB)$=SSB/(k-1)$
$=5.2/2=2.6$

집단 내 제곱 평균(mean square within: MSW)$=SSW/(n-k)$
$=48.4/12 =4.0$

1) 가설 설정

귀무가설에서 가정하는 것은 각 표본이 성적에 차이가 없는 동일한 모집단에서 추출되었다는 것과 동일한 의미이다.

H_0: 세 교수법에는 차이가 없다.($\mu_1 = \mu_2 = \mu_3$).

H_1 : $\mu_1,\ \mu_2,\ \mu_3$ 모두 같지는 않다.

2) 유의 수준

$$\alpha = 0.05$$

3) 임계값

$$F_{0.05(2,12)} = 3.89$$

4) 기각역

$\alpha = 0.05$이고 자유도가 2, 12일 때 기각역은 다음과 같다.

$$F > 3.89$$

5) 검정통계량 F값 계산

〈표 10-4〉 분산분석표

변동	제곱합	자유도	제곱 평균	분산비
집단 간	5.2	2	2.6	0.65
집단 내	48.4	12	4.0	
합계	53.6	14		

위의 분산분석표에서 계산된 F의 값은 0.65이다.

[그림 10-1] 기각역

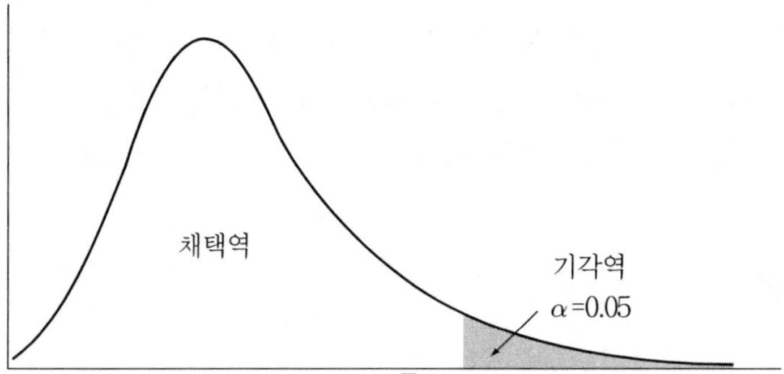

6) 결 론

F값 0.65는 α=0.05이고 자유도가 2, 12일 때 임계값 $F_{0.05(2,12)}$=3.89보다 작으므로 모집단 평균이 같다는 귀무가설을 채택하지 않을 수 없다. 따라서 교수법에 따른 평균 점수의 차이는 없다고 할 수 있다. 만일 귀무가설이 참이라면 세 모집단의 집단 내 분산과 교수법에 따라 나타난 평균 점수의 차이, 즉 집단 간의 분산이 크게 다르지 않으므로 귀무가설을 기각하기 어렵다고 할 수 있다.

제 2 절 임의블록설계법

임의블록설계법을 사용하는 주된 목적은 여타 임의적 요인을 실험으로부터 제거한 후에 처리 효과를 검정하는 데 있다. 이 설계법에서는 실험 단위를 몇 개의 동질적인 집단으로 블록화하고 각 처리에 실험 단위를 임의로 배정한다. 블록화는 임의적 요인에 의한 분산을 감소시키므로 어떤 요인을 기준으로 블록을 형성할 것인가를 결정하는 것이 매우 중요하다. 일반적으로 종속변수에 미치는 영향이 큰 요인을 찾아 그것을 기준으로 블록을 형성하는 것이 바람직하다.

임의블록설계법에 대한 분산분석은 이원분류 분산분석이라고도 한다. 왜냐하면 하나의 관찰값이 두 가지 기준, 즉 블록에 속하느냐 혹은 처리집단에 속하느냐에 따라 분류되기 때문이다. 임의블록모형은 수리적으로 완전임의모형과 동일하기 때문에 특정한 기법이 필요치 않다.

1 기본 모형

i번째 블록와 j번째 처리에 해당하는 관찰값을 나타내기 위해 X_{ij}를 사용한다. 그 표본관찰값은 <표 10-5>와 같이 배열할 수 있다.

〈표 10-5〉 임의블록설계법에서 관찰값 배열

블록	처리						
	1	2	3	…	k	합계	평균
1	X_{11}	X_{12}	X_{13}	…	X_{1k}	$T_{1.}$	$\overline{X_{1.}}$
2	X_{21}	X_{22}	X_{23}	…	X_{2k}	$T_{2.}$	$\overline{X_{2.}}$
3	X_{31}	X_{32}	X_{33}	…	X_{3k}	$T_{3.}$	$\overline{X_{3.}}$
⋮	⋮	⋮	⋮	⋮	⋮	⋮	⋮
n	X_{n1}	X_{n2}	X_{n3}	…	X_{nk}	$T_{n.}$	$\overline{X_{n.}}$
합계	$T_{.1}$	$T_{.2}$	$T_{.3}$		$T_{.k}$	$T_{..}$	
평균	$\overline{X_{.1}}$	$\overline{X_{.2}}$	$\overline{X_{.3}}$		$\overline{X_{.k}}$		$\overline{X}$

$X_{ij} = i$번째 블록과 j번째 처리에 해당하는 관찰값

$i = 1, 2, \cdots, n, \quad j = 1, 2, \cdots, k$

$$T_{i.} = \sum_{j=1}^{k} X_{ij} = i\text{번째 블록의 합}$$

$$\overline{X_{i.}} = \frac{\sum_{j=1}^{k} X_{ij}}{k} = i\text{번째 블록의 평균}$$

$$T_{..} = \sum_{j=1}^{k} T_{.j} = \sum_{i=1}^{n} T_{i.} = \text{모든 관찰값의 합}$$

$$\overline{X} = \sum_{j=1}^{k} T_{.j}/k = \sum_{i=1}^{n} T_{i.}/n = \frac{1}{nk}\sum_{i=1}^{n}\sum_{j=1}^{k} X_{ij} = \text{모든 관찰값의 평균}$$

nk=전체 관찰값의 수

통계적 모형은 다음과 같다.

$$X_{ij} = \mu + \beta_i + \tau_j + \epsilon_{ij}, \quad i=1,\ 2,\ \cdots,\ n; \quad j=1,\ 2,\ \cdots,\ k$$

여기서 μ는 모든 관찰값에 대한 전체 모평균이고 β_i는 블록 i에 기인하는 효과이며, τ_j 는 처리 j에 기인하는 효과이고 X_{ij}는 처리 j와 i번째 블록에 해당하는 관찰값이다. 각 관찰값은 평균이 μ_{ij}, 분산이 σ^2인 정규분포를 따른다고 가정되는데, 이것은 임의오차 ϵ_{ij}가 평균이 0이고 분산이 σ^2인 독립적인 정규분포를 함을 의미한다.

블록과 처리 효과는 가법적(additive)이라는 중요한 가정을 하고 있는데, 이는 블록과 처리 사이에 상호작용이 없음을 의미한다. 이 가정이 충족되면 다음 공식은 성립된다.

$$\sum_{j=1}^{k}\tau_j = \sum_{i=1}^{n}\beta_i = 0$$

2 가설검정

귀무가설과 대립가설은 다음과 같다.

H_0: 세 교수법에는 차이가 없다($\mu_1 = \mu_2 = \mu_3$).

H_1 : $\mu_1,\ \mu_2,\ \mu_3$ 모두 같지는 않다.

임의블록설계법에서 총제곱합은 블록 간 제곱합과 처리 간 제곱합 그리고 잔차 제곱합으로 분해된다. 이것은 다음과 같은 공식으로 나타낼 수 있다.

$$\sum_{j=1}^{k}\sum_{i=1}^{n}(X_{ij}-\overline{X})^2=\sum_{j=1}^{k}\sum_{i=1}^{n}(\overline{X_{i.}}-\overline{X})^2+\sum_{j=1}^{k}\sum_{i=1}^{n}(\overline{X_{.j}}-\overline{X})^2$$
$$+\sum_{j=1}^{k}\sum_{i=1}^{n}(X_{ij}-\overline{X_{i.}}-\overline{X_{.j}}+\overline{X})^2$$

즉, $TSS=SSB+SST+SSE$이다.

임의블록설계법에서 제곱합의 계산식은 다음과 같다.

$$TSS=\sum_{j=1}^{k}\sum_{i=1}^{n}(X_{ij}-\overline{X})^2=\sum_{i=1}^{k}\sum_{i=1}^{n}X_{ij}^2-kn\overline{X}^{\,2}=\sum_{j=1}^{k}\sum_{i=1}^{n}X_{ij}^2-C$$

$$SSB=\sum_{j=1}^{k}\sum_{i=1}^{n}(\overline{X_{i.}}-\overline{X})^2=k\sum_{i=1}^{n}(\overline{X_{i.}}-\overline{X})^2=\sum_{i=1}^{n}\frac{T_{i.}^2}{k}-C$$

$$SSTr=\sum_{j=1}^{k}\sum_{i=1}^{n}(\overline{X_{.j}}-\overline{X})^2=n\sum_{j=1}^{k}(\overline{X_{.j}}-\overline{X})^2=\sum_{j=1}^{k}\frac{T_{.j}^2}{n}-C$$

$$SSE=TSS-SSB-SSTr$$

이다. 여기서 $C=(\sum_{j=1}^{k}\sum_{i=1}^{n}X_{ij})^2/kn=T_{..}^2/kn$

$T_{..}$ =총평균

$T_{i.}$ =블록의 합

$T_{j.}$ =처리의 합

k=처리의 수

n=블록의 수

nk=전체 관찰값의 수

전체 자유도는 블록의 자유도와 처리의 자유도 그리고 잔차의 자유도를 다음과 같이 합하여 구할 수 있다.

$$kn-1=(n-1)+(k-1)+(n-1)(k-1)$$

여기서 잔차의 자유도는 다음과 같이 얻을 수 있다.

$$\begin{aligned}(kn-1)-(n-1)-(k-1)&=kn-1-n+1-k+1\\&=n(k-1)-(k-1)=(n-1)(k-1)\end{aligned}$$

위의 공식을 이용하여 계산된 제곱합을 각각의 자유도로 나누면 모분산의 추정값인 제곱평균을 얻을 수 있다. 임의블록설계법에서 제곱평균은 블록 간 제곱평균, 처리 간 제곱평균, 잔차 제곱평균이 있으며, 다음과 같이 계산된다.

$$\begin{aligned}MSB&=SSB/(n-1)\\MST&=SSTr/(k-1)\\MSE&=SSE/(k-1)(n-1)\end{aligned}$$

지금까지의 설명을 요약하여 분산분표를 작성해 보면 다음과 같다.

〈표 10-6〉 분산분석(ANOVA)

변동	제곱합	자유도	제곱 평균	분산비
처리 간 블록 간 잔차	$SSTr$ SSB SSE	$k-1$ $n-1$ $(k-1)(n-1)$	$MST=SSTr/(k-1)$ $MSB=SSB/(n-1)$ $MSE=SSE/(n-1)(k-1)$	$F=MST/MSE$
합계	TSS	$kn-1$		

분산분석에서 검정통계량은

$$F = \frac{SSTr/(k-1)}{SSE/(n-1)(k-1)} = MST/MSE$$

이다. 이것은 만약 귀무가설이 참이라면 MST/MSE는 k-1과 $(n$-1$)(k$-1$)$를 자유도로 갖는 F분포를 따른다는 것을 의미한다. 여기서 MST와 MSE는 $SSTr$와 SSE를 각각의 자유도로 나누어 준 제곱평균이다. 하나의 검정을 위해서는 F값을 F분포표로부터 얻은 F의 임계값과 비교하게 된다. 검정통계량 F값이 F의 임계값과 비교하여 상대적으로 크다면 이는 처리 효과가 0이 아님을 나타내는 것이며, 귀무가설을 기각하게 된다.

적용 10-2 교수법에 따른 학습 효과의 차이를 조사하기 위해 통계청에서 통계 교육을 받고 있는 15명의 통계 연수생을 뽑아 연령 계층에 따라 5개의 블록을 만들어 각 블록에 세 사람을 실험에 참여하도록 배정했다. 그리고 한 사람이 각 교수법에 무작위로 추출되어 할당되었다. 여기서 교수법은 처리, 연령 계층은 블록에 각각 해당한다. 교수법과 연령 계층은 아래와 같다.

교수법:
교수법 1: 이론을 강의한다.
교수법 2: 개인 과제연구(individual study)를 하게 한다.
교수법 3: 강의에 컴퓨터 실습을 추가한다.

연령 계층:
20세 이하
20~29세
30~39세
40~49세
50세 이상

〈표 10-7〉 교수법에 대한 시험 성적

연령 계층	교수법				
	교수법 1	교수법 2	교수법 3	합계	평균
20세 이하	52	53	52	157	52.33
20~29	51	52	57	160	53.33
30~39	54	54	53	161	53.67
40~49	53	51	50	154	51.33
50세 이상	51	49	54	154	51.33
합계	261	259	266	786	
평균	52.2	51.8	53.2		52.4

이제 가설을 설정하여 유의 수준 0.05로 검정해 보자.

<표 10-7>를 근거로 하여 분산분석표를 만들어 보기로 하자. 분산분석표를 만들기 위해서는 먼저 제곱합을 구해야 한다.

제곱합을 구해 보면 각각 다음과 같다.

$$TSS=(52-52.4)^2+(51-52.4)^2+\cdots+(50-52.4)^2+(54-52.4)^2=53.6$$

$$SST=5(52.2-52.4)^2+5(51.8-52.4)^2+5(53.2-52.4)^2=5.2$$

$$SSB=3(52.33-52.4)^2+3(53.33-52.4)^2+3(53.67-52.4)^2$$
$$+3(51.33-52.4)^2+3(51.33-52.4)^2$$
$$=0.0147+2.5947+4.8387+3.4347+3.4347=14.3$$

$$SSE=53.6-5.2-14.3=34.1$$

이들 제곱합의 각각의 자유도는

$SSTr$의 자유도는 3-1=2

SSB의 자유도는 5-1=4

SSE의 자유도는 (3-1)(5-1)=8

이다. 그러므로 처리 간 제곱 평균(MST)=$SSTr/(k-1)$=5.2/2=2.6, 블록 간 제곱 평균(MSB)=$SSB/(n-1)$ =14.3/4=3.6, 그리고 잔차 제곱 평균(MSE)= $SSE/(n-1)(k-1)$=34.1/8=4.3이 된다.

1) 가설 설정

H_0: 세 교수법에는 차이가 없다($\mu_1 = \mu_2 = \mu_3$).

H_1 : μ_1, μ_2, μ_3 모두 같지는 않다.

2) 유의 수준

$$\alpha = 0.05$$

3) 임계값

$$F_{0.05(2,8)} = 4.46$$

4) 기각역

α =0.05이고 자유도가 2, 8일 때 기각역은 다음과 같다.

$$F > 4.46$$

5) 검정통계량 F값 계산

<표 10-8>에 분산분석표에서 계산된 F의 값은 0.6이다.

〈표 10-8〉 분산분석표

변동	제곱합	자유도	제곱 평균	분산비
처리 간	5.2	2	2.6	0.6
블록 간	14.3	4	3.6	
잔차	34.1	8	4.3	
합계	53.6	14		

6) 결 론

위의 F값 0.6은 α=0.05이고 자유도가 2, 8일 때 임계값 $F_{0.05(2,8)}$=4.46보다 작으므로 귀무가설을 채택하지 않을 수 없다. 따라서 교수법에 따른 평균 점수의 차이는 없다고 할 수 있다.

제 3 절 요인실험설계법

지금까지 우리는 독립변수가 하나인 경우에 모평균의 차이를 검정하는데 관심을 갖고 완전임의설계법과 임의블록설계법을 살펴보았다.

그러나 이와는 달리 두 개 이상의 독립변수의 효과를 동시에 고려하는 요인실험설계법을 알아보고자 한다. 여기서 독립변수를 요인이라고 한다. 요인에는 여러 수준(level)이 있는데, 일반적으로 요인 A는 a 수준을, 요인 B는 b 수준을 가지고 있다고 말한다.

요인실험설계법에서는 두 개의 독립변수에 의해 형성되는 셀(cell)에 두 개 이상의 실험 단위들이 무작위적으로 배정된다. 이와같이 두 개의 독립변수를 기초로 만들어진 각 셀에 여러 개의 관찰값이 포함되는 자료를 가지고 분산분석을 하는 경우, 두 독립변수의 모평균 차이를 독립적으로 검정할 수 있을 뿐만 아니라 두 독립변수 간의 상호작용 효과도 검정할 수 있다.

1 기본 모형

각 셀에 다수 관찰값이 있을 때, 총제곱합 TSS는 요인 A의 수준에 기인하는 구성 요소, 요인 B의 수준에 기인하는 구성 요소, 두 요인 사이의 상호작용 효과에 기인하는 구성 요소와 잔차의 네 가지 구성 요소로 분해된

〈표 10-9〉 교수법에 대한 시험 성적

	요인 B				합계	평균
요인 A	**1**	**2**	**…**	**b**		
1	X_{111} ⋮ X_{11n}	X_{121} ⋮ X_{12n}	… ⋮ …	X_{1b1} ⋮ X_{1bn}	$T_{1..}$	$\overline{X_{1..}}$
2	X_{211} ⋮ X_{21n}	X_{221} ⋮ X_{22n}	… ⋮ …	X_{2b1} ⋮ X_{2bn}	$T_{2..}$	$\overline{X_{2..}}$
⋮	⋮	⋮	⋮	⋮	⋮	⋮
a	X_{a11} ⋮ X_{a1n}	X_{a21} ⋮ X_{a2n}	… ⋮ …	X_{ab1} ⋮ X_{abn}	$T_{a..}$	$\overline{X_{a..}}$
합계 평균	$T_{.1.}$ $\overline{X_{.1.}}$	$T_{.2.}$ $\overline{X_{.2.}}$	… …	$T_{.b.}$ $\overline{X_{.b.}}$	$T_{...}$	$\overline{X}$

다. 상호작용 효과의 존재 여부를 검정하기 위해 각 셀에 다수 관찰값이 있어야 한다. 그러나 여기서는 각 셀에 같은 수의 관찰값이 있는 경우만 고려하여 n을 각 셀의 관찰값의 수라 하자. 표본자료는 ab개의 셀을 표시하는 표에 배열되어 있다. 이 셀의 각각에 n개의 관찰값이 있으므로 전체 관찰값의 수는 abn이다. 이것은 <표 10-9>에 주어져 있다.

여기서, a: 요인 A의 수준
b: 요인 B의 수준
n: 각 셀의 관찰값의 수
nab: 전체 관찰값의 수

$T_{ij.} = \sum_{k=1}^{n} X_{ijk}$: ij번째 셀의 합

$\overline{X_{ij.}} = T_{ij.}/n$: ij번째 셀의 평균

통계적 모형은 다음과 같다.

$$X_{ijk} = \mu + \alpha_i + \beta_j + (\alpha\beta)_{ij} + \epsilon_{ijk},$$

$$i = 1,\ 2,\ \cdots,\ a; \quad j = 1,\ 2,\ \cdots,\ b; \quad k = 1,\ 2,\ \cdots,\ n$$

로 표시된다.

여기서 X_{ijk}는 요인 A의 수준 i, B의 수준 j와 관계된 k번째 관찰값이다. 두 요인 A와 B의 수준에 대해 ab개의 조합이 있고, 각 조합에는 n개의 관찰값이 있다. X_{ijk}는 셀$(i,\ j)$에서의 k번째 관찰값이다. α_i는 요인 A의 i번째 수준의 효과를 나타내고, β_j는 요인 B의 수준 j번째 수준의 효과를 나타내며, $(\alpha\beta)_{ij}$는 요인 A의 수준 i와 요인 B의 수준 j 사이의 상호작용 효과를 나타낸다. μ는 일반 상수이고 ϵ_{ijk}는 실험오차이다.

각 셀은 두 요인 A와 B의 수준의 조합 ab에 의해 정의되는 모집단으로부터 추출된 n개의 관찰값으로 구성되며 개개의 모집단은 정규분포를 따른다고 하고 모집단의 분산은 모두 같다고 가정한다.

2 가설검정

귀무가설과 대립가설은 다음과 같다.

1) $H_0 : \alpha_i = 0$ $\qquad i = 1,\ 2,\ \cdots,\ a$
   H_1 : 모든 α_i가 0이 아니다.

2) $H_0 : \beta_j = 0$ $\qquad j = 1,\ 2,\ \cdots,\ b$
   H_1 : 모든 β_j가 0이 아니다.

3) $H_0 : (\alpha\beta)_{ij} = 0$ $\qquad i = 1,\ 2,\ \cdots,\ a \quad j = 1,\ 2,\ \cdots,\ b$
   H_1 : 모든 $(\alpha\beta)_{ij}$가 0이 아니다.

자료가 수집되기 전에 연구자는 위의 가설 중 하나를 선택하여 검정할 것인지 결정해야 한다.

요인실험설계법에서 총제곱합은 요인 A의 제곱합, 요인 B의 제곱합, 요인 AB의 제곱합, 그리고 잔차 제곱합으로 분해된다. 이것은 다음과 같은 공식으로 나타낼 수 있다.

$$\sum_{i=1}^{a}\sum_{j=1}^{b}\sum_{k=1}^{n}(X_{ijk}-\overline{X})^2=\sum_{i=1}^{a}\sum_{j=1}^{b}\sum_{k=1}^{n}(\overline{X_{ij.}}-\overline{X})^2+\sum_{i=1}^{a}\sum_{j=1}^{b}\sum_{k=1}^{n}(X_{ijk}-\overline{X_{ij.}})^2$$
$$=\sum_{i=1}^{a}\sum_{j=1}^{b}\sum_{k=1}^{n}(\overline{X_{i..}}-\overline{X})^2+\sum_{i=1}^{a}\sum_{j=1}^{b}\sum_{k=1}^{n}(X_{.j.}-\overline{X})^2$$
$$+\sum_{i=1}^{a}\sum_{j=1}^{b}\sum_{k=1}^{n}(\overline{X_{ij.}}-\overline{X_{i..}}-\overline{X_{.j.}}+\overline{X})^2$$

즉, $TSS=SST_r+SSE=SSA+SSB+SSAB+SSE$이다.
요인실험설계법에서 제곱합의 계산식은 다음과 같다.

$$TSS=\sum_{i=1}^{a}\sum_{j=1}^{b}\sum_{k=1}^{n}(X_{ijk}-\overline{X})^2=\sum_{i=1}^{a}\sum_{j=1}^{b}\sum_{k=1}^{n}X_{ijk}^2-C$$

$$SSTr=\sum_{i=1}^{a}\sum_{j=1}^{b}\sum_{k=1}^{n}(\overline{X_{ij.}}-\overline{X})^2=\sum_{i=1}^{a}\sum_{j=1}^{b}\frac{T_{ij.}^2}{n}-C$$

$$SSE=TSS-SSTr$$

$$SSA=\sum_{i=1}^{a}\sum_{j=1}^{b}\sum_{k=1}^{n}(\overline{X_{i..}}-\overline{X})^2=\sum_{i=1}^{a}\frac{T_{i..}^2}{bn}-C$$

$$SSB=\sum_{i=1}^{a}\sum_{j=1}^{b}\sum_{k=1}^{n}(\overline{X_{.j.}}-\overline{X})^2=\sum_{j=1}^{b}\frac{T_{.j.}^2}{an}-C$$

$$SSAB=SSTr-SSA-SSB$$

이다. 여기서

$$C=(\sum_{i=1}^{a}\sum_{j=1}^{b}\sum_{k=1}^{n}X_{ijk})^2/abn$$

$\overline{X}$ = 총평균
$T_{ij.}$ = ij번째 셀의 합
$T_{i..}$ = i번째 행의 합
$T_{.j.}$ = j번째 열의 합
a = 행의 수
b = 열의 수
n = 셀 안의 관찰값의 수
abn = 전체 관찰값의 수

요인 A의 제곱합인 SSA의 자유도는 a-1이고 요인 B의 제곱합인 SSB의 자유도는 b-1이고, 상호작용 효과를 나타내는 요인 AB의 제곱합인 $SSAB$의 자유도는 $(a-1)(b-1)$이다. 그리고 잔차 제곱합인 SSE의 자유도는 $ab(n-1)$이다. 따라서 총제곱합인 TSS의 자유도는 이들 자유도의 총합인 abn-1이다.

위의 공식을 이용하여 계산된 제곱합을 각각의 자유도로 나누면 제곱 평균을 얻을 수 있다. 요인실험설계법에서 제곱 평균은 요인 A 간 제곱 평균, 요인 B 간 제곱평균, 요인 AB 간 제곱 평균, 그리고 잔차 제곱평균이 있으며, 다음과 같이 계산된다.

$$MSA = SSB/(a-1)$$
$$MSB = SSB/(b-1)$$
$$MSAB = SSAB/(a-1)(b-1)$$
$$MSE = SSE/ab(n-1)$$

지금까지의 설명을 요약하여 분산분표를 작성해 보면 <표 10-10>과 같다.

앞에서 설명한 바와 같이 분산분석에서 가설검정을 위한 통계량은 F값이다. 분산분석에서 만약 귀무가설이 참이라면 분산분석표에 제시된 분산비는 각각 자신의 자유도를 가진 F분포를 따른다. 검정을 위해서는 분산분석표에 있는 세 개의 F값을 F분포표로부터 얻은 개개의 F의 임계값과 비

〈표 10-10〉 분산분석(ANOVA)

변동	제곱합	자유도	제곱 평균	분산비
요인 A	SSA	$a-1$	$MSA=SSA/(a-1)$	MSA/MSE
요인 B	SSB	$b-1$	$MSB=SSB/(b-1)$	MSB/MSE
요인 AB	$SSAB$	$(a-1)(b-1)$	$MSAB=SSAB/(a-1)(b-1)$	$MSAB/MSE$
처리	$SSTr$	$ab-1$		
잔차	SSE	$ab(n-1)$	$MSE=SSE/ab(n-1)$	
합계	TSS	$abn-1$		

교하여 귀무가설을 기각할 것인지 아니면 채택할 것인지 결정해야 한다.

적용 10-3 어느 광역시에서 사회복지사의 연령집단과 기초생활 수급자에 따라 사회복지사의 기초생활 수급 대상자 가정의 방문 시간에 영향을 미치는가를 알아보기 위해 사회복지사 80명을 무작위로 선발하여 실험을 실시한 결과는 <표 10-11>과 같다.

우리는 이 자료를 가지고 사회복지사의 연령집단의 차이에 따른 평균 방문 시간과 기초생활 수급자에 따른 평균 방문 시간을 계산할 수 있을 뿐 아니라 각 셀에 5개씩의 관찰값이 있기 때문에 각 셀의 평균 방문 시간도 계산할 수 있다. 이 자료에서 연령집단에 따른 평균 방문 시간을 살펴볼 때 연령집단 A는 27.85분, 연령집단 B는 29.8분, 연령집단 C는 32.95분, 연령집단 D는 38.1분으로 나타났다. 그리고 기초생활 수급자의 유형에 따른 평균 방문 시간을 살펴보면 기초생활 수급자 A가 26.7분, 기초생활 수급자 B가 38.25분, 기초생활 수급자 C가 38.3분, 기초생활 수급자 D가 25.45분으로 각각 나타났다.

여기서 사회복지사의 연령집단에 따라 평균 방문 시간에 차이가 있는지, 기초생활 수급자에 따라 평균 방문 시간에 차이가 있는지, 그리고 연령집단과 기초생활 수급자 간 상호작용 효과가 있는지 알아보기로 한다. 이제 가설을 설정하여 유의 수준 0.05로 검정해 보자.

〈표 10-11〉 연령집단과 기초생활 수급자 유형별 사회복지사 가정 방문 시간(분)

요인 *A* (기초생활 수급자)	요인 *B*(사회복지사의 연령집단)					
	A(20~29)	*B*(30~39)	*C*(40~49)	*D*(50+)	합계	평균
	20	25	24	28		
	25	30	28	31		
A	22	29	24	26	534	26.70
	27	28	25	29		
	21	30	30	32		
	30	30	39	40		
	45	29	42	45		
B	30	31	36	50	765	38.25
	35	30	40	45		
	36	30	42	60		
	31	32	41	42		
	30	35	45	50		
C	40	30	40	40	766	38.3
	35	40	40	55		
	30	30	35	45		
	20	23	24	29		
	21	25	25	30		
D	20	28	30	28	509	25.45
	20	30	26	27		
	19	31	23	30		
합계	557	596	659	762	2574	
평균	27.85	29.8	32.95	38.1		32.18

<표 10-11>를 근거로 하여 분산분석표를 만들어 보기로 하자. 분산분석표를 만들기 위해서는 먼저 제곱합을 구해야 한다. 요인실험설계법에서의 제곱합을 구해 보면 다음과 같다.

$$C = (2574)^2/80 = 82818.45$$

$$TSS = (20^2 + 25^2 + \cdots + 30^2) - 82818.45 = 5741.55$$

$$SST_r = \frac{115^2+142^2+\cdots+144^2}{5} - 82818.45 = 4544.95$$

$$SSA = \frac{534^2+765^2+766^2+509^2}{20} - 82818.45 = 2992.45$$

$$SSB = \frac{557^2+596^2+659^2+762^2}{20} - 82818.45 = 1201.05$$

$$SSAB = SSTr - SSA - SSB = 4544.95 - 2992.45 - 1201.05 = 351.45$$

$$SSE = TSS - SSTr = 5741.55 - 4544.95 = 1196.6$$

위의 제곱합에 대한 각각의 자유도는 다음과 같다.

$SSTr$의 자유도는 $abn-1=79$,
SSA의 자유도는 $a-1=3$,
SSB의 자유도는 $b-1=3$,
$SSAB$의 자유도는 $(a-1)(b-1)=9$,
SSE의 자유도는 $ab(n-1)=64$

그러므로 요인 A의 제곱 평균은 $SSA/(a-1)=2992.45/3=997.48$, 요인 B의 제곱 평균은 $SSB/(b-1)=1201.05/3=400.35$, 요인 AB의 제곱 평균은 $SSAB/(a-1)(b-1)=351.45/9=39.05$, 잔차의 제곱 평균은 $SSE/ab(n-1)=1196.6/64=18.70$이 된다.

가) 행(기초생활 수급자) 간 평균 방문 시간의 차이에 대한 검정

(1) 가설 설정

H_0: 기초생활 수급자에 따라 평균 방문 시간에 차이가 없다.
$(\mu_1 = \mu_2 = \mu_3 = \mu_4)$

〈표 10-12〉 분산분석표

변동	제곱합	자유도	제곱 평균	분산비
요인 A	2992.45	3	997.8	53.36
요인 B	1201.05	3	400.35	21.41
요인 AB	351.45	9	39.05	2.09
처리	4544.95	15		
잔차	1196.60	64	18.70	
합계	5741.55	79		

H_1: 기초생활 수급자에 따라 평균 방문 시간이 모두 같지는 않다.

(2) 유의 수준

$$\alpha = 0.05$$

(3) 임계값

$$F_{0.05(3,64)} = 2.76$$

(4) 기각역

$\alpha = 0.05$이고 자유도가 3, 64일 때 기각역은 다음과 같다.

$$F > 2.76$$

(5) 검정통계량 F값 계산

위의 분산분석표에서 계산된 F의 값은 53.36이다.

(6) 결론

검정통계량 F값이 53.36이므로 임계값 2.76보다 크므로 5% 유의 수준에서 귀무가설을 기각하지 않을 수 없다. 즉, 기초생활 수급자에 따라 평균 방문 시간에 차이가 있다고 할 수 있다.

나) 열(연령집단) 간 평균 방문 시간의 차이에 대한 검정

(1) 가설 설정

H_0: 연령집단에 따라 평균 방문 시간에 차이가 없다.

$(\mu_1 = \mu_2 = \mu_3 = \mu_4)$

H_1: 연령집단에 따라 평균 방문 시간에 차이가 있다.

(2) 유의 수준

$$\alpha = 0.05$$

(3) 임계값

$$F_{0.05(3,64)} = 2.76$$

(4) 기각역

$\alpha = 0.05$이고 자유도가 3, 64일 때 기각역은 다음과 같다.

$$F > 2.76$$

(5) 검정통계량 F값 계산

위의 분산분석표에서 계산된 F의 값은 21.41이다.

(6) 결론

검정통계량 F값이 21.41이므로 임계값 2.76보다 크므로 5% 유의 수준에서 귀무가설을 기각하지 않을 수 없다. 즉, 연령집단에 따라 평균 방문 시간에 차이가 있다고 할 수 있다.

다) 상호작용 효과에 대한 검정

(1) 가설 설정

H_0: 기초생활 수급자와 연령집단 간에 상호작용 효과가 없다.

H_1: 기초생활 수급자와 연령집단 간에 상호작용 효과가 있다.

(2) 유의 수준

$$\alpha = 0.05$$

(3) 임계값

$$F_{0.05(9,64)} = 2.04$$

(4) 기각역

$\alpha=0.05$이고 자유도가 9, 64일 때 기각역은 다음과 같다.

$$F > 2.04$$

(5) 검정통계량 F값 계산

위의 분산분석표에서 계산된 F의 값은 2.09이다.

(6) 결론

검정통계량 F값 2.09는 $\alpha=0.05$이고 자유도가 9, 64일 때 임계값 $F_{0.05(9,64)}$=2.04보다 크므로 귀무가설을 기각하지 않을 수 없다. 따라서 기초생활 수급자와 연령집단 간에 상호작용 효과가 있다고 할 수 있다.

연습 문제

1. 다음은 분산분석에서 사용하는 중요한 용어들이다. 간단히 설명하시오.
   1) 요인(factor)
   2) 수준(level)
   3) 효과(effect)
   4) 실험 단위(experiment unit)
   5) 처리(treatment)
   6) 블록(block)

2. 교수법(A, B, C)에 따른 학습 효과의 차이를 조사하기 위해 지방공무원연수원에서 교육을 받고 있는 30명의 연수생을 뽑아 3개의 그룹으로 나누어 실험했다고 가정할 때,
   1) 실험 단위
   2) 처리
   3) 실험계획 방법은 무엇인가 말하시오.

3. 교수법(A, B, C)에 따른 학습 효과의 차이를 조사하기 위해 지방공무원연수원에서 교육을 받고 있는 30명의 연수생을 뽑아 연령계층에 따라 5개의 블록을 만들어 각 블록에 여섯 사람을 실험에 참여하도록 배정했다. 그리고 한 사람이 각 교수법에 무작위로 추출되어 할당되었다. 이 실험계획 방법이 무엇인지 설명하시오.

4. 인천광역시에서 요양보호사의 연령집단과 장기요양보험 수혜자에 따라 요양보호사의 장기요양보험 수혜자 가정의 방문 시간에 영향을 미치는가를 알아보기 위해 요양보호사 200명을 무작위로 선발하여 실험을 실시했다고 가정하자.
   여기서 요양보호사의 연령집단에 따라 평균 방문 시간에 차이가 있는지, 장기요양보험 수혜자에 따라 평균 방문 시간에 차이가 있는지, 그리고 연령집단과 장기요양보험 수혜자 간 상호작용 효과가 있는지 알아보기 위해서는 무슨 실험계획 방법이 적용되어야 하는지 설명하시오.

5. 최근 간접 흡연이 폐 건강에 어떤 영향을 미치는지 조사하고자 비흡연자(NS), 간접 흡연자(PS), 비흡인 흡연자(NI), 경흡연자(LS), 중간 흡연자(MS), 중흡연자(HS)의 여섯 집단에서 여러 방법으로 폐기능을 측정했다. 아래 표는 여섯 군에 속한 남자 대상자의 폐 기능을 측정하는 지표인 FEV(Forced expiratory volume)의 평균과 표준편차이다.

흡연자와 비흡연자 남자의 FEV 자료

집 단	평균 FEV	표준편차 FEV	n_i
비흡연자(NS)	3.78	0.79	200
간접 흡연자(PS)	3.30	0.77	200
비흡인 흡연자(NI)	3.32	0.86	50
경흡연자(LS)	3.23	0.78	200
중간 흡연자(MS)	2.73	0.81	200
중흡연자(HS)	2.59	0.82	200

1) 여섯 집단의 평균을 어떻게 비교할 것인지 설명하시오.
2) FEV 자료의 집단 내 제곱합과 집단 간 제곱합을 구하시오.
3) 평균 FEV 점수가 여섯 집단에서 유의하게 다른지 유의 수준 5%로 검정하시오.
4) 위 자료에서 분산(σ^2)의 가장 좋은 추정량은 무엇이며, 추정량의 자유도를 구하시오.
5) 각 집단을 비교하고 유의한 차이가 있는지 알아보시오.

제 11 장 상관분석과 단순회귀분석

자료를 이용하여 변수와 변수 사이의 관계를 알아보고자 하는 경우가 흔히 있다. 예를 들면 공무원의 전공과 직무만족도, 근무 성적과 급여, 지능지수와 수업 성적 등 변수와 변수 사이의 관계가 관심의 대상인 경우가 많다.

이와 같은 두 변수 사이의 관계를 대략적으로 파악하기 위해서는 산점도를 이용하면 편리하다. 예를 들면 [그림 11-1]의 a)는 두 변수 간의 양의 선

[그림 11-1] 여러 가지 산점도

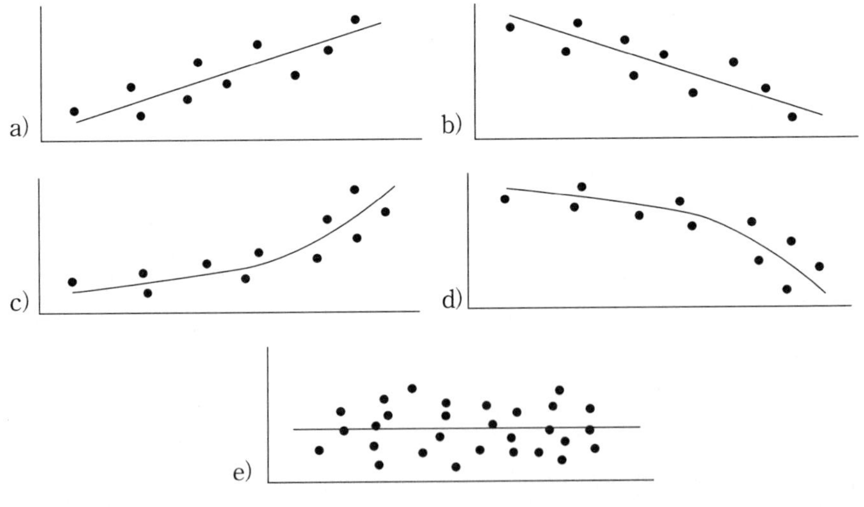

형 관계를, b)는 음의 선형 관계를, c)는 두 변수 간의 양의 2차 함수 관계를, d)는 두 변수 간의 음의 2차 함수 관계를, 그리고 e)는 두 변수 간의 선형 관계가 없음을 각각 보여 주고 있다. 그러나 두 변수 사이의 관계에 대해 좀 더 정밀하게 추론하려면, 추론의 대상을 명확히 하고 적절한 모형을 전제로 하여 개발된 통계적 방법을 필요로 한다.

두 변수 사이의 관계 유무 또는 관계의 강도에 대한 통계적 분석 방법을 상관분석이라고 한다. 또한 두 변수 사이의 관계식을 파악하여 한 변수의 값으로부터 다른 변수의 값에 대한 예측을 필요로 하는 경우가 흔히 있다. 이러한 경우에 두 변수 사이의 함수 관계에 대한 통계적 분석을 하는 방법을 회귀분석이라고 한다. 예를 들면 수도권 쓰레기 매립장에 대한 계획을 수립하기 위해 향후 매년 예상되는 쓰레기의 양을 예측해야 하고, 도시 주택난에 대한 대책을 세우기 위해서는 매년 늘어나는 주택의 수요를 예측할 수 있어야 하는데, 이와같이 다양한 예측 문제를 해결하기 위해 회귀분석은 많은 도움이 될 수 있다. 따라서 회귀분석은 회귀방정식을 이용하여 두 변수 사이의 함수 관계를 파악하고 이를 통해 종속변수의 값을 예측하는 것이 목적이다.

제 1 절 상관분석

두 변수 간의 인과 관계가 아닌 단순한 상관 관계를 단순상관(simple correlation)이라 하고, 셋 또는 그 이상의 변수 간의 상관 관계를 다중상관(multiple correlation)이라고 한다. 그리고 다중상관에서 다른 변수는 일정한 것으로 했을 때의 특정한 두 변수 간의 상관 관계를 부분상관(partial correlation)이라고 한다.

상관분석은 두 변수를 관련시키는 수학적 방정식보다는 변수 Y와 변수 X 사이의 상관 관계의 강도를 측정하는 하나의 방법으로 회귀선이 표본자료를 얼마나 잘 적합시키는지를 측정하는 것이다.

μ_X는 변수 X의 기대값($E(X)$), μ_Y는 변수 Y의 기대값($E(Y)$), σ_X^2은 변수 X의 모분산, σ_Y^2는 변수 Y의 모분산이라고 하면, $\sigma_X^2 = E[(X-\mu_X)^2]$이고 $\sigma_Y^2 = [(Y-\mu_Y)^2]$이 된다. 표본자료가 주어지면 표본분산 s_X^2와 s_Y^2를 각각 계산하여 모분산을 추정한다. 두 양적 변수가 관계가 있는지를 측정하는 방법은 두 변수 사이의 공분산을 계산하는 것이다.

모집단 공분산은 $\sigma_{XY} = Cov(X, Y) = E[(X-\mu_X)(Y-\mu_Y)]$이고, 표본이 주어질 때 σ_{XY}를 추정하기 위해 표본공분산을 사용한다. s_{XY}로 표시된 표본공분산은

$$s_{XY} = \frac{\sum_{i=1}^{n}(X_i - \overline{X})(Y_i - \overline{Y})}{n-1}$$

를 사용하여 계산된다.

Y와 X 사이의 상관 관계의 강도를 측정하기 위해 공분산을 사용하는 데 따르는 문제점은 사용된 단위에 따라 공분산의 값이 달라진다는 점이다. 예를 들면 소득과 소비에 대한 공분산을 원화로 측정할 때와 달러화로 측정할 때와는 그 값이 다르다. 따라서 공분산으로 변수 간의 상관 관계의 방향은 측정할 수 있지만, 두 변수 간의 상관 관계의 강도를 측정할 수 없다. 따라서 두 변수 간의 상관 관계의 강도를 측정하기 위해서는 두 변수의 공분산을 표준화시킬 필요가 있다. 공분산의 표준화는 공분산을 각 변수의 표준편차인 σ_X와 σ_Y의 곱으로 나누어 얻을 수 있다. 이렇게 하여 얻은 상관 관계의 강도를 나타내는 척도를 상관계수(correlation coefficient)라고 한다.

모집단에서 각 개체의 두 가지 특성을 변수 X, Y로 나타낼 때, 두 변수 사이의 직선 관계가 어느 정도 강하게 있는가를 모상관계수로 나타낸다.

$$\rho = \frac{\sigma_{XY}}{\sigma_X \sigma_Y}$$

이러한 모상관계수의 값은 -1과 1 사이에 있으며, ρ의 값이 +1이나 -1에

가까울수록 두 변수 사이에 기울기가 양수이거나 음수인 직선 관계가 강함을 나타내고, ρ의 값이 0에 가까울수록 두 변수 사이에 직선 관계가 없음을 나타낸다.

이와같이 두 변수 사이의 관계에 대한 대략적인 파악은 산점도를 그려보면 가능하다. 또한 임의표본으로부터 두 특성에 대한 자료가 주어지면 표본상관계수인

$$\gamma = \frac{\sum_{i=1}^{n}(X_i - \overline{X})(Y_i - \overline{Y})}{\sqrt{\sum_{i=1}^{n}(X_i - \overline{X})^2 \sum_{i=1}^{n}(Y_i - \overline{Y})^2}}$$

을 모상관계수 ρ의 추정량으로 사용한다. 완전한 선형 관계인 산점도와 표본상관계수의 값을 [그림 11-2]는 나타내고 있다.

[그림 11-2]의 a)와 같이 두 변수가 완전한 직선 관계를 가지고 있고 기울기가 +이면 상관 계수는 +1이고, b)와 같이 기울기가 -이면 상관 계수가 -1이 된다.

그러나 두 변수 간에 상관 계수가 +1이나 -1인 경우는 거의 없고, [그림 11-1]의 a), b)와 같이 +1보다 작거나 -1보다 큰 값을 가지는 경우가 대부

[그림 11-2] 완전한 선형 관계인 산점도와 표본상관계수

a)

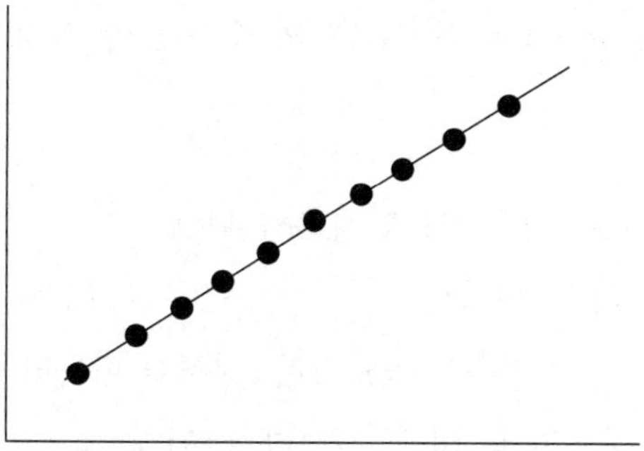

b)

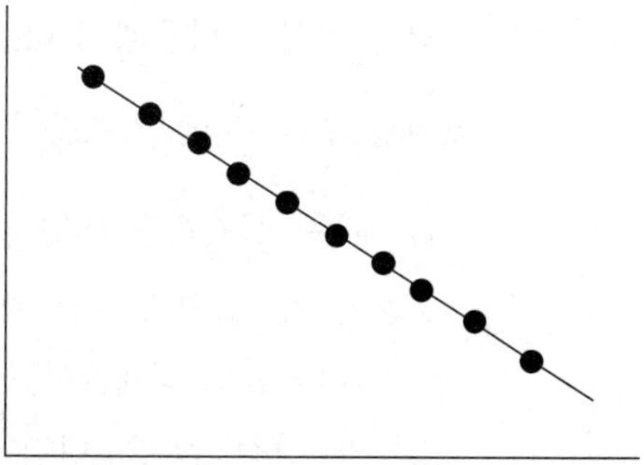

분이다. [그림 11-1]의 e)와 같이 두 변수 간에 선형 관계가 없는 경우 상관계수가 0이 된다. 따라서 상관계수의 절대값이 1에 가까우면 선형 관계가 강하다고 하며, 0에 가까우면 약하다고 한다.

표본상관계수의 값도 언제나 -1과 1 사이에 있으며, [그림 11-2]의 a)와 b)에서 알 수 있듯이 점들이 어떤 직선 주위에 밀집되어 나타날수록 표본상관계수는 -1과 1에 가깝게 주어진다. 한편 [그림 11-1]의 e)에서 알 수 있듯이 표본상관계수의 값이 0에 가까운 것은 두 변수 사이에 직선 관계가 약한 것을 시사하는 것이지 아무런 관계가 없음을 의미하는 것은 아니다.

모집단에서 ρ의 값에 대한 가설을 설정하여 표본상관계수 γ를 사용하여 이 가설을 검정할 수 있다. 지금까지 가장 흔히 사용되는 가설검정은 모상관계수가 0이라는 귀무가설이다.

귀무가설 $H_0 : \rho = 0$의 검정은 X와 Y가 이변량 정규분포를 따른다는 가정에 기초를 둔다.

이변량 정규분포로부터 수집된 표본 관찰값$(X_{1,} Y_1)$, $(X_{2,} Y_2)$, $\cdots$, $(X_{n,} Y_n)$이 있다고 하자. $\rho = 0$일 때, 검정통계량 $T = \frac{\gamma}{s_r}$은 자유도$(n-2)$인 t분포를 따른다. 여기서 s_r은 γ의 추정된 표준편차이다. 즉,

$$s_r = \sqrt{\frac{1-r^2}{n-2}}$$

으로 계산한다.

검정 절차는 다음과 같다. 귀무가설 $\rho = 0$의 검정은 유의 수준 α와 검정통계량 $T = \frac{\gamma}{s_r}$에 기초를 둔다.

1) 귀무가설 H_0을 대립가설 $H_{1:}\ \rho > 0$에 대해 검정하기 위해

$T > t_{(\alpha,\ n-2)}$이면 H_0을 기각한다. 여기서 $t_{(\alpha,\ n-2)}$는 $P_r(T > t_{(\alpha,\ n-2)}) = \alpha$인 임계값이며 확률변수 T는 자유도가 n-2인 t분포를 따른다.

2) 귀무가설 H_0을 대립가설 $H_{1:}\ \rho < 0$에 대해 검정하기 위해 $T <$」

$-t_{(\alpha,\ n-2)}$이면 귀무가설 H_0를 기각한다.

3) 귀무가설 H_0을 대립가설 $H_1: \rho \neq 0$에 대해 검정하기 위해

$T > t_{(\alpha,\ n-2)}$ 또는 $T < -t_{(\alpha,\ n-2)}$이면 H_0을 기각한다.

적용 11-1 어떤 공기업의 월 매출액이 월 광고비 지출액에 대략 선형으로 상관 관계가 있다고 가정하자. 과거 10개월의 자료는 <표 11-1>과 같다.

〈표 11-1〉 공기업의 월 매출액과 월 광고비 지출액

(단위: 천만 원)

월	월 광고비 지출액(X)	월 매출액(Y)
1	3	40
2	4	50
3	5	45
4	4	45
5	5	50
6	6	55
7	7	70
8	8	85
9	12	100
10	13	115
합계	67	655

광고비 지출액과 매출액 사이의 표본상관계수가 γ=0.979이다. 이 두 변수의 양의 상관관계가 있다라고 귀무가설 $H_0: \rho = 0$을 대립가설 $H_1 : \rho > 0$에 대해 검정하고자 한다.

표본관찰값이 10개이고 $\alpha = 0.05$이다. 검정통계량은

$$T = \frac{0.979}{\sqrt{(1-0.979^2)/(10-2)}} = 13.6$$

을 얻는다.

$\alpha = 0.05$에 대해 자유도 $(n-2)=8$을 가지는 t의 임계값은 $t_{(0.05,\ 8)}=1.86$이다. 따라서 검정통계량 T값이 임계값보다 커, 기각역에 있으므로 귀무가설 H_0을 기각한다.

표본상관계수는 최소제곱회귀선의 기울기와 관계가 있다. 최소제곱회귀선의 기울기는

$$b_1 = \frac{\sum(X_i - \overline{X})(Y_i - \overline{Y})}{\sum(X_i - \overline{X})^2}$$

로 계산된다.

분자와 분모를 $(n-1)$로 나누면 $b_1 = s_{XY}/s_X^2$를 얻는다. 표본상관계수는 $\gamma = s_{XY}/s_X s_Y$로 표시되므로 다음의 방정식을 얻는다.

$$b_1 = \gamma \frac{s_Y}{s_X} \text{ 이고, } \gamma = b_1 \frac{s_X}{s_Y} \text{ 이다.}$$

여기서 s_X와 s_Y는 X와 Y의 표본표준편차이다.

s_X와 s_Y가 모두 양이기 때문에 $b_1 = 0$일 때만이 $\gamma = 0$이 된다. 즉, 최소제곱회귀선이 기울기가 0인 수평선일 때만 표본상관계수는 0이 된다. 이것은 최소제곱회귀선이 수평선일 때는 변수 X가 Y를 예측하는 데 도움이 되지 못한다는 것을 의미한다. $\gamma = 0$이라는 것은 주어진 표본자료에 관한한 X는 Y와 상관 관계가 없다는 것을 의미한다. 따라서 X와 Y가 상관관계가 없다고 말하는 것은 기본적으로 X와 Y가 선형이 아니다라는 말과 같다. 그러나 모상관계수 ρ와 같이 $\gamma = 0$이면 X와 Y가 비선형 형태로 관계되는 것은 가능하다.

또한 s_X와 s_Y 모두 양이기 때문에 γ의 부호는 b_1의 부호와 같다. 최소제곱회귀선의 기울기가 양일 때 γ은 양이고, 최소제곱회귀선의 기울기가 음일 때 γ은 음이다.

결정계수 γ^2은 최소제곱회귀선의 적합도를 측정한다. 단순선형회귀모형

에서 결정계수 γ^2은 표본상관계수 γ의 제곱이다. $0 \leqq \gamma^2 \leqq 1$이고 γ은 γ^2의 제곱근이기 때문에 $-1 \leqq \gamma \leqq 1$이다.

적용 11-2 <표 11-1>을 참고하여 광고비 지출액과 매출액 사이의 상관계수를 계산하시오.

$$\gamma = \frac{\sum(X_i - \overline{X})(Y_i - \overline{Y})}{\sqrt{\sum(X_i - \overline{X})^2 \sum(Y_i - \overline{Y})^2}} \frac{\sum X_i Y_i - n\overline{X}\overline{Y}}{\sqrt{\sum X_i^2 - n\overline{X^2}}\sqrt{\sum Y_i^2 - n\overline{Y^2}}}$$

$$= \frac{5170 - 10 \times 6.7 \times 65.5}{\sqrt{553 - 10 \times 6.7^2}\sqrt{49{,}025 - 10 \times 65.5^2}} = 0.979$$

이다. 이 표본상관계수는 1에 아주 가까워 자료값은 양의 기울기를 가진 직선에 가까이 있음을 알 수 있다.

제 2 절 단순회귀분석

1 단순선형회귀모형

회귀분석은 둘 또는 그 이상의 변수들 중에서 어느 한 변수를 사용하여 다른 변수의 값을 예측할 수 있도록 둘 또는 그 이상의 양적 변수 간의 관계를 이용하는 통계적 기법이다. 예를 들면 어느 한 가구의 소득액과 소비지출액의 관계를 안다면 가구소득액의 변동에 따른 미래의 가구 소비지출액을 예측하는 것과 같은 것이 회귀분석이다. 여기서 가구 소비지출액과 같이 다른 변수의 영향을 받는 변수는 종속변수(dependent variable)라고 하며, 가구소득액과 같이 다른 변수에 영향을 미치는 변수는 설명변수(explanatory variable) 또는 독립변수(independent variable)라고 한다.

회귀분석에서 종속변수와 독립변수가 각각 하나인 모형을 분석하는 경우를 단순회귀분석(simple regression analysis)이라 하고, 종속변수가 하나이고 독립변수가 2개 이상인 모형을 분석하는 경우를 다중회귀분석(multiple regression analysis)이라고 한다.

두 변수 간의 함수 관계는 수학적 공식으로 표시된다. 가령 X가 독립변수이고 Y가 종속변수라고 한다면 함수 관계는

$$Y = f(X)$$

로 표시되며, 이것을 일차식으로 나타내면

$$Y = \alpha + \beta X$$

로 되어, 두 변수 X, Y의 관계가 구체적으로 나타내진다. 여기서 모수 X, Y가 확정되면, X의 값이 주어짐에 따라 Y의 값이 결정된다. 그러나 대부분의 행정 현상에서는 두 변수 사이에 함수적 관계가 있다고 가정을 세우고 모형을 세울 수 없고 우연한 오차가 따르게 된다. 이러한 오차가 임의로 존재하는 통계적 관계가 있다고 가정하고 모형을 만든다면 이러한 모형을 확률모형이라고 한다. 따라서 단순선형회귀모형은

$$Y_i = \alpha + \beta X_i + \epsilon_i \quad (i = 1,\ 2,\ \cdots,\ n)$$

으로 되는데, 이것이 확률모형이다. 여기서 ϵ_i는 오차항이라고 하는데, 이 ϵ_i는 확률변수로서 일정한 확률분포를 가진다. 오차항 ϵ_i가 확률변수이기 때문에 그 함수인 종속변수 Y_i도 확률변수이다. 그러나 독립변수 X_i는 일정한 값으로 주어지는 비확률변수라고 가정한다.

단순선형회귀모형의 통계적 성격에 관해서는 다음과 같이 가정한다.

1. 독립변수 X의 각 값에 대응하는 종속변수 Y_i는 기대값($\alpha + \beta X_i$)과 오차항(ϵ_i)으로 구성된다.

2. 오차항 ϵ_i의 기대값은 0이므로 종속변수 Y_i의 기대값은

$$E(Y_i) = E(\alpha + \beta X_i + \epsilon_i) = \alpha + \beta X_i + E(\epsilon_i) = \alpha + \beta X_i$$

이다. 기대값의 정의에 의해서 $E(\alpha + Y) = \alpha + E(Y)$이므로 단순선형회귀모형의 $\alpha + \beta X_i$는 상수 α와 같은 역할을 한다.

3. 오차항 ϵ_i는 모든 X값에 대해 동일한 분산 σ_ϵ^2를 갖는다고 가정한다. 그러므로 종속변수 Y_i도 동일한 분산을 갖는다. 즉,

$$VAR(Y_i) = \sigma_\epsilon^2 \qquad (i = 1,\ 2,\ \cdots,\ n)$$

이다. 왜냐하면 $VAR(\alpha + \beta X_i + \epsilon_i) = VAR(\epsilon_i) = \sigma_\epsilon^2$이기 때문이다. 따라서 모든 독립변수에 대해 종속변수 Y_i는 동일한 분산을 갖는다고 가정한다.

4. 오차항 ϵ_i는 서로 독립이다. 즉,

$$Cov(\epsilon_i,\ \epsilon_j) = E(\epsilon_i,\ \epsilon_j) = 0 \quad (i \neq j)$$

[그림 11-3] 회귀함수모형의 예

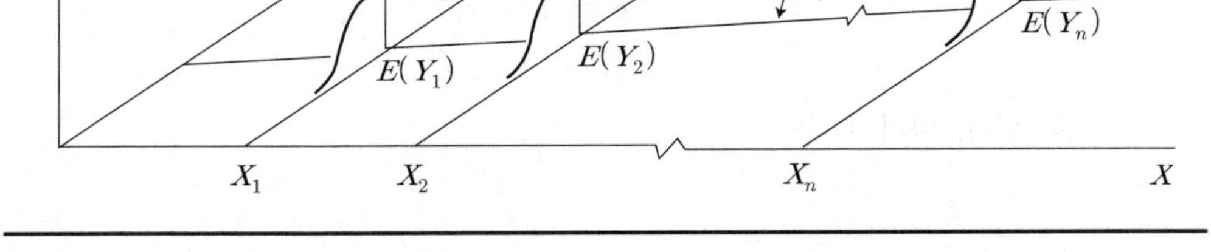

이다. 그러나 오차항이 서로 독립이 아닐 경우도 가끔 발생하는데, 이러한 경우를 자기상관(autocorrelation)이라고 한다. 단순선형회귀모형은 자기상관이 아닌 경우를 가정한다. 따라서 단순선형회귀모형은 오차항이 서로 독립이기 때문에 변수 Y도 서로 독립이다.

회귀함수모형을 나타낸 것이 [그림 11-3]이다.

앞의 [그림 11-3]에서 직선

$$E(Y) = \alpha + \beta X$$

를 모회귀선이라고 한다. 모회귀모형이 정해지면 모회귀계수 α와 β의 값을 구해야 한다. 그러나 모집단을 대상으로 모수 α와 β를 구한다는 것은 일반적으로 어려운 일이다. 따라서 두 변수 X와 Y의 표본관찰값으로부터 α와 β를 추정해야 한다. 회귀모수 α와 β의 추정량을 각각 $\hat{\alpha}$, $\hat{\beta}$라고 한다면, Y_i의 추정량 $\widehat{Y}_i$는

$$\widehat{Y}_i = \hat{\alpha} + \hat{\beta} X_i \qquad (i = 1,\ 2,\ \cdots,\ n)$$

으로 된다. 이 추정된 회귀식을 최소제곱회귀선(least squares regression line) 또는 표본회귀선(sample regression line)이라고 한다. 그리고 $\hat{\alpha}$, $\hat{\beta}$를 회귀계수(regression coefficient)라고 한다.

주어진 값 X_i에 대해 추정값 $\widehat{Y}_i$는 실제값 Y_i와 정확하게 일치하지 않는다. 즉, $\widehat{Y}_i$와 Y_i 간에는 차이가 생기는데, 이것을 잔차(residual)라고 한다. 다. 잔차를 e_i로 표시하면, [그림 11-4]에서와 같이

$$e_i = Y_i - \widehat{Y}_i$$

로 된다. 따라서

[그림 11-4] $\hat{Y}_i$와 Y_i 그리고 잔차 e_i의 관계

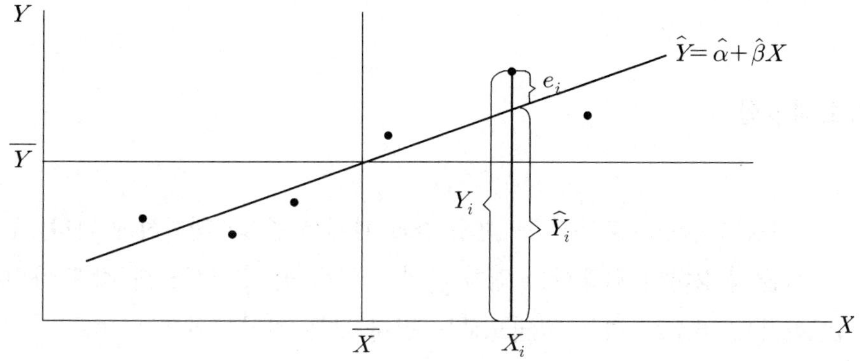

$$Y_i = \hat{Y}_i + e_i = \hat{\alpha} + \hat{\beta}X_i + e_i \quad (i = 1, 2, \cdots, n)$$

의 관계가 성립된다.

위의 관계식 $Y_i = \hat{Y}_i + e_i = \hat{\alpha} + \hat{\beta}X_i + e_i$와 단순선형회귀모형 $Y_i = \alpha +$

[그림 11-5] 오차항 ϵ_i와 잔차 e_i

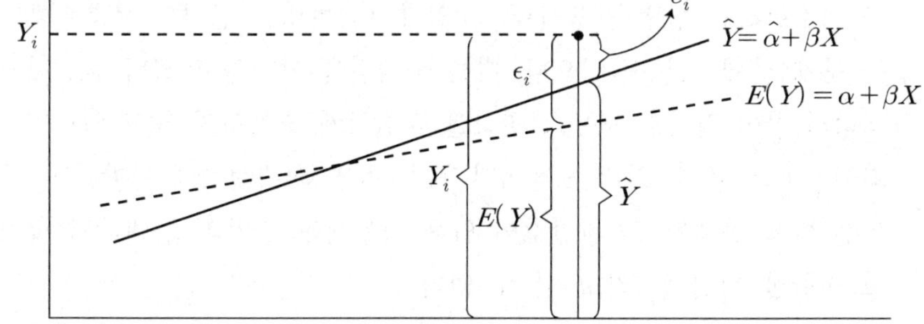

$\beta X_i + \epsilon_i$를 비교해 보면 회귀모수 α, β와 회귀계수 $\hat{\alpha}$, $\hat{\beta}$는 각각 서로 다르기 때문에 ϵ_i와 e_i는 서로 다르다. 이 ϵ_i와 e_i의 관계를 나타낸 것이 [그림 11-5]이다.

2 최소제곱합

표본관찰값으로부터 두 변수 간의 관계를 좀 더 정확하게 나타내는 회귀식을 추정하기 위해서는 잔차 e_i의 크기를 될 수 있는 한 작게 해야 한다. 잔차를 최소로 하는 방법으로는 먼저 모든 잔차들의 합

$$\sum e_i = \sum (Y_i - \hat{Y}_i)$$

가 최소가 되도록 회귀선을 구하는 방법을 생각할 수 있다. 그러나 이 방법은 잔차들을 합할 때 양의 잔차와 음의 잔차가 상쇄되므로 실제의 잔차가 그 잔차들의 합에 반영되지 않아 잔차의 합을 기준으로 하여 회귀선을 구하는 방법으로는 적합하지 않다. 다음으로 잔차들이 갖는 부호 때문에 생기는 문제를 해결하기 위해 잔차들의 절대값의 합

$$\sum |e_i| = \sum |Y_i - \hat{Y}_i|$$

를 최소화하는 방법을 생각할 수 있다. 이 방법은 잔차의 부호로부터 생기는 문제는 제거할 수 있으나, 다른 문제점을 야기하고 있다. 즉, 잔차의 절대값의 합이 작다고 모든 관찰값을 적절하게 고려하지 않고 있다면 적합한 회귀선이라 할 수 없다는 점이다. 예를 들면 회귀선상에 관찰값이 있고, 회귀선 밖에 잔차가 큰 관찰값이 있을 경우에는 잔차의 절대값의 합이 작다고 적합한 회귀선이라고 할 수 없다.

또 잔차들의 부호에 따른 문제점을 없애기 위해 잔차들의 제곱의 합을

$$\sum e_i^2 = \sum (Y_i - \widehat{Y}_i)^2$$

최소화하는 방법이 있다. 이 방법을 최소제곱법(least squares method)이라고 하는데, 이 방법은 부호상의 문제점을 해결해 줄 뿐 아니라 수학적으로 다루기가 편리하다. 따라서 회귀선의 추정에는 이 최소제곱법이 널리 이용된다.

최소제곱법은 잔차들의 제곱의 합이 최소가 되는 회귀선을 구하는 방법이다. 이 방법은 단순선형회귀모형 $Y_i = \alpha + \beta X_i + e_i \quad (i = 1, 2, \cdots, n)$에서 잔차의 제곱합인

$$\sum_{i=1}^{n} e_i^2 = \sum_{i=1}^{n} (Y_i - \widehat{Y}_i)^2 = \sum_{i=1}^{n} [Y_i - (\alpha + \beta X_i)]^2$$

을 최소로 하는 $\hat{\alpha}$, $\hat{\beta}$의 값을 추정값으로 한다.

최소제곱법에 의한 α, β의 추정량 $\hat{\alpha}$, $\hat{\beta}$을 구하려면, 오차의 제곱합을 α, β에 대해 각각 편미분하여 얻은 식을 0으로 놓은 연립방정식을 풀면 된다. 이러한 연립방정식을 정규방정식이라고 하며 다음과 같이 주어진다.

$$\frac{\partial}{\partial \hat{\alpha}} \left(\sum_{i=1}^{n} e_i^2 \right) = -2 \sum_{i=1}^{n} (Y - \hat{\alpha} - \hat{\beta} X_i) = 0$$

$$\frac{\partial}{\partial \hat{\beta}} \left(\sum_{i=1}^{n} e_i^2 \right) = -2 \sum_{i=1}^{n} X_i (Y - \hat{\alpha} - \hat{\beta} X_i) = 0$$

위의 두 식을 정리하면

$$\sum_{i=1}^{n} Y_i = n\hat{\alpha} + \hat{\beta} \sum_{i=1}^{n} X_i$$

$$\sum_{i=1}^{n} X_i Y_i = \hat{\alpha} \sum_{i=1}^{n} X_i + \hat{\beta} \sum_{i=1}^{n} X_i^2$$

으로 되는데, 이 정규방정식을 풀면 $\hat{\alpha}$, $\hat{\beta}$가 다음과 같이 구해진다.

$$\hat{\alpha}=\frac{\sum_{i=1}^{n}X_i^2\sum_{i=1}^{n}Y_i-\sum_{i=1}^{n}X_i\sum_{i=1}^{n}X_iY_i}{n\sum_{i=1}^{n}X_i^2-(\sum_{i=1}^{n}X_i)^2}$$

$$\hat{\beta}=\frac{n\sum_{i=1}^{n}X_iY_i-\sum_{i=1}^{n}X_i\sum_{i=1}^{n}Y_i}{n\sum_{i=1}^{n}X_i^2-(\sum_{i=1}^{n}X_i)^2}=\frac{\sum_{i=1}^{n}X_iY_i-\overline{X}\sum_{i=1}^{n}Y_i}{\sum_{i=1}^{n}X_i^2-\overline{X}\sum_{i=1}^{n}X_i}$$

$$=\frac{\sum_{i=1}^{n}(X_i-\overline{X})(Y_i-\overline{Y})}{\sum_{i=1}^{n}(X_i-\overline{X})^2}$$

이와같이 얻게 되는 추정량 $\hat{\alpha}$, $\hat{\beta}$를 α, β의 최소제곱 추정량(least squares estimator)이라 부르고, 이로부터 구해지는 회귀선 $\hat{Y}=\hat{\alpha}+\hat{\beta}X$를 최소제곱 회귀선(least squares regression line)이라고 한다.

적용 11-3 <표 11-2>는 총소비지출(Y)과 총가처분소득(X)을 나타낸다고 가정하자. 최소제곱법에 의해 X에 대한 Y의 회귀선을 구하여라.

$$\overline{X}=469,\quad \overline{Y}=430,\quad \sum Y_i=4{,}300,\quad \sum X_i=4{,}690,$$
$$\sum(X_i-\overline{X})(Y_i-\overline{Y})=74{,}571,\quad \sum(X_i-\overline{X})^2=85{,}202$$

$\hat{\alpha}$와 $\hat{\beta}$는 위에서 구한 계산 결과를 이용하여 다음과 같이 구할 수 있다.

$$\hat{\alpha}=\overline{Y}-\hat{\beta}\overline{X}=430-(0.875)(469)=19.6$$

$$\hat{\beta}=\frac{\sum_{i=1}^{n}(X_i-\overline{X})(Y_i-\overline{Y})}{\sum_{i=1}^{n}(X_i-\overline{X})^2}=\frac{74{,}571}{85{,}202}=0.9$$

〈표 11-2〉 총가처분소득액과 총소비지출액

(단위: 억 원)

연도	총가처분소득액 (X)	총소비지출액 (Y)	연도	총가처분소득액 (X)	총소비지출액 (Y)
1996	331	350	2001	431	473
1997	333	364	2002	456	512
1998	357	385	2003	502	543
1999	385	405	2004	530	590
2000	396	438	2005	579	630

따라서 최소제곱법에 의한 회귀선은

$$\hat{Y} = 19.6 + 0.9X$$

로 추정된다.

3 결정계수

추정된 회귀선이 종속변수의 변화를 얼마나 잘 설명해 주는지를 나타내는 것을 회귀선의 적합도(goodness of fit)라고 하는데, 이것은 두 변수 간의 상관 관계 γ를 제곱한 결정계수 γ^2이 사용된다.

회귀선의 적합도는 잔차 e_i는

$$e_i = Y_i - \hat{Y}_i$$

인데, 이것을 변형하면

$$Y_i = \hat{Y}_i + e_i$$

가 된다. 이 식의 양변에 Y의 평균 $\overline{Y}$를 빼면

$$(Y_i - \overline{Y}) = (\widehat{Y}_i - \overline{Y}) + e_i$$

로 된다. 이 식의 양변을 제곱하여 합함으로써

$$\sum_{i=1}^{n}(Y_i - \overline{Y})^2 = \sum_{i=1}^{n} \widehat{Y}_i - \overline{Y})^2 + \sum_{i=1}^{n} e_i^2 + 2\sum_{i=1}^{n}(\widehat{Y}_i - \overline{Y})e_i$$

를 얻는다. 위 식의 우변에서 마지막 항은 0임을 알 수 있다.[1)] 따라서

$$\sum_{i=1}^{n}(Y_i - \overline{Y})^2 = \sum_{i=1}^{n} \widehat{Y}_i - \overline{Y})^2 + \sum_{i=1}^{n} e_i^2$$

을 얻는다. 이 세 가지 제곱합을 각각 총제곱합(total sum of squares: *TSS*), 회귀제곱합(regression sum of squares: *SSR*), 그리고 잔차제곱합(error sum of squares: *SSE*)이라 부른다. 여기서 *TSS*는 좌변 $\sum_{i=1}^{n}(Y_i - \overline{Y})^2$으로, $\overline{Y}$를 기준으로 한 종속변수 Y의 총변동을 나타낸다. 이것은 Y 변동을 $\overline{Y}$에 대한 편차의 제곱합으로 측정된다. *SSR*은 $\sum_{i=1}^{n}(\widehat{Y}_i - \overline{Y})^2$으로 Y의 총변동 중에서 회귀선에 의해 설명된 변동(explained variation)이다. *SSE*는 $\sum_{i=1}^{n} e_i^2$으로 총변동 중에서 회귀선에 의해 설명되지 않은 변동(unexplained variation)이다. 따라서 Y의 총변동은 회귀선에 의해 설명된 변동과 설명되지 않은 변동으로 나뉜다. 즉,

---

1) $2\sum_{i=1}^{n}(\widehat{Y}_i - \overline{Y})e_i$에 $\widehat{Y}_i = \hat{\alpha} + \hat{\beta}X_i$를 대입하면

$2\sum_{i=1}^{n}(\widehat{Y}_i - \overline{Y})e_i = 2\sum_{i=1}^{n}(\hat{\alpha} + \hat{\beta}X_i - \overline{Y})e_i = 2[\hat{\alpha}\sum_{i=1}^{n}e_i + \hat{\beta}\sum_{i=1}^{n}X_ie_i - \overline{Y}\sum_{i=1}^{n}e_i]$로 되는데

$\sum_{i=1}^{n}e_i = 0$, $\sum_{i=1}^{n}X_ie_i = 0$이므로 $2\sum_{i=1}^{n}(\widehat{Y}_i - \overline{Y})e_i = 0$이 된다.

$$TSS = SSR + SSE$$

로 된다. 여기서 설명된 변동이 총변동 중에서 차지하고 있는 비율

$$\gamma^2 = \frac{TSS - SSE}{TSS} = \frac{SSR}{TSS} = 1 - \frac{SSE}{TSS}$$
$$= \frac{\sum(\hat{Y} - \overline{Y})^2}{\sum(Y_i - \overline{Y})^2} = 1 - \frac{\sum e_i^2}{\sum(Y_i - \overline{Y})^2}$$

을 회귀선의 결정계수(coefficient of determination)라고 한다.

$0 \leq SSR \leq TSS$이므로 γ^2의 범위는

$$0 \leqq \gamma^2 \leqq 1$$

이 된다.

결정계수 γ^2은 Y의 총변동 중에서 추정된 회귀선에 의해 설명된 부분이 얼마인가를 나타낸다. γ^2이 1이라는 것은 독립변수 X가 Y의 총변동을 완전히 설명한다는 것이며, 이때에는 모든 관찰값이 선형회귀선상에 있게 된다. 반면에 γ^2이 0이라는 것은 표본관찰값에 적합한 선형회귀선이 존재하지 않으며 회귀선으로는 독립변수 X가 Y의 변동을 감소시키는 데 아무런 도움이 되지 못한다는 것이다. 실제로 γ^2이 0이나 1일 가능성은 없고 오히려 0과 1 사이의 값을 취할 가능성이 많다. 따라서 γ^2이 커 1에 가까울수록 회귀선은 그 적합도가 높고 또 그만큼 추정이 잘 되었다는 것을 의미한다.

적용 11-4 <표 11-3>의 자료를 이용하여 결정계수 γ^2을 구하여라.

<표 11-3>에서 $\sum e_i^2 = 513.95$이고, $\sum(Y_i - \overline{Y})^2 = 65{,}782$이므로

$$\gamma^2 = 1 - \frac{\sum e_i^2}{\sum(Y_i - \overline{Y})^2} = 1 - \frac{513.95}{65{,}782} = 1 - 0.01 = 0.99$$

이다.

〈표 11-3〉 결정계수의 계산

연도	X	Y	$Y_i-\overline{Y}$	$(Y_i-\overline{Y})^2$	$\widehat{Y}$	$e_i=(Y_i-\widehat{Y})$	e_i^2	$\widehat{Y}_i-\overline{Y}$	$(\widehat{Y}_i-\overline{Y})^2$
1996	350	331	-99	9,801	325.9	5.1	26.01	-104.1	10,836.8
1997	364	333	-97	9,409	338.1	-5.1	26.01	-91.9	8,445.6
1998	385	357	-73	5,329	356.5	0.5	0.25	-73.5	5,402.3
1999	405	385	-45	2,025	374.0	11	121	-56	3,136
2000	438	396	-34	1,156	402.9	-6.9	47.61	-27.1	734.4
2001	473	431	1	1	433.5	-2.5	6.25	3.5	12.3
2002	512	456	26	676	467.6	-11.6	134.56	37.6	1,413.8
2003	543	502	72	5,184	494.8	7.2	51.81	64.8	4,199.0
2004	590	530	100	10,000	535.9	-5.9	34.81	105.9	11,214.8
2005	630	579	149	22,201	570.9	8.1	65.61	140.9	19,852.8
합계	4,300	4,690	0	65,782		-0.1	513.95	0.1	65,247.8

$\overline{Y}=430$, $\overline{X}=469$

4 단순회귀분석에서의 추론

회귀분석에서의 추론에는 단순회귀모형

$$Y_i=\alpha+\beta X_i+\epsilon_i \quad (i=1,\ 2,\ \cdots,\ n)$$

이 적용된다. 여기서 α, β는 모수이고 X_i는 상수이다. 그리고 ϵ_i는 독립이고 정규분포, 즉 $N(0,\ \sigma^2)$을 따른다.

앞에서 우리는 두 변수 X와 Y의 표본관찰값으로부터 잔차들의 제곱합 $\sum e_i^2$을 최소화하는 최소제곱회귀선

$$\widehat{Y}_i=\hat{\alpha}+\hat{\beta}X_i \qquad (i=1,\ 2,\ \cdots,\ n)$$

을 구하는 방법을 살펴보았다. 그런데 이 회귀선은 모집단에서 추출된 하

나의 표본으로부터 구한 것이므로 모회귀선

$$E(Y) = \alpha + \beta X$$

를 추정한 것이다. 따라서 추정량 $\hat{\alpha}$와 $\hat{\beta}$의 값이 통계적으로 신뢰할 수 있는지를 검토해야 한다. 이와 관련된 것이 회귀분석에서의 통계적 추론이다.

먼저, 모회귀선의 기울기 β에 대한 F검정에 대해 알아보자. 분산분석을 이용하여 다음과 같이 가설을 검정할 수 있다.

1) 가설 설정

$$H_0 : \beta = 0$$
$$H_1 : \beta \neq 0$$

2) 유의 수준

$$\alpha = 0.05$$

3) 임계값

$$F_{0.05(1, n-2)}$$

4) 기각역

$\alpha = 0.05$이고 자유도가 1, n-2일 때 기각역은 다음과 같다.

$$F > F_{\alpha(1, n-2)}$$

5) 검정통계량 F값 계산

회귀선이 유의하다면, 총제곱합 TSS 중에서 회귀제곱합 SSR이 차지하는 비중이 커지고 잔차제곱합 SSE가 차지하는 비중은 작아질 것이다. 즉, SSR/SSE의 값이 커질수록 회귀선이 유의하다. 검정통계량의 값은

$$F = \frac{SSR}{1} / \frac{SSE}{(n-2)} = \frac{MSR}{MSE}$$

이다. 따라서 귀무가설 H_0가 사실이면 검정통계량 F는 자유도가 1과 n-2인 F분포를 따른다. 회귀선의 유의성 검정 과정을 분산분석표로 요약하여 나타내면 <표 11-4>와 같다.

〈표 11-4〉 회귀직선의 유의성 검정을 위한 분산분석표

변동	제곱합	자유도	제곱 평균	분산비
회귀 잔차	SSR SSE	1 n-2	$MSR = SSR/1$ $MSE = SSE/(n-2)$	MSR/MSE
합계	TSS	n-1		

6) 결론

만약 F값이 $F_{\alpha(1,\ n-2)}$보다 크면 귀무가설 H_0을 기각하고, F값이 $F_{\alpha(1,\ n-2)}$보다 작거나 같으면 귀무가설을 채택한다.

적용 11-5 앞의 <표 11-3>으로부터 분산분석표를 작성하고 H_0 : $\beta = 0$을 유의 수준 5%에서 검정하여라.

〈표 11-5〉 회귀직선의 유의성 검정을 위한 분산분석표

변동	제곱합	자유도	제곱 평균	분산비
회귀 잔차	65,247.75 513.95	1 8	65,247.75 64.24	1,015.69
합계	65,761.70	9		

<표 11-5>를 이용한 분산분석표는 다음과 같다.

F=1,015.69>$F_{0.05(1,8)}$=5.32이므로 귀무가설은 기각한다. 따라서 X와 Y 사이에는 선형 관계가 있다고 말할 수 있다.

다음으로 모회귀선의 기울기 β에 대한 t검정은 최소제곱회귀선의 기울기 $\hat{\beta}$를 이용해야 한다. 그리고 검정통계량은 $\hat{\beta}$의 확률분포를 알아야 결정할 수 있다. 오차항 ϵ에 대한 모든 가정이 만족되면 $\hat{\beta}$의 확률분포는 평균이 β이고 표준편차 $\sigma_{\hat{\beta}} = \dfrac{\sigma_\epsilon}{\sqrt{\sum(X_i - \overline{X})^2}}$인 정규분포를 따른다. 오차항의 분산 σ_ϵ^2를 알 수 없으므로 잔차 e를 이용하여 σ_ϵ의 추정량인 추정의 표준오차[2] s_e를 사용하면 검정통계량은 t분포를 따른다.

$$T = \frac{\hat{\beta} - 0}{s_{\hat{\beta}}} = \frac{\hat{\beta}}{s_e / \sqrt{\sum(X_i - \overline{X})^2}} = \frac{\hat{\beta}}{s_e / \sqrt{\sum X_i^2 - n\overline{X^2}}}$$

여기서, $s_{\hat{\beta}}$ 는 회귀계수 $\hat{\beta}$의 표준오차이다. 검정통계량 T는 자유도가 n-2인 t분포를 이룬다. 자유도가 n-2인 것은 $\hat{\alpha}$와 $\hat{\beta}$를 추정할 때 각각 자유도를 하나씩 잃기 때문이다.

회귀모수 신뢰구간의 일반 공식은

회귀모수의 추정량 ± (각 신뢰 수준 하에서의 신뢰계수)(추정의 표준오차)

이다. β의 신뢰구간을 추정할 때 추정량은 $\hat{\beta}$, 오차항의 분산 σ_ϵ^2를 알 수 있는지의 여부에 따라 t값 또는 z값이 되고, $\hat{\beta}$의 표준오차는

---

2) 단순선형회귀모형에서 오차항의 분산 σ_ϵ^2의 불편추정량은 $s_e^2 = \dfrac{SSE}{n-1}$이다. 그리고 이 s_e^2의 제곱근

$$s_e = \sqrt{\frac{\sum_{i=1}^{n}(Y_i - \widehat{Y}_i)^2}{n-2}} = \sqrt{\frac{\sum_{i=1}^{n} e_i^2}{n-2}} = \sqrt{\frac{SSE}{n-2}}$$

를 추정의 표준오차(standard error of estimates)라고 한다. 이 추정의 표준오차는 회귀선의 적합도를 나타내는 척도가 된다. 즉 s_e의 값이 작을수록 관찰값이 모두 회귀선 주위에 밀집해 있다는 것을 나타낸다.

$$\sigma_{\hat{\beta}} = \frac{\sigma_{\epsilon}}{\sqrt{\sum(X_i - \overline{X})^2}}$$

이다.

오차항의 분산 σ_{ϵ}^2이 알려져 있지 않을 때는 β에 대한 100(1-α)% 신뢰구간은

$$\hat{\beta} \pm t_{(1-\alpha/2)} \sqrt{\frac{s_e^2}{\sum(X_i - \overline{X})^2}}$$

가 되도록 $\hat{\beta}$의 표준오차 $\sigma_{\hat{\beta}}$는

$$s_{\hat{\beta}} = \sqrt{\frac{s_e^2}{\sum(X_i - \overline{X})^2}}$$

에 의해 추정된다. 예를 들어 신뢰 수준이 95%라면 β의 신뢰구간은

$$\hat{\beta} - t_{(0.025,\ n-2)}\ s_{\hat{\beta}} \le \beta \le \hat{\beta} + t_{(0.025,\ n-2)}\ s_{\hat{\beta}}$$

로 정해진다.

연습 문제

1. 다음을 설명하시오.
   1) 총제곱합(total sum of squares)
   2) 회귀제곱합(regression sum of squares)
   3) 잔차제곱합(error sum of squares)

2. 상관계수의 의미와 계산하는 방법을 설명하시오.

3. 결정계수의 의미와 계산하는 방법을 설명하시오.

4. 회귀분석에서 분산분석의 기능은 무엇인지 설명하시오.

5. 회귀식을 사용하는 두 가지 목적을 설명하시오.

6. 다음은 대학병원에 입원했던 경험이 있는 15명의 퇴원 환자를 대상으로 연평균 가구소득과 재원 기간을 조사한 것이다.
아래에 답하시오.

연평균 가구소득(만 원) X	재원 기간(시간) Y
2000	11
2500	12
3000	9
3500	8
4000	9
4500	10
5000	7
5500	8
6000	4
6500	7
7000	5
7500	6
8000	3
8500	4
9000	4

$\sum X_i = 82,500 \quad \sum X_i^2 = 523,750,000$
$\sum Y_i = 107 \quad \sum Y_i^2 = 871 \quad \sum X_i Y_i = 510,500$

1) 산점도를 그려 보시오.
2) 상관계수를 구하시오.
3) 5% 유의 수준에서 귀무가설($H_0 : \rho = 0$)을 검정하시오.

4) 상관계수 ρ의 95% 신뢰구간을 구하시오.

7. 다음은 15개의 대도시를 임의로 추출하여 교통량과 일산화탄소량을 조사한 것이다. 아래에 답하시오.

교통량(시간당 자동차 수) (X)	일산화탄소(ppm) (Y)
100	8.8
110	9.0
125	9.5
150	10.0
175	10.5
190	10.5
200	10.5
225	10.6
250	11.0
275	12.1
300	12.1
325	12.5
350	13.0
375	13.2
400	14.5

$\sum X_i = 3{,}550 \quad \sum X_i^2 = 974{,}450$
$\sum Y_i = 167.8 \quad \sum Y_i^2 = 1{,}915.36 \quad \sum X_i Y_i = 41{,}945$

1) 산점도를 그려 보시오.
2) 상관계수를 구하시오.
3) 5% 유의 수준에서 귀무가설($H_0 : \rho = 0$)을 검정하시오.

8. 다음은 25명의 고혈압 환자들을 대상으로 두 가지 방법으로 혈압을 조사한 것이다.

환자	혈압 I(X)	혈압 II(Y)
1	132	130
2	138	134
3	144	132
4	146	140
5	148	150
6	152	144
7	158	150
8	130	122
9	162	160
10	168	150
11	172	160
12	174	178
13	180	168
14	180	174
15	188	186
16	194	172
17	194	182
18	200	178
19	200	196
20	204	188
21	210	180
22	210	196
23	216	210
24	220	190
25	220	202

1) 단순선형회귀식을 구하시오.
2) 귀무가설 $H_0 : \rho = 0$을 검정하시오.
3) ρ의 95% 신뢰구간을 구하시오.
4) 결정계수를 구하시오.

제 12 장 다중회귀분석

앞에서는 독립변수가 하나인 단순선형회귀모형에 관해 설명했다. 그러나 실제로 두 개 이상의 독립변수가 종속변수에 영향을 미치는 경우가 대부분이다. 특히 행정 현상을 설명하는 데는 종속변수가 두 개 이상의 독립변수에 의해서 영향을 받으므로 두 변수의 관계만을 나타내는 단순선형회귀모형으로는 충분하지 못하다. 그래서 두 개 이상의 독립변수와 종속변수의 관계를 규명하는 중회귀분석 또는 다중회귀분석이 사용된다.

제 1 절 다중회귀모형

종속변수 Y와 k개의 독립변수 $X_1, X_2, \cdots, X_k$ 간의 일반선형회귀모형은 다음과 같이 나타낸다.

$$Y_i = \alpha + \beta_1 X_{1i} + \beta_2 X_{2i} + \cdots + \beta_k X_{ki} + \epsilon_i \quad (i = 1,\ 2,\ \cdots,\ n)$$

여기서, Y_i : i번째 관찰값에 대한 종속변수의 값
X_{ki} : i번째 관찰값에 대한 k번째 독립변수의 값
$\alpha,\ \beta_1,\ \cdots,\ \beta_k$: 회귀모수

ϵ_i : i번째 관찰값에 대한 오차항

이 다중회귀모형에서도 단순선형회귀모형에서와 같이 오차항 ϵ_i는 평균이 0이고 분산이 σ_ϵ^2인 정규분포를 이룬다고 가정한다. 따라서 종속변수 Y는 평균과 분산이 각각

$$E(Y_i) = \alpha + \beta_1 X_{1i} + \beta_2 X_{2i} + \cdots + \beta_k X_{ki}$$
$$VAR(Y_i) = \sigma_\epsilon^2$$

인 정규분포를 이룬다. 회귀모수 α, β_1, $\cdots$, β_k의 최소제곱 추정량을 $\hat{\alpha}$, $\widehat{\beta_1}$, $\cdots$, $\widehat{\beta_k}$라고 하면, 추정된 회귀식은 다음과 같다.

$$\widehat{Y_i} = \hat{\alpha} + \widehat{\beta_1} X_{1i} + \widehat{\beta_2} X_{2i} + \cdots + \widehat{\beta_k} X_{ki}$$

다중회귀모형이 확정되면 최소제곱법을 사용하여 회귀계수 $\hat{\alpha}$, $\widehat{\beta_1}$, $\cdots$, $\widehat{\beta_k}$를 구하면 된다. 하지만 독립변수의 수가 많으면 이들 회귀계수를 구하는 데 행렬(matrix)과 벡터(vector)를 사용해야 하므로 그 계산은 컴퓨터의 도움 없이는 현실적으로 불가능하다. 이 장에서는 가장 간단한 형태인 두 개의 독립변수와 하나의 종속변수만을 포함하는 다중회귀모형에 대해 설명한다.

앞의 일반선형회귀모형에서 독립변수를 두 개로 제한하면 다중회귀모형은

$$Y_i = \alpha + \beta_1 X_{1i} + \beta_2 X_{2i} + \epsilon_i$$

로 된다. 다중회귀분석에서의 가정은 앞의 단순선형회귀분석에서의 가정이 그대로 적용된다. 그런데 앞의 가정에 추가하여 다중회귀분석에서는 표본의 수가 독립변수의 수보다 더 커야 회귀계수를 추정할 수 있다. 또한 독립변수 간에 1차 함수 관계가 성립되거나 두 개의 독립변수가 정확히 1차 함

수 관계가 아니더라도 상관 관계가 ±1에 근접하는 완전한 상관 관계가 존재하면 최소제곱법의 적용이 어려워져 회귀계수를 추정할 수 없는데 이러한 현상을 다중공선성(multicollinearity)이라고 한다.

제 2 절 최소제곱합

다중회귀분석에도 표본자료에 가장 적합한 최소제곱회귀선을 찾기 위해 최소제곱법을 이용한다. 최소제곱법은 앞장에서 설명한 바와 같이 잔차의 제곱합 $\sum(Y_i - \widehat{Y_i})^2$을 최소로 하는 최소제곱회귀선의 $\hat{\alpha}$, $\widehat{\beta_1}$, $\widehat{\beta_2}$를 구하는 방법이다. 즉,

$$\sum_{i=1}^{n} e_i^2 = \sum_{i=1}^{n}(Y_i - \widehat{Y_i})^2 = \sum_{i=1}^{n}(Y_i - \hat{\alpha} - \widehat{\beta_1}X_{1i} - \widehat{\beta_2}X_{2i})^2$$

을 최소화하는 방법을 최소제곱법이라고 하는데, 회귀선의 추정에는 이 최소제곱법이 널리 이용된다.

최소제곱법에 의한 α, β_1, β_2의 추정량 $\hat{\alpha}$, $\widehat{\beta_1}$, $\widehat{\beta_2}$를 구하려면, 오차의 제곱합을 α, β_1, β_2에 대해 각각 편미분하여 얻은 식을 0으로 놓은 연립방정식을 풀면 된다. 이러한 연립방정식을 풀면 다음과 같이

$$\sum_{i=1}^{n} Y_i = n\hat{\alpha} + \widehat{\beta_1}\sum_{i=1}^{n} X_{1i} + \widehat{\beta_2}\sum_{i=1}^{n} X_{2i}$$

$$\sum_{i=1}^{n} X_{1i}Y_i = \hat{\alpha}\sum_{i=1}^{n} X_{1i} + \widehat{\beta_1}\sum_{i=1}^{n} X_{1i}^2 + \widehat{\beta_2}\sum_{i=1}^{n} X_{1i}X_{2i}$$

$$\sum_{i=1}^{n} X_{2i}Y_i = \hat{\alpha}\sum_{i=1}^{n} X_{2i} + \widehat{\beta_1}\sum_{i=1}^{n} X_{1i}X_{2i} + \widehat{\beta_2}\sum_{i=1}^{n} X_{2i}^2$$

으로 되는데, 이 정규 방정식을 풀면 $\hat{\alpha}$, $\widehat{\beta_1}$, $\widehat{\beta_2}$가 다음과 같이 구해진다. 단 여기에서 $\overline{X_1}=\sum X_{1i}/n$, $\overline{X_2}=\sum X_{2i}/n$, $\overline{Y}=\sum Y_i/n$, $x_{1i}=X_{1i}-\overline{X_1}$, $x_{2i}=X_{2i}-\overline{X_2}$, $y_i=Y_i-\overline{Y}$ 이다.

$$\hat{\alpha} = \overline{Y}-\widehat{\beta_1}\overline{X_1}-\widehat{\beta_2}\overline{X_2}$$

$$\widehat{\beta_1}=\frac{\sum_{i=1}^{n}x_{2i}^2\sum_{i=1}^{n}x_{1i}\,y_i-\sum_{i=1}^{n}x_{1i}\,x_{2i}\sum_{i=1}^{n}x_{2i}\,y_i}{\sum_{i=1}^{n}x_{1i}^2\sum_{i=1}^{n}x_{2i}^2-(\sum_{i=1}^{n}x_{1i}x_{2i})^2}$$

$$\widehat{\beta_2}=\frac{\sum_{i=1}^{n}x_{1i}^2\sum_{i=1}^{n}x_{2i}\,y_i-\sum_{i=1}^{n}x_{1i}\,x_{2i}\sum_{i=1}^{n}x_{1i}\,y_i}{\sum_{i=1}^{n}x_{1i}^2\sum_{i=1}^{n}x_{2i}^2-(\sum_{i=1}^{n}x_{1i}x_{2i})^2}$$

이와같이 얻게 되는 추정량 $\hat{\alpha}$, $\widehat{\beta_1}$, $\widehat{\beta_2}$를 α, β_1, β_2의 최소제곱 추정량이라 부르고, 이로부터 구해지는 회귀선 $\widehat{Y}=\hat{\alpha}+\widehat{\beta_1}X_{1i}+\widehat{\beta_2}X_{2i}$를 최소제곱 회귀선이라고 한다.

적용 12-1 <표 12-1>은 연봉(Y)과 교육 연수(X_1) 그리고 근무 연수(X_2)를 나타낸다. 이 자료를 이용하여 최소제곱회귀선을 구하면 다음과 같다.

$\hat{\alpha}$, $\widehat{\beta_1}$, $\widehat{\beta_2}$는 아래에서 구한 계산 결과와 <표 12-2>를 이용하여 다음과 같이 구할 수 있다.

$$\hat{\alpha}=\overline{Y}-\widehat{\beta_1}\overline{X_1}-\widehat{\beta_2}\overline{X_2}=436-(1.2)(208)-1.0(160)=26.4$$

$$\widehat{\beta_1}=\frac{\sum_{i=1}^{n}x_{2i}^2\sum_{i=1}^{n}x_{1i}\,y_i-\sum_{i=1}^{n}x_{1i}x_{2i}\sum_{i=1}^{n}x_{2i}\,y_i}{\sum_{i=1}^{n}x_{1i}^2\sum_{i=1}^{n}x_{2i}^2-(\sum_{i=1}^{n}x_{1i}\,x_{2i})^2}=\frac{20{,}000(24{,}960)-(-4{,}400)(14{,}400)}{23{,}680(20{,}000)-(-4{,}400)^2}$$

$$=\frac{562{,}560{,}000}{454{,}240{,}000}=1.2$$

〈표 12-1〉 연봉액과 교육 연수 그리고 근무 연수

(단위: 십만 원)

	Y_i	X_{1i}	X_{2i}
	300	100	140
	340	200	100
	520	180	280
	480	260	160
	540	300	120
합계	2,180	1,040	800
평균	436	208	160

$\overline{X_1}=208,\quad \overline{X_2}=160,\quad \overline{Y}=436$

〈표 12-2〉 연봉액과 교육 연수 그리고 근무 연수

(단위: 십만 원)

Y_i	X_{1i}	X_{2i}	$y_i(=Y_i-\overline{Y})$	$x_{1i}(=X_{1i}-\overline{X_1})$	$x_{2i}(=X_{2i}-\overline{X_2})$	x_{1i}^2	x_{2i}^2	$x_{1i}x_{2i}$	$x_{1i}y_i$	$x_{2i}y_i$
300	100	140	-136	-108	-20	11,664	400	2,160	14,688	2,720
340	200	100	-96	-8	-60	64	3,600	480	768	5,760
520	180	280	84	-28	120	784	14,400	-3,360	2,352	10,080
480	260	160	44	52	0	2,704	0	0	2,288	0
540	300	120	104	92	-40	8,464	1,600	-3,680	9,568	-4,160
2,180	1,040	800	0	0	0	23,680	20,000	-4,400	24,960	14,400

$$\hat{\beta}_2=\frac{\sum_{i=1}^{n}x_{1i}^2\sum_{i=1}^{n}x_{2i}\,y_i-\sum_{i=1}^{n}x_{1i}\,x_{2i}\sum_{i=1}^{n}x_{1i}\;\;y_i}{\sum_{i=1}^{n}x_{1i}^2\sum_{i=1}^{n}x_{2i}^2-(\sum_{i=1}^{n}x_{1i}\;\;x_{2i})^2}=\frac{23{,}680(14{,}400)-(-4{,}400)(24{,}960)}{23{,}680(20{,}000)-(-4{,}400)^2}$$

$$=\frac{450{,}816{,}000}{454{,}240{,}000}=1.0$$

따라서 최소제곱법에 의한 회귀선은

$$\hat{Y}=26.4+1.2X_{1i}+X_{2i}$$

로 추정된다.

제 3 절 적합도 검정

추정된 회귀선이 종속변수의 변화를 얼마나 잘 설명해 주는지를 나타내는 것을 회귀선의 적합도(goodness of fit)라고 하는데, 이러한 적합도의 검정에는 추정량의 표준오차와 결정계수가 사용된다.

단순회귀선과 같이 다중회귀선도 종속변수 Y_i의 총변동을 설명된 변동과 설명되지 않은 변동으로 구분하는 데 사용된다. 잔차제곱합의 정의를 이용하면 추정의 표준오차는 다음과 같이 구할 수 있다.

$$s_e = \sqrt{\frac{SSE}{n-k-1}} = \sqrt{\frac{\sum(Y_i - \hat{Y}_i)^2}{n-k-1}}$$

추정의 표준오차 s_e는 오차항의 표준편차인 σ_e의 추정량으로서 단순히 s_e^2의 양의 제곱근이다. 그리고 $n-k-1$은 회귀식에서의 자유도이다. 어떤 의미에서 먼저 $(k+1)$개의 계수 $\beta_0, \beta_1, \cdots, \beta_k$를 추정했기 때문에 잔차제곱합 SSE를 계산하기 전에 $(k+1)$의 자유도를 사용해 버린 셈이다. k는 독립변수의 수를 의미한다.

회귀선의 적합도를 검정할 때 다중회귀분석의 경우에는 자유도를 고려할 필요가 있다. 독립변수의 수가 증가할수록 자유도가 감소하여 결국 결정계수 γ^2이 증가하게 된다. 결정계수 γ^2의 식에서 총제곱합은 독립변수가 일반선형회귀모형에 추가될 때에도 일정값으로 남아 있는데, 그 이유는 그러한 독립변수의 추가가 총제곱합 $\sum_{i=1}^{n}(Y_i - \overline{Y})^2$에 영향을 미치지 않기 때문이다. 그러나 일반선형회귀모형에 또 다른 독립변수를 추가하는 경우, 새로운 변수의 추정된 계수가 0이 아니라면 잔차제곱합 $\sum_{i=1}^{n} e_i^2$를 감소시키고

γ^2의 값을 증가시킨다. 이와같이 γ^2의 값은 일반선형회귀모형에 포함된 독립변수의 수에 의존한다. 독립변수가 증가함에 따라 증가하는 결정계수 γ^2를 자유도로 조정할 때 결정계수 γ^2은 적합도 검정의 기준으로 사용될 수 있다.

회귀식에 포함된 독립변수의 수를 고려하는 적합도 검정을 위해서 사용하는 것을 조정결정계수(adjusted coefficient of determination)라고 하고 $\overline{r^2}$으로 나타낸다.

$$\overline{r^2} = 1 - \frac{SSE/(n-k-1)}{TSS/(n-1)} = 1 - \frac{n-1}{n-k-1}(1-r^2)$$

여기서 $TSS/(n-1)$는 Y의 표본분산 s_Y^2을 측정하며 이것은 설명될 총분산이다. 그리고 $SSE/(n-k-1)$는 오차항의 분산 σ_e^2의 불편추정량 s_e^2으로, 이것은 설명되지 않은 분산이다. 즉, $\overline{r^2} = 1 - (s_e^2/s_Y^2)$을 얻는다. 따라서 조정결정계수 $\overline{r^2}$는 자유도를 감안한 분산 개념을 사용한다.

제 4 절 다중회귀분석에서의 추론

다중회귀분석에서 회귀모수에 대한 유의성 검정은 두 가지로 나뉜다. 하나는 모든 회귀모수가 0이라는 가설(($H_0 : \beta_i = 0,\ i = 1,\ 2,\ \cdots,\ k$)의 검정이고, 다른 하나는 어느 특정 회귀모수가 0이라는 가설($H_0 : \beta_i = 0$)의 검정이다. 전자의 경우에는 F검정을 실시하고, 후자의 경우에는 t검정을 실시한다.

다중회귀분석에서 종속변수와 독립변수 간에 선형 관계가 있는지 없는지를 규명하기 위해 실시하는 F검정에서는 귀무가설과 대립가설을 다음과 같이 설정한다.

$$H_0: \ \beta_1 = \beta_2 = \ \cdots = \beta_k = 0$$
$$H_1: \ \beta_1, \beta_2, \ \cdots, \ \beta_k \text{가 모두 0이 아니다.}$$

이 검정은 모든 독립변수가 종속변수를 설명하는 데 유용한가를 알아보기 위한 것이다. 만일 귀무가설이 사실이라면 잔차제곱합 SSE는 상대적으로 크고 회귀제곱합 SSR는 상대적으로 작다고 할 수 있다. 잔차제곱합 SSE와 회귀제곱합 SSR를 각각 자유도로 나누면 잔차제곱평균 MSE와 회귀제곱평균 MSR가 각각 구해진다. 따라서 귀무가설에 대한 검정통계량은 자유도가 k와 $(n-k-1)$인 F분포를 따르는 MSE에 대한 MSR의 비율로 결정된다. 검정통계량 F는 다음과 같다.

$$F = \frac{SSR/k}{SSE/(n-k-1)} = \frac{MSR}{MSE}$$

이러한 검정통계량 F는 귀무가설 H_0가 사실일 때

$$F \sim F_{\alpha(k,\ n-k-1)}$$

임이 알려져 있다. 따라서 유의 수준 α에서 귀무가설 H_0의 기각역은

$$F > F_{\alpha(k,\ n-k-1)}$$

로 주어진다.

이러한 유의성 검정의 계산 결과는 분산분석표로 제공된다.

〈표 12-3〉 다중회귀분석에서의 유의성 검정을 위한 분산분석표

변동	제곱합	자유도	제곱 평균	분산비
회귀	SSR	k	MSR	MSR/MSE
잔차	SSE	$n-(k+1)$	MSE	
합계	TSS	$n-1$		

적용 12-2 <표 12-4>를 보고 표준오차, 결정계수, 그리고 조정결정계수를 구하고, 유의 수준 5%로 다중회귀분석에서의 회귀모수에 대한 F검정을 하여라.

〈표 12-4〉 연봉액과 교육 연수 그리고 근무 연수

(단위: 십만 원)

Y_i	X_{1i}	X_{2i}	$\hat{Y}_i$	e_i	e_i^2	$Y_i-\overline{Y}$	$(Y_i-\overline{Y})^2$	$\hat{Y}_i-\overline{Y}$	$(\hat{Y}_i-\overline{Y})^2$
300	100	140	282.3	17.7	313.29	-136	18,496	-153.7	23,623.69
340	200	100	366.7	-26.7	712.89	-96	9,216	-69.3	4,802.49
520	180	280	520.1	-0.1	0.01	84	7,056	84.1	7,072.81
480	260	160	500.5	-20.5	420.25	44	1,936	64.5	4,160.25
540	300	120	510.5	29.5	870.25	104	10,816	74.5	5,550.25
2,180	1,040	800			2,316.69		47,520		45,209.49

$\overline{X_1}=208,\quad \overline{X_2}=160,\quad \overline{Y}=436$

추정의 표준오차는

$$s_e=\sqrt{\frac{SSE}{n-k-1}}=\sqrt{\frac{\sum(Y_i-\hat{Y}_i)^2}{n-k-1}}$$

이므로

$$s_e=\sqrt{\frac{2{,}316.69}{2}}=34.03$$

이다.

$$\overline{Y}=436,$$

$$r^2=\frac{\sum(\hat{Y}_i-\overline{Y})^2}{\sum(Y_i-\overline{Y})^2}=\frac{45{,}209.49}{47{,}520}=0.95$$

$$\overline{r^2}=1-\frac{\sum e_i^2/(n-k-1)}{\sum(Y_i-\overline{Y})^2/(n-1)}=1-\frac{2{,}316.69/2}{47{,}520/4}=0.90$$

이 각각 구해진다.

다중회귀분석에서의 유의성 검정을 5% 수준에서 F검정을 해 보자. 먼저 분산분석을 이용하여 다음과 같이 가설을 검정할 수 있다.

1) 가설 설정

H_0 : $\beta_1 = \beta_2 = 0$

H_1 : β_1과 β_2 중 하나는 0이 아니다.

2) 유의 수준

$$\alpha = 0.05$$

3) 임계값

$$F_{0.05(2,2)} = 19.0$$

4) 기각역

$\alpha = 0.05$이고 자유도가 2, 2일 때 기각역은 다음과 같다.

$$F > F_{\alpha(2,\ 2)}$$

5) 검정통계량 F값 계산

검정통계량 F의 값은

$$F = \frac{SSR}{k} / \frac{SSE}{(n-k-1)} = \frac{45{,}209.49/2}{2{,}316.69/2} = 19.51$$

이다.

〈표 12-5〉 다중회귀분석에서의 유의성 검정을 위한 분산분석표

변동	제곱합	자유도	제곱 평균	분산비
회귀	45,209.49	2	22,604.75	19.51
잔차	2,316.69	2	1158.35	
합계	47,526.18	4		

6) 결론

19.51>$F_{0.05(2,2)}$=19.0이므로 H_0은 기각한다. 회귀모수 중 적어도 하나는 0이 아니므로 다중회귀분석에서 독립변수와 종속변수 간에 선형 관계가 성립한다고 말할 수 있다.

F검정의 결과 다중회귀모형이 성립하면 개별 회귀모수 β_i의 유의성을 검정하기 위해 t검정을 실시할 수 있다. 이것은 단순회귀분석에서 모회귀선의 기울기 β에 대한 t검정을 하는 것과 같다. 가설검정은

$$H_0: \ \beta_i = 0$$
$$H_1: \ \beta_i \neq 0$$

이다. 귀무가설에서 $H_0: \beta_i = 0$이 되는 것은 다른 독립변수의 영향이 일정하다고 전제할 때 독립변수 X_i가 종속변수 Y와 선형 관계를 갖지 않음을 의미한다. 귀무가설을 검정할 통계량은 자유도 $(n-k-1)$인 t분포를 따른다. t 검정통계량은 다음과 같이 계산된다.

$$T = \frac{\widehat{\beta_i} - \beta_{i0}}{s_{\widehat{\beta_i}}}$$

여기서 β_{i0}은 회귀모수 β_i의 가정된 값을 나타내고, 회귀계수 $\widehat{\beta_i}$는 다중회귀모형에 포함된 독립변수 X_i의 기울기이며 $s_{\widehat{\beta_i}}$는 회귀계수 $\widehat{\beta_i}$의 표준오차이다. 독립변수가 두 개인 다중회귀분석에서 $\widehat{\beta_1}$과 $\widehat{\beta_2}$의 표준오차는 다음

과 같이 구한다.

$$s_{\hat{\beta}_1} = \frac{\sqrt{s_e^2 \sum (X_{2i} - \overline{X_2})^2}}{\sqrt{\sum (X_{1i} - \overline{X_1})^2 \sum (X_{2i} - \overline{X_2})^2 - [\sum (X_{1i} - \overline{X_1})(X_{2i} - \overline{X_2})]^2}}$$

$$s_{\hat{\beta}_2} = \frac{\sqrt{s_e^2 \sum (X_{1i} - \overline{X_1})^2}}{\sqrt{\sum X_{1i} - \overline{X_1})^2 \sum X_{2i} - \overline{X_2})^2 - [\sum (X_{1i} - \overline{X_1})(X_{2i} - \overline{X_2})]^2}}$$

회귀모수 β_i에 대한 기각역은

$$\frac{\hat{\beta}_i - \beta_{i0}}{s_{\hat{\beta}_i}} > t_{(\alpha, n-k-1)}$$

이다. 따라서 검정통계량의 값 $\frac{\hat{\beta}_i - \beta_{i0}}{s_{\hat{\beta}_i}}$이 $t_{(\alpha, n-k-1)}$보다 크면 유의 수준 α에서 귀무가설 H_0은 기각한다고 결론을 내린다.

회귀모수 β_i에 대한 신뢰구간을 구하기 위해서는 회귀계수 $\hat{\beta}_i$의 표준오차를 추정하고 t분포를 사용하는 것이 필요하다. 신뢰구간의 설정은 확률변수 $T = \frac{\hat{\beta}_i - \beta_{i0}}{s_{\hat{\beta}_i}}$는 자유도$(n-k-1)$를 갖는 t분포를 따른다는 사실에 근거를 둔다. 회귀계수 $\hat{\beta}_i$의 표준오차 $s_{\hat{\beta}_i}$의 계산 공식은 매우 복잡하여 컴퓨터의 도움 없이는 현실적으로 불가능하다.

신뢰 수준이 95%인 β_i의 신뢰구간은

$$\hat{\beta}_i - t_{(0.025, n-k-1)}\, s_{\hat{\beta}_i} \leq \beta_i \leq \hat{\beta}_i + t_{(0.025, n-k-1)}\, s_{\hat{\beta}_i}$$

로 정해진다.

적용 12-3 앞의 적용(12-1)에서 최소제곱회귀선 $\hat{Y}=26.4+1.2X_{1i}+X_{2i}$를 얻었다. 컴퓨터에 의존하여 회귀계수 $\widehat{\beta_1}$의 표준오차 $s_{\widehat{\beta_1}}=0.2$를 얻었다고 가정하여 회귀계수 $\widehat{\beta_1}$에 대한 95% 신뢰구간을 구하여라.

n=5개의 표본과 k=2개의 독립변수가 있으므로, 자유도는 $n-k-1=5-2-1=2$이다. 95% 신뢰구간을 설정하기 위해 자유도 2를 갖는 t분포로부터 임계값 $t_{(0.025,2)}=4.303$을 얻는다. β_1에 대한 신뢰구간은

$$1.2 \pm 4.303(0.2)$$
$$\Downarrow$$
$$(-0.34,\ 2.06)$$

이다.

연습 문제

1. 어떤 변수와 신생아의 몸무게 사이의 관계를 알아보기 위해 계획된 연구에서 신생아 10명에 관해 얻은 자료가 아래 표와 같다고 하자. 아래 문제에 답하시오.

신생아 몸무게(그램) (Y)	사회경제적 지위 점수 (X_1)	출생 순위 (X_2)
1361	8	4
1588	7	3
1815	4	4
2087	5	3
2268	5	2
2404	4	2
3402	3	2
3629	3	1
3765	2	1
4083	1	1

$\sum x_{1j}^2=218$ $\sum x_{2j}^2=65$ $\sum y_j^2=78{,}536{,}258$
$\sum x_{1j}x_{2j}=114$ $\sum x_{1j}\ y_j=93{,}361$ $\sum x_{2j}y_j=51{,}354$

1) 최소제곱회귀선을 구하시오.
2) 결정계수를 구하시오.
3) 분산분석을 이용하여 유의성 검정을 하시오.
4) 회귀모수(β_i)에 대한 유의성을 유의 수준 5%로 검정하시오.

2. 중앙부처에서 근무하는 공무원 10명을 대상으로 근무 연수와 월평균 급여액 사이의 관계를 조사한 결과가 다음과 같다고 하자. 아래 물음에 답하시오.

직원 (Y)	**근무 연수** (X_1)	**월평균 급여** (X_2)
1	1	60
2	3	50
3	3	67
4	5	65
5	6	73
6	7	98
7	9	80
8	12	120
9	13	140
10	15	150

1) 최소제곱 회귀선을 구하시오.
2) 결정계수를 구하시오.

부 록

〈표 1〉 난수표

00000	10097	32533	76520	13586	34673	54876	80959	09117	39292	74945
00001	37542	04805	64894	74296	24805	24037	20636	10402	00822	91665
00002	08422	68953	19645	09303	23209	02560	15953	34764	35080	33606
00003	99019	02529	09376	70715	38311	31165	88676	74397	04436	27659
00004	12807	99970	80157	36147	64032	36653	98951	16877	12171	76833
00005	66065	74717	34072	76850	36697	36170	65813	39885	11199	29170
00006	31060	10805	45571	82406	35303	42614	86799	07439	23403	09732
00007	85269	77602	02051	65692	68665	74818	73053	85247	18623	88579
00008	63573	32135	05325	47048	90553	57548	28468	28709	83491	25624
00009	73796	45753	03529	64778	35808	34282	60935	20344	35273	88435
00010	98520	17767	14905	68607	22109	40558	60970	93433	50500	73998
00011	11805	05431	39808	27732	50725	68248	29405	24201	52775	67851
00012	83452	99634	06288	98083	13746	70078	18475	40610	68711	77817
00013	88685	40200	86507	58401	36766	67951	90364	76493	29609	11062
00014	99594	67348	87517	64969	91826	08928	93785	61368	23478	34113
00015	65481	17674	17468	50950	58047	76974	73039	57186	40218	16544
00016	80124	35635	17727	08015	45318	22374	21115	78253	14385	53763
00017	74350	99817	77402	77214	43236	00210	45521	64237	96286	02655
00018	69916	26803	66252	29148	36936	87203	76621	13990	94400	56418
00019	09893	20505	14225	68514	46427	56788	96297	78822	54382	14598
00020	91499	14523	68479	27686	46162	83554	94750	89923	37089	20048
00021	80336	94598	26940	36858	70297	34135	53140	33340	42050	82341
00022	44104	81949	85157	47954	32979	26575	57600	40881	22222	06413
00023	12550	73742	11100	02040	12860	74697	96644	89439	28707	25815
00024	63606	49329	16505	34484	40219	52563	43651	77082	07207	31790
00025	61196	90446	26457	47774	51924	33729	65394	59593	42582	60527
00026	15474	45266	95270	79953	59367	83848	82396	10118	33211	59466
00027	94557	28573	67897	54387	54622	44431	91190	42592	92927	45973
00028	42481	16213	97344	08721	16868	48767	03071	12059	25701	46670
00029	23523	78317	73208	89837	68935	91416	26252	29663	05522	82562
00030	04493	52494	75246	33824	45862	51025	61962	79335	65337	12472
00031	00549	97654	64051	88159	96119	63896	54692	82391	23287	29529
00032	35963	15307	26898	09554	33351	35462	77974	50024	90103	39333
00033	59808	08391	45427	26842	83609	49700	13021	24892	78565	20106
00034	46058	85236	01390	92286	77281	44077	93910	83647	70617	42941
00035	32179	00597	87379	25241	05567	07007	96743	17157	85394	11838
00036	69234	61406	20117	45204	15956	60000	18743	92423	97118	96338
00037	19565	41430	01758	75379	40419	21585	66674	36806	84962	85207
00038	45155	14938	19476	07246	43667	94543	59047	90033	20826	69541
00039	94864	31994	36168	10851	34888	81553	01540	35456	05014	51176
00040	98086	24826	45240	28404	44999	08896	39094	73407	35441	31880
00041	33185	16232	41941	50949	89435	48581	88695	41994	37548	73043
00042	80951	00406	96382	70774	20151	23387	25016	25298	94624	61171
00043	79752	49140	71961	28296	69861	02591	74852	20539	00387	59579
00044	18633	32537	98145	06571	31010	24674	05455	61427	77938	91936
00045	74029	43902	77557	32270	97790	17119	52527	58021	80814	51748
00046	54178	45611	80993	37143	05335	12969	56127	19255	36040	90324
00047	11664	49883	52079	84827	59381	71539	09973	33440	88461	23356
00048	48324	77928	31249	64710	02295	36870	32307	57546	15020	09994
00049	69074	94138	87637	91976	35584	04401	10518	21615	01848	76938

00050	09188	20097	32825	39527	04220	86304	83389	87374	64278	58044
00051	90045	85497	51981	50654	94938	81997	91870	76150	68476	64659
00052	73189	50207	47677	26269	62290	64464	27124	67018	41361	82760
00053	75768	76490	20971	87749	90429	12272	95375	05871	93823	43178
00054	54016	44056	66281	31003	00682	27398	20714	53295	07706	17813
00055	08358	69910	78542	42785	13661	58873	04618	97553	31223	08420
00056	28306	03264	81333	10591	40510	07893	32604	60475	94119	01840
00057	53840	86233	81594	13628	51215	90290	28466	68795	77762	20791
00058	91757	53741	61613	62269	50263	90212	55781	76514	83483	47055
00059	89415	92694	00397	58391	12607	17646	48949	72306	94541	37408
00060	77513	03820	86864	29901	68414	82774	51908	13980	72893	55507
00061	19502	37174	69979	20288	55210	29773	74287	75251	65344	67415
00062	21818	59313	93278	81757	05686	73156	07082	85046	31853	38452
00063	51474	66499	68107	23621	94049	91345	42836	09191	08007	45449
00064	99559	68331	62535	24170	69777	12830	74819	78142	43860	72834
00065	33713	48007	93584	72869	51926	64721	58303	29822	93174	93972
00066	85274	86893	11303	22970	28834	34137	73515	90400	71148	43643
00067	84133	89640	44035	52166	73852	70091	61222	60561	62327	18423
00068	56732	16234	17395	96131	10123	91622	85496	57560	81604	18880
00069	65138	56806	87648	85261	34313	65861	45875	21069	85644	47277
00070	38001	02176	81719	11711	71602	92937	74219	64049	65584	49698
00071	37402	96397	01304	77586	56271	10086	47324	62605	40030	37438
00072	97125	40348	87083	31417	21815	39250	75237	62047	15501	29578
00073	21826	41134	47143	34072	64638	85902	49139	06441	03856	54552
00074	73135	42742	95719	09035	85794	74296	08789	88156	64691	19202
00075	07638	77929	03061	18072	96207	44156	23821	99538	04713	66994
00076	60528	83441	07954	19814	59175	20695	05533	52139	61212	06455
00077	83596	35655	06958	92983	05128	09719	77433	53783	92301	50498
00078	10850	62746	99599	10507	13499	06319	53075	71839	06410	19362
00079	39820	98952	43622	63147	64421	80814	43800	09351	31024	73167
00080	59580	06478	75569	78800	88835	54486	23768	06156	04111	08408
00081	38508	07341	23793	48763	90822	97022	17719	04207	95954	49953
00082	30692	70668	94688	16127	56196	80091	82067	63400	05462	69200
00083	65443	95659	18288	27437	49632	24041	08337	65676	96299	90836
00084	27267	50264	13192	72294	07477	44606	17985	48911	97341	30358
00085	91307	06991	19072	24210	36699	53728	28825	35793	28976	66252
00086	68434	94688	84473	13622	62126	98408	12843	82590	09815	63146
00087	48908	15877	54745	24591	35700	04754	83824	52692	54130	55160
00088	06913	45197	42672	78601	11883	09528	63011	98901	14974	40344
00089	10455	16019	14210	33712	91342	37821	88325	80851	43667	70883
00090	12883	97343	65027	61184	04285	01392	17974	15077	90712	26769
00091	21778	30976	38807	36961	31649	42096	63281	02023	08816	47449
00092	19523	59515	65122	59659	86283	68258	69572	13798	16435	91529
00093	67245	52670	35583	16563	79246	86686	76463	34222	26655	90802
00094	60584	47377	07500	37992	45134	26529	26760	83637	41326	44344
00095	53853	41377	36066	94850	58838	73859	49364	73331	96240	43642
00096	24637	38736	74384	89342	52623	07992	12369	18601	03742	83873
00097	83080	12451	38992	22815	07759	51777	97377	27585	51972	37867
00098	16444	24304	36151	99073	27493	70939	85130	32552	54846	54759
00099	60790	18157	57178	65762	11161	78576	45819	52979	65130	04860

〈표 2〉 $e^{-\lambda}$의 값

$e^{-\lambda}$의 값

λ	$e^{-\lambda}$	λ	$e^{-\lambda}$
0.0	1.00000	2.5	.08208
0.1	.90484	2.6	.07427
0.2	.81873	2.7	.06721
0.3	.74082	2.8	.06081
0.4	.67032	2.9	.05502
0.5	.60653	3.0	.04979
0.6	.54881	3.2	.04076
0.7	.49659	3.4	.03337
0.8	.44933	3.6	.02732
0.9	.40657	3.8	.02237
1.0	.36788	4.0	.01832
1.1	.33287	4.2	.01500
1.2	.30119	4.4	.01228
1.3	.27253	4.6	.01005
1.4	.24660	4.8	.00323
1.5	.22313	5.0	.00674
1.6	.20190	5.5	.00409
1.7	.18268	6.0	.00248
1.8	.16530	6.5	.00150
1.9	.14957	7.0	.00091
2.0	.13534	7.5	.00055
2.1	.12246	8.0	.00034
2.2	.00180	8.5	.00020
2.3	.10026	9.0	.00012
2.4	.09072	10.0	.00005

〈표 3〉 이항분포표

$$P_r(X \le c) = \sum_{x=0}^{c} \binom{n}{x} p^x (1-p)^{n-x}$$

		p										
		.05	**.10**	**.20**	**.30**	**.40**	**.50**	**.60**	**.70**	**.80**	**.90**	**.95**
n=1	0	.950	.900	.800	.700	.600	.500	.400	.300	.200	.100	.050
	1	1.000	1.000	1.000	1.000	1.000	1.000	1.000	1.000	1.000	1.000	1.000
n=2	0	.902	.810	.640	.490	.360	.250	.160	.090	.040	.010	.002
	1	.997	.990	.960	.910	.840	.750	.640	.510	.360	.190	.097
	2	1.000	1.000	1.000	1.000	1.000	1.000	1.000	1.000	1.000	1.000	1.000
n=3	0	.857	.729	.512	.343	.216	.125	.064	.027	.008	.001	.000
	1	.993	.972	.896	.784	.648	.500	.352	.216	.104	.028	.007
	2	1.000	.999	.992	.973	.936	.875	.784	.657	.488	.271	.143
	3	1.000	1.000	1.000	1.000	1.000	1.000	1.000	1.000	1.000	1.000	1.000
n=4	0	.815	.656	.410	.240	.130	.063	.026	.008	.002	.000	.000
	1	.986	.948	.819	.652	.475	.313	.179	.084	.027	.004	.000
	2	1.000	.996	.973	.916	.821	.688	.525	.348	.181	.052	.014
	3	1.000	1.000	.998	.992	.974	.938	.870	.760	.590	.344	.185
	4	1.000	1.000	1.000	1.000	1.000	1.000	1.000	1.000	1.000	1.000	1.000
n=5	0	.774	.590	.328	.168	.078	.031	.010	.002	.000	.000	.000
	1	.977	.919	.737	.528	.337	.188	.087	.031	.007	.000	.000
	2	.999	.991	.942	.837	.683	.500	.317	.163	.058	.009	.001
	3	1.000	1.000	.993	.969	.913	.813	.663	.472	.263	.081	.023
	4	1.000	1.000	1.000	.998	.990	.969	.922	.832	.672	.410	.226
	5	1.000	1.000	1.000	1.000	1.000	1.000	1.000	1.000	1.000	1.000	1.000
n=6	0	.735	.531	.262	.118	.047	.016	.004	.001	.000	.000	.000
	1	.967	.886	.655	.420	.233	.109	.041	.011	.002	.000	.000
	2	.998	.984	.901	.744	.544	.344	.179	.070	.017	.001	.000
	3	1.000	.999	.983	.930	.821	.656	.456	.256	.099	.016	.002
	4	1.000	1.000	.998	.989	.959	.891	.767	.580	.345	.114	.033
	5	1.000	1.000	1.000	.999	.996	.984	.953	.882	.738	.469	.265
	6	1.000	1.000	1.000	1.000	1.000	1.000	1.000	1.000	1.000	1.000	1.000
n=7	0	.698	.478	.210	.082	.028	.008	.002	.000	.000	.000	.000
	1	.956	.850	.577	.329	.159	.063	.019	.004	.000	.000	.000
	2	.996	.974	.852	.647	.420	.227	.096	.029	.005	.000	.000
	3	1.000	.997	.967	.874	.710	.500	.290	.126	.033	.003	.000
	4	1.000	1.000	.995	.971	.904	.773	.580	.353	.148	.026	.004
	5	1.000	1.000	1.000	.996	.981	.938	.841	.671	.423	.150	.044
	6	1.000	1.000	1.000	1.000	.998	.992	.972	.918	.790	.522	.302
	7	1.000	1.000	1.000	1.000	1.000	1.000	1.000	1.000	1.000	1.000	1.000

						p						
		.05	**.10**	**.20**	**.30**	**.40**	**.50**	**.60**	**.70**	**.80**	**.90**	**.95**
	0	.663	.430	.168	.058	.017	.004	.001	.000	.000	.000	.000
	1	.943	.813	.503	.255	.106	.035	.009	.001	.000	.000	.000
	2	.994	.962	.797	.552	.315	.145	.050	.011	.001	.000	.000
	3	1.000	.995	.944	.806	.594	.363	.174	.058	.010	.000	.000
n=8	4	1.000	1.000	.990	.942	.826	.637	.406	.194	.056	.005	.000
	5	1.000	1.000	.999	.989	.950	.855	.685	.448	.203	.038	.006
	6	1.000	1.000	1.000	.999	.991	.965	.894	.745	.497	.187	.057
	7	1.000	1.000	1.000	1.000	.999	.996	.983	.942	.832	.570	.337
	8	1.000	1.000	1.000	1.000	1.000	1.000	1.000	1.000	1.000	1.000	1.000
	0	.630	.387	.134	.040	.010	.002	.000	.000	.000	.000	.000
	1	.929	.775	.436	.196	.071	.020	.004	.000	.000	.000	.000
	2	.992	.947	.738	.463	.232	.090	.025	.004	.000	.000	.000
	3	.999	.992	.914	.730	.483	.254	.099	.025	.003	.000	.000
n=9	4	1.000	.999	.980	.901	.733	.500	.267	.099	.020	.001	.000
	5	1.000	1.000	.997	.975	.901	.746	.517	.270	.086	.008	.001
	6	1.000	1.000	1.000	.996	.975	.910	.768	.537	.262	.053	.008
	7	1.000	1.000	1.000	1.000	.996	.980	.929	.804	.564	.225	.071
	8	1.000	1.000	1.000	1.000	1.000	.998	.990	.960	.866	.613	.370
	9	1.000	1.000	1.000	1.000	1.000	1.000	1.000	1.000	1.000	1.000	1.000
	0	.599	.349	.107	.028	.006	.001	.000	.000	.000	.000	.000
	1	.914	.736	.376	.149	.046	.011	.002	.000	.000	.000	.000
	2	.988	.930	.678	.383	.167	.055	.012	.002	.000	.000	.000
	3	.999	.987	.879	.650	.382	.172	.055	.011	.001	.000	.000
	4	1.000	.998	.967	.850	.633	.377	.166	.047	.006	.000	.000
n=10	5	1.000	1.000	.994	.953	.834	.623	.367	.150	.033	.002	.000
	6	1.000	1.000	.999	.989	.945	.828	.618	.350	.121	.013	.001
	7	1.000	1.000	1.000	.998	.988	.945	.833	.617	.322	.070	.012
	8	1.000	1.000	1.000	1.000	.998	.989	.954	.851	.624	.264	.086
	9	1.000	1.000	1.000	1.000	1.000	.999	.994	.972	.893	.651	.401
	10	1.000	1.000	1.000	1.000	1.000	1.000	1.000	1.000	1.000	1.000	1.000
	0	.569	.314	.086	.020	.004	.000	.000	.000	.000	.000	.000
	1	.898	.697	.322	.113	.030	.006	.001	.000	.000	.000	.000
	2	.985	.910	.617	.313	.119	.033	.006	.001	.000	.000	.000
	3	.998	.981	.839	.570	.296	.113	.029	.004	.000	.000	.000
	4	1.000	.997	.950	.790	.533	.274	.099	.022	.002	.000	.000
n=11	5	1.000	1.000	.988	.922	.753	.500	.247	.078	.012	.000	.000
	6	1.000	1.000	.998	.978	.901	.726	.467	.210	.050	.003	.000
	7	1.000	1.000	1.000	.996	.971	.887	.704	.430	.161	.019	.002
	8	1.000	1.000	1.000	.999	.994	.967	.881	.687	.383	.090	.015
	9	1.000	1.000	1.000	1.000	.999	.994	.970	.887	.678	.303	.102
	10	1.000	1.000	1.000	1.000	1.000	1.000	.996	.980	.914	.686	.431
	11	1.000	1.000	1.000	1.000	1.000	1.000	1.000	1.000	1.000	1.000	1.000

		p										
		.05	**.10**	**.20**	**.30**	**.40**	**.50**	**.60**	**.70**	**.80**	**.90**	**.95**
	0	.540	.282	.069	.014	.002	.000	.000	.000	.000	.000	.000
	1	.882	.659	.275	.085	.020	.003	.000	.000	.000	.000	.000
	2	.980	.889	.558	.253	.083	.019	.003	.000	.000	.000	.000
	3	.998	.974	.795	.493	.225	.073	.015	.002	.000	.000	.000
	4	1.000	.996	.927	.724	.438	.194	.057	.009	.001	.000	.000
	5	1.000	.999	.981	.882	.665	.387	.158	.039	.004	.000	.000
n=12	6	1.000	1.000	.996	.961	.842	.613	.335	.118	.019	.001	.000
	7	1.000	1.000	.999	.991	.943	.806	.562	.276	.073	.004	.000
	8	1.000	1.000	1.000	.998	.985	.927	.775	.507	.205	.026	.002
	9	1.000	1.000	1.000	1.000	.997	.981	.917	.747	.442	.111	.020
	10	1.000	1.000	1.000	1.000	1.000	.997	.980	.915	.725	.341	.118
	11	1.000	1.000	1.000	1.000	1.000	1.000	.998	.986	.931	.718	.460
	12	1.000	1.000	1.000	1.000	1.000	1.000	1.000	1.000	1.000	1.000	1.000
	0	.513	.254	.055	.010	.001	.000	.000	000	000	000	000
	1	.865	.621	.234	.064	.013	.002	.000	.000	.000	.000	.000
	2	.975	.866	.502	.202	.058	.011	.001	.000	000	000	000
	3	.997	.966	.747	.421	.169	.046	.008	.001	.000	.000	.000
	4	1.000	.994	.901	.654	.353	.133	.032	.004	.000	000	000
	5	1.000	.999	.970	.835	.574	.291	.098	.018	.001	.000	.000
n=13	6	1.000	1.000	.993	.938	.771	.500	.229	.062	.007	.000	000
	7	1.000	1.000	.999	.982	.902	.709	.426	.165	.030	.001	.000
	8	1.000	1.000	1.000	.996	.968	.867	.647	.346	.099	.006	.000
	9	1.000	1.000	1.000	.999	.992	.954	.831	.579	.253	.034	.003
	10	1.000	1.000	1.000	1.000	.999	.989	.942	.798	.498	.134	.025
	11	1.000	1.000	1.000	1.000	1.000	.998	.987	.936	.766	.379	.135
	12	1.000	1.000	1.000	1.000	1.000	1.000	.999	.990	.945	.746	.487
	13	1.000	1.000	1.000	1.000	1.000	1.000	1.000	1.000	1.000	1.000	1.000
	0	.488	.229	.044	.007	.001	.000	.000	.000	.000	.000	.000
	1	.847	.585	.198	.047	.008	.001	.000	.000	.000	.000	.000
	2	.970	.842	.448	.161	.040	.006	.001	.000	.000	.000	.000
	3	.996	.956	.698	.355	.124	.029	.004	.000	.000	.000	.000
	4	1.000	.991	.870	.584	.279	.090	.018	.002	.000	.000	.000
	5	1.000	.999	.956	.781	.486	.212	.058	.008	.000	.000	.000
	6	1.000	1.000	.988	.907	.692	.395	.150	.031	.002	.000	.000
n=14	7	1.000	1.000	.998	.969	.850	.605	.308	.093	.012	.000	.000
	8	1.000	1.000	1.000	.992	.942	.788	.514	.219	.044	.001	.000
	9	1.000	1.000	1.000	.998	.982	.910	.721	.416	.130	.009	.000
	10	1.000	1.000	1.000	1.000	.996	.971	.876	.645	.302	.044	.004
	11	1.000	1.000	1.000	1.000	.999	.994	.960	.839	.552	.158	.030
	12	1.000	1.000	1.000	1.000	1.000	.999	.992	.953	.802	.415	.153
	13	1.000	1.000	1.000	1.000	1.000	1.000	.999	.993	.956	.771	.512
	14	1.000	1.000	1.000	1.000	1.000	1.000	1.000	1.000	1.000	1.000	1.000

		p										
		.05	**.10**	**.20**	**.30**	**.40**	**.50**	**.60**	**.70**	**.80**	**.90**	**.95**
n=15	0	.463	.206	.035	.005	.000	.000	.000	.000	.000	.000	
	1	.829	.549	.167	.035	.005	.000	.000	.000	.000	.000	.000
	2	.964	.816	.398	.127	.027	.004	.000	.000	.000	.000	.000
	3	.995	.944	.648	.297	.091	.018	.002	.000	.000	.000	.000
	4	.999	.987	.836	.515	.217	.059	.009	.001	.000	.000	.000
	5	1.000	.998	.939	.722	.403	.151	.034	.004	.000	.000	.000
	6	1.000	1.000	.982	.869	.610	.304	.095	.015	.001	.000	.000
	7	1.000	1.000	.996	.950	.787	.500	.213	.050	.004	.000	.000
	8	1.000	1.000	.999	.985	.905	.696	.390	.131	.018	.000	.000
	9	1.000	1.000	1.000	.996	.966	.849	.597	.278	.016	.002	.000
	10	1.000	1.000	1.000	.999	.991	.941	.783	.485	.164	.013	.001
	11	1.000	1.000	1.000	1.000	.998	.982	.909	.703	.352	.056	.005
	12	1.000	1.000	1.000	1.000	1.000	.996	.973	.873	.602	.184	.036
	13	1.000	1.000	1.000	1.000	1.000	1.000	.995	.965	.833	.451	.171
	14	1.000	1.000	1.000	1.000	1.000	1.000	1.000	.995	.965	.794	.537
	15	1.000	1.000	1.000	1.000	1.000	1.000	1.000	1.000	1.000	1.000	1.000
n=16	0	.440	.185	.028	.003	.000	.000	.000	.000	.000	.000	.000
	1	.811	.515	.141	.026	.003	.000	.000	.000	.000	.000	.000
	2	.957	.789	.352	.099	.018	.002	.000	.000	.000	.000	.000
	3	.993	.932	.598	.246	.065	.011	.001	.000	.000	.000	.000
	4	.999	.983	.798	.450	.167	.038	.005	.000	.000	.000	.000
	5	1.000	.997	.918	.660	.329	.105	.019	.002	.00	.000	.000
	6	1.000	.999	.973	.825	.527	.227	.058	.007	.000	.000	.000
	7	1.000	1.000	.993	.926	.716	.402	.142	.026	.001	.00	.000
	8	1.000	1.000	.999	.974	.858	.598	.284	.074	.007	.000	.000
	9	1.000	1.000	1.000	.993	.942	.773	.473	.175	.027	.001	.000
	10	1.000	1.000	1.000	.998	.981	.895	.671	.340	.082	.003	.000
	11	1.000	1.000	1.000	1.000	.995	.962	.833	.550	.202	.017	.001
	12	1.000	1.000	1.000	1.000	.999	.989	.935	.754	.402	.068	.007
	13	1.000	1.000	1.000	1.000	1.000	.998	.982	.901	.648	.211	.043
	14	1.000	1.000	1.000	1.000	1.000	1.000	.997	.974	.859	.485	.189
	15	1.000	1.000	1.000	1.000	1.000	1.000	1.000	.997	.972	.815	.560
	16	1.000	1.000	1.000	1.000	1.000	1.000	1.000	1.000	1.000	1.000	1.000
n=17	0	.418	.167	.023	.002	.000	.000	.000	.000	.000	.000	.000
	1	.792	.482	.118	.019	.002	.000	.000	.000	.000	.000	.000
	2	.950	.762	.310	.077	.012	.001	.000	.000	.000	.000	.000
	3	.991	.917	.549	.202	.046	.006	.000	.000	.000	.000	.000
	4	.999	.978	.758	.389	.126	.025	.003	.000	.000	.000	.000
	5	1.000	.995	.894	.597	.264	.072	.011	.001	.000	.000	.000

		p										
		.05	**.10**	**.20**	**.30**	**.40**	**.50**	**.60**	**.70**	**.80**	**.90**	**.95**
	6	1.000	.999	.962	.775	.448	.166	.035	.003	.000	.000	.000
	7	1.000	1.000	.989	.895	.641	.315	.092	.013	.000	.000	.000
	8	1.000	1.000	.997	.960	.801	.500	.199	.040	.003	.000	.000
	9	1.000	1.000	1.000	.987	.908	.685	.359	.105	.011	.000	.000
	10	1.000	1.000	1.000	.997	.965	.834	.552	.225	.038	.001	.000
n=17	11	1.000	1.000	1.000	.999	.989	.928	.736	.403	.106	.005	.000
	12	1.000	1.000	1.000	1.000	.997	.975	.874	.611	.242	.022	.001
	13	1.000	1.000	1.000	1.000	1.000	.994	.954	.798	.451	.083	.009
	14	1.000	1.000	1.000	1.000	1.000	.999	.988	.923	.690	.238	.050
	15	1.000	1.000	1.000	1.000	1.000	1.000	.998	.981	.882	.518	.208
	16	1.000	1.000	1.000	1.000	1.000	1.000	1.000	.998	.977	.833	.582
	17	1.000	1.000	1.000	1.000	1.000	1.000	1.000	1.000	1.000	1.000	1.000
	0	.397	.150	.018	.002	.000	.000	.000	.000	.000	.000	.000
	1	.774	.450	.099	.014	.001	.000	.000	.000	.000	.000	.000
	2	.942	.734	.271	.060	.008	.001	.000	.000	.000	.000	.000
	3	.989	.902	.501	.165	.033	.004	.000	.000	.000	.000	.000
	4	.998	.972	.716	.333	.094	.015	.001	.000	.000	.000	.000
	5	1.000	.994	.867	.534	.209	.048	.006	.000	.000	.000	.000
	6	1.000	.999	.949	.722	.374	.119	.020	.001	.000	.000	.000
	7	1.000	1.000	.984	.859	.563	.240	.058	.006	.000	.000	.000
	8	1.000	1.000	.996	.940	.737	.407	.135	.021	.001	.000	.000
n=18	9	1.000	1.000	.999	.979	.865	.593	.263	.060	.004	.000	.000
	10	1.000	1.000	1.000	.994	.942	.760	.437	.141	.016	.000	.000
	11	1.000	1.000	1.000	.999	.980	.881	.626	.278	.051	.001	.000
	12	1.000	1.000	1.000	1.000	.994	.952	.791	.466	.133	.006	.000
	13	1.000	1.000	1.000	1.000	.999	.985	.906	.567	.284	.028	.002
	14	1.000	1.000	1.000	1.000	1.000	.996	.967	.835	.499	.098	.011
	15	1.000	1.000	1.000	1.000	1.000	.999	.992	.940	.729	.266	.058
	16	1.000	1.000	1.000	1.000	1.000	1.000	.999	.986	.901	.550	.226
	17	1.000	1.000	1.000	1.000	1.000	1.000	1.000	.998	.982	.850	.603
	18	1.000	1.000	1.000	1.000	1.000	1.000	1.000	1.000	1.000	1.000	1.000
	0	.377	.135	.014	.001	.000	.000	.000	.000	.000	.000	.000
	1	.755	.420	.083	.010	.001	.000	.000	.000	.000	.000	.000
	2	.933	.705	.237	.046	.005	.000	.000	.000	.000	.000	.000
	3	.987	.885	.455	.133	.023	.002	.000	.000	.000	.000	.000
n=19	4	.998	.965	.673	.282	.070	.010	.001	.000	.000	.000	.000
	5	1.000	.991	.837	.474	.163	.032	.003	.000	.000	.000	.000
	6	1.000	.998	.932	.666	.308	.084	.012	.001	.000	.000	.000
	7	1.000	1.000	.977	.818	.488	.180	.035	.003	.000	.000	.000
	8	1.000	1.000	.993	.916	.667	.324	.088	.011	.000	.000	.000
	9	1.000	1.000	.998	.967	.814	.500	.186	.033	.002	.000	.000

		p										
		.05	**.10**	**.20**	**.30**	**.40**	**.50**	**.60**	**.70**	**.80**	**.90**	**.95**
	10	1.000	1.000	1.000	.989	.912	.676	.333	.084	.007	.000	000
	11	1.000	1.000	1.000	.997	.965	.820	.512	.182	.023	.000	.000
	12	1.000	1.000	1.000	.999	.988	.916	.692	.334	.068	.002	.000
	13	1.000	1.000	1.000	1.000	.997	.968	.837	.526	.163	.009	.000
n=19	14	1.000	1.000	1.000	1.000	.999	.990	.930	.718	.327	.035	.002
	15	1.000	1.000	1.000	1.000	1.000	.998	.977	.867	.545	.115	.013
	16	1.000	1.000	1.000	1.000	1.000	1.000	.995	.954	.763	.295	.067
	17	1.000	1.000	1.000	1.000	1.000	1.000	.999	.990	.917	.580	.245
	18	1.000	1.000	1.000	1.000	1.000	1.000	1.000	.999	.986	.865	.623
	19	1.000	1.000.	1.000	1.000	1.000	1.000	1.000	1.000	1.000	1.000	1.000
	0	.358	.122	.012	.001	.000	.000	.000	.000	.000	.000	.000
	1	.736	.392	.069	.008	.001	.000	.000	.000	.000	.000	.000
	2	.925	.677	.206	.035	.004	.000	.000	.000	.000	.000	.000
	3	.984	.867	.411	.107	.016	.001	.000	.000	.000	.000	.000
	4	.997	.957	.630	.238	.051	.006	.000	.000	.000	.000	.000
	5	1.000	.989	.840	.416	.126	.021	.002	.000	.000	.000	.000
	6	1.000	.998	.913	.608	.250	.058	.006	.000	.000	.000	.000
	7	1.000	1.000	.968	.772	.416	.132	.021	.001	.000	.000	.000
	8	1.000	1.000	.990	.887	.596	.252	.057	.005	.000	.000	.000
	9	1.000	1.000	.997	.952	.755	.412	.128	.017	.001	.000	.000
n=20	10	1.000	1.000	.999	.983	.872	.588	.245	.048	.003	.000	.000
	11	1.000	1.000	1.000	.995	.943	.748	.404	.113	.010	.000	.000
	12	1.000	1.000	1.000	.999	.979	.868	.584	.228	.032	.000	.000
	13	1.000	1.000	1.000	1.000	.994	.942	.750	.392	.087	.002	.000
	14	1.000	1.000	1.000	1.000.	.998	.979	.874	.584	.196	.011	.000
	15	1.000	1.000	1.000	1.000	1.000	.994	.949	.762	.370	.043	.003
	16	1.000	1.000	1.000	1.000.	1.000.	.999	.984	.893	.589	.133	.016
	17	1.000	1.000	1.000	1.000	1.000	1.000	.996	.965	.794	.323	.075
	18	1.000	1.000	1.000	1.000.	1.000.	1.000.	.999	.992	.931	.608	.264
	19	1.000	1.000	1.000	1.000	1.000	1.000	1.000	.999	.988	.878	.642
	20	1.000	1.000	1.000	1.000.	1.000.	1.000.	1.000.	1.000	1.000	1.000	1.000
	0	.277	.072	.004	.000	.000	.000	.000	.000	.000	.000	.000
	1	.642	.271	.027	.002	.000	.000	.000	.000	.000	.000	.000
	2	.873	.537	.098	.009	.000	.000	.000	.000	.000	.000	.000
	3	.966	.764	.234	.033	.002	.000	.000	.000	.000	.000	.000
n=25	4	.993	.902	.421	.090	.009	.000	.000	.000	.000	.000	.000
	5	.999	.967	.617	.193	.029	.002	.000	.000	.000	.000	.000
	6	1.000	.991	.780	.341	.074	.007	.000	.000	.000	.000	.000
	7	1.000	.998	.891	.512	.154	.022	.001	.000	.000	.000	.000
	8	1.000	1.000	.953	.677	.274	.054	.004	.000	.000	.000	.000
	9	1.000	1.000	.983	.811	.425	.115	.013	.000	.000	.000	.000

		p										
		.05	**.10**	**.20**	**.30**	**.40**	**.50**	**.60**	**.70**	**.80**	**.90**	**.95**
	10	1.000	1.000	.994	.902	.586	.212	.034	.002	.000	.000	.000
	11	1.000	1.000	.998	.956	.732	.345	.078	.006	.000	.000	.000
	12	1.000	1.000	1.000	.983	.846	.500	.154	.017	.000	.000	.000
	13	1.000	1.000	1.000	.994	.922	.655	.268	.044	.002	.000	.000
	14	1.000	1.000	1.000	.998	.966	.788	.414	.098	.006	.000	.000
	15	1.000	1.000	1.000	1.000	.987	.885	.575	.189	.017	.000	.000
	16	1.000	1.000	1.000	1.000	.996	.946	.726	.323	.047	.000	.000
n=25	17	1.000	1.000	1.000	1.000	.999	.978	.846	.488	.109	.002	.000
	18	1.000	1.000	1.000	1.000	1.000	.993	.926	.659	.220	.009	.000
	19	1.000	1.000	1.000	1.000	1.000	.998	.971	.807	.383	.033	.001
	20	1.000	1.000	1.000	1.000	1.000	1.000	.991	.910	.579	.098	.007
	21	1.000	1.000	1.000	1.000	1.000	1.000	.998	.967	.766	.236	.034
	22	1.000	1.000	1.000	1.000	1.000	1.000	1.000	.991	.902	.463	.127
	23	1.000	1.000	1.000	1.000	1.000	1.000	1.000	.998	.973	.729	.358
	24	1.000	1.000	1.000	1.000	1.000	1.000	1.000	1.000	.996	.928	.723
	25	1.000	1.000	1.000	1.000	1.000	1.000	1.000	1.000	1.000	1.000	1.000

〈표 4〉 표준정규분포표

$$F(z) = \int_{-\infty}^{z} \frac{1}{\sqrt{2\pi}} e^{-z^2/2} dz$$

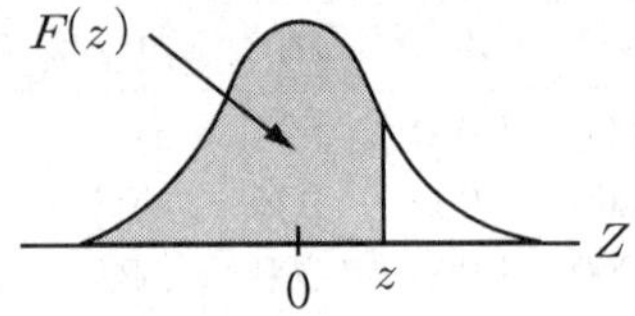

z	.00	.01	.02	.03	.04	.05	.06	.07	.08	.09
.0	.5000	.5040	.5080	.5120	.5160	.5199	.5239	.5279	.5319	.5359
.1	.5398	.5438	.5478	.5517	.5557	.5596	.5636	.5675	.5714	.5753
.2	.5793	.5832	.5871	.5910	.5948	.5987	.6026	.6064	.6103	.6141
.3	.6179	.6217	.6255	.6293	.6331	.6368	.6406	.6443	.6480	.6517
.4	.6554	.6591	.6628	.6664	.6700	.6736	.6772	.6808	.6844	.6879
.5	.6915	.6950	.6985	.7019	.7054	.7088	.7123	.7157	.7190	.7224
.6	.7257	.7291	.7324	.7357	.7389	.7422	.7454	.7486	.7517	.7549
.7	.7580	.7611	.7642	.7673	.7704	.7734	.7764	.7794	.7823	.7852
.8	.7881	.7910	.7939	.7967	.7995	.8023	.8051	.8078	.8016	.8133
.9	.8159	.8186	.8212	.8238	.8264	.8289	.8315	.8340	.8365	.8389
1.0	.8413	.8438	.8461	.8485	.8508	.8531	.8554	.8577	.8599	.8621
1.1	.8643	.8665	.8686	.8708	.8729	.8749	.8770	.8790	.8810	.8830
1.2	.8849	.8869	.8888	.8907	.8925	.8944	.8962	.8980	.8997	.9015
1.3	.9032	.9049	.9066	.9082	.9099	.9115	.9131	.9147	.9162	.9177
1.4	.9192	.9207	.9222	.9236	.9251	.9265	.9279	.9292	.9306	.9319
1.5	.9332	.9345	.9357	.9370	.9382	.9394	.9406	.9418	.9429	.9441
1.6	.9452	.9463	.9474	.9484	.9495	.9505	.9515	.9525	.9535	.9545
1.7	.9554	.9564	.9573	.9582	.9591	.9599	.9608	.9616	.9625	.9633
1.8	.9641	.9649	.9656	.9664	.9671	.9678	.9686	.9693	.9699	.9706
1.9	.9713	.9719	.9726	.9732	.9738	.9744	.9750	.9756	.9761	.9767
2.0	.9772	.9778	.9783	.9788	.9793	.9798	.9803	.9808	.9812	.9817
2.1	.9821	.9826	.9830	.9834	.9838	.9842	.9846	.9850	.9854	.9857
2.2	.9861	.9864	.9868	.9871	.9875	.9878	.9881	.9884	.9887	.9890
2.3	.9893	.9896	.9898	.9901	.9904	.9906	.9909	.9911	.9913	.9916
2.4	.9918	.9920	.9922	.9925	.9927	.9929	.9931	.9932	.9934	.9936
2.5	.9938	.9940	.9941	.9943	.9945	.9946	.9948	.9949	.9951	.9952
2.6	.9953	.9955	.9956	.9957	.9959	.9960	.9961	.9962	.9963	.9964
2.7	.9965	.9966	.9967	.9968	.9969	.9970	.9971	.9972	.9973	.9974
2.8	.9974	.9975	.9976	.9977	.9977	.9978	.9979	.9979	.9980	.9981
2.9	.9981	.9982	.9982	.9983	.9984	.9984	.9985	.9985	.9986	.9986
3.0	.9987	.9987	.9987	.9988	.9988	.9989	.9989	.9989	.9990	.9990
3.1	.9990	.9991	.9991	.9991	.9992	.9992	.9992	.9992	.9993	.9993
3.2	.9993	.9993	.9994	.9994	.9994	.9994	.9994	.9995	.9995	.9995
3.3	.9995	.9995	.9995	.9996	.9996	.9996	.9996	.9996	.9996	.9997
3.4	.9997	.9997	.9997	.9997	.9997	.9997	.9997	.9997	.9997	.9998

〈표 5〉 t분포표

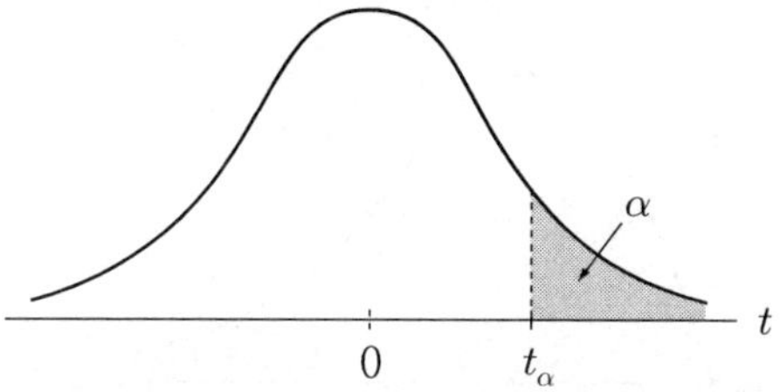

	α					
$d.f.$	**0.25**	**0.1**	**0.05**	**0.025**	**0.01**	**0.005**
1	1.000	3.078	6.314	12.706	31.821	63.657
2	0.816	1.886	2.920	4.303	6.965	9.925
3	0.765	1.638	2.353	3.182	4.541	5.841
4	0.741	1.533	2.132	2.776	3.747	4.604
5	0.727	1.476	2.015	2.571	3.365	4.032
6	0.718	1.440	1.943	2.447	3.134	3.707
7	0.711	1.415	1.895	2.365	2.998	3.499
8	0.706	1.397	1.860	2.306	2.896	3.355
9	0.703	1.383	1.833	2.262	2.821	3.250
10	0.700	1.372	1.812	2.228	2.764	3.169
11	0.697	1.363	1.796	2.201	2.718	3.106
12	0.695	1.356	1.782	2.179	2.681	3.055
13	0.694	1.350	1.771	2.160	2.650	3.012
14	0.692	1.345	1.761	2.145	2.624	2.977
15	0.691	1.341	1.753	2.131	2.602	2.947
16	0.690	1.337	1.746	2.120	2.583	2.921
17	0.689	1.333	1.740	2.110	2.567	2.898
18	0.688	1.330	1.734	2.101	2.552	2.878
19	0.688	1.328	1.729	2.093	2.539	2.816
20	0.687	1.325	1.725	2.086	2.528	2.845
21	0.686	1.323	1.721	2.080	2.518	2.831
22	0.686	1.321	1.717	2.074	2.508	2.819
23	0.685	1.319	1.714	2.069	2.500	2.807
24	0.685	1.318	1.711	2.064	2.492	2.797
25	0.684	1.316	1.708	2.060	2.485	2.787
26	0.684	1.315	1.706	2.056	2.479	2.779
27	0.684	1.314	1.703	2.052	2.473	2.771
28	0.683	1.313	1.701	2.048	2.467	2.763
29	0.683	1.311	1.699	2.045	2.462	2.756
30	0.683	1.310	1.697	2.042	2.457	2.750
40	0.681	1.303	1.684	2.021	2.423	2.704
60	0.697	1.296	1.671	2.000	2.390	2.660
120	0.677	1.289	1.658	1.980	2.358	2.617
∞	0.674	1.282	1.645	1.960	2.326	2.576

〈표 6〉 카이제곱(χ^2) 분포표

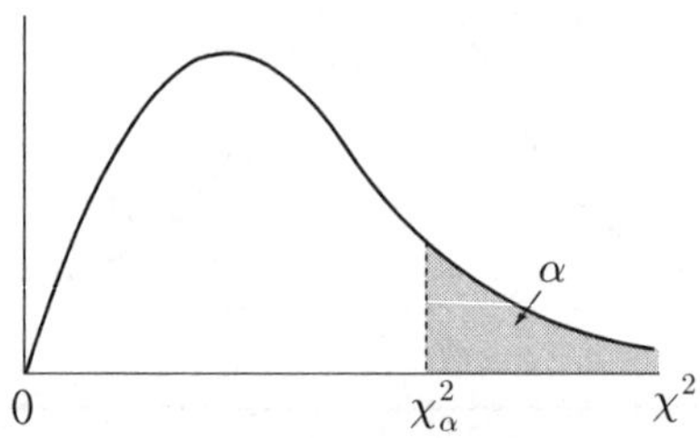

d.f.	0.990	0.975	0.950	0.900	0.500	0.100	0.050	0.025	0.010	0.005
1	0.002	0.001	0.004	0.02	0.45	2.71	3.84	5.02	6.63	7.88
2	0.02	0.05	0.10	0.21	1.39	4.61	5.99	7.38	9.21	10.60
3	0.11	0.22	0.35	058	2.37	6.25	7.81	9.35	11.34	12.84
4	0.30	0.48	0.71	1.06	3.36	7.78	9.49	11.14	13.28	14.86
5	0.55	0.83	1.15	1.61	4.35	9.24	11.07	12.83	15.09	16.75
6	0.87	1.24	1.64	2.20	5.35	10.64	12.59	14.45	16.81	18.55
7	1.24	1.69	2.17	2.83	6.35	12.02	14.07	16.01	18.48	20.28
8	1.65	2.18	2.73	3.49	7.34	13.36	15.51	17.53	20.09	21.95
9	2.09	2.70	3.33	4.17	8.34	14.68	16.92	19.02	21.67	23.59
10	2.56	3.25	3.94	4.87	9.34	15.99	18.31	20.48	23.21	25.19
11	3.05	3.82	4.57	5.58	10.34	17.28	19.68	21.92	24.72	26.76
12	3.57	4.40	5.23	6.30	11.34	18.55	21.03	23.34	26.22	28.30
13	4.11	5.01	5.89	7.04	12.34	19.81	22.36	24.74	27.69	29.82
14	4.66	5.63	6.57	7.79	13.34	21.06	23.68	26.12	29.14	31.32
15	5.23	6.26	7.26	8.55	14.34	22.31	25.00	27.49	30.58	32.80
16	5.81	6.91	7.96	9.31	15.34	23.54	26.30	28.85	32.00	34.27
17	6.41	7.56	8.67	10.09	16.34	24.77	27.59	30.19	33.41	35.72
18	7.01	8.23	9.39	10.86	17.34	25.99	28.87	31.53	34.81	37.16
19	7.63	8.91	10.12	11.65	18.34	27.20	30.14	32.85	36.19	38.58
20	8.26	9.59	10.85	12.44	19.34	28.41	31.41	34.17	37.57	40.00
21	8.90	10.28	11.59	13.24	20.34	29.62	32.67	35.48	38.93	41.40
22	9.54	10.98	12.34	14.04	21.34	30.81	33.92	36.78	40.29	42.80
23	10.20	11.69	13.09	14.85	22.34	32.01	35.17	38.08	41.64	44.18
24	10.86	12.40	13.85	15.66	23.34	33.20	36.42	39.36	42.98	45.56
25	11.52	13.12	14.61	16.47	24.34	34.38	37.65	40.65	44.31	46.93
26	12.20	13.84	15.38	17.29	25.34	35.56	38.89	41.92	45.64	48.29
27	12.83	14.57	16.15	18.11	26.34	36.74	40.11	43.19	46.96	49.64
28	13.56	15.31	16.93	18.93	27.34	37.92	41.34	44.46	48.28	50.99
29	14.26	16.05	17.71	19.77	28.34	39.09	42.56	45.72	49.59	52.34
30	14.95	16.79	18.49	20.60	29.34	40.26	43.77	46.98	50.89	53.67
40	22.16	24.43	26.51	29.05	39.34	51.81	55.76	59.34	63.69	66.77
50	29.71	32.36	34.76	37.69	49.33	63.17	67.50	71.42	76.15	79.49
60	37.48	40.48	43.19	46.46	59.33	74.40	79.08	83.30	88.38	91.95
70	45.44	48.76	51.74	55.33	69.33	85.53	90.53	95.02	100.43	104.21
80	53.54	57.15	60.39	64.28	79.33	96.58	101.88	106.63	112.33	116.32
90	61.75	65.65	68.13	73.29	89.33	107.57	113.15	118.14	124.12	128.30
100	70.06	74.22	77.93	82.36	99.33	118.50	124.34	129.56	135.81	140.17

〈표 7〉 F분포표

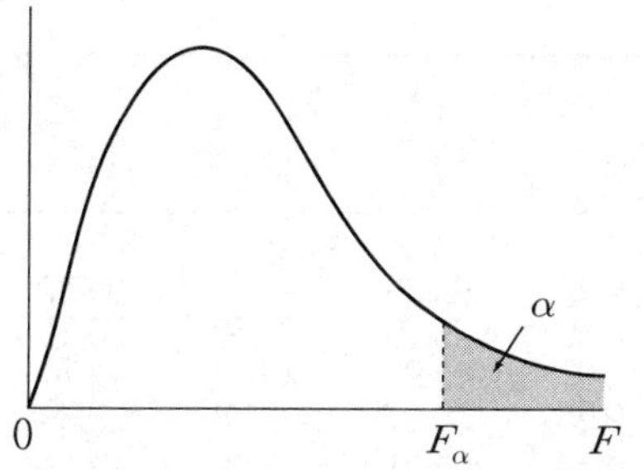

$\alpha = 0.01$

ν_2 \ ν_1	1	2	3	4	5	6	7	8	9
1	4052.0	4999.0	5403.0	5625.0	5764.0	5859.0	5928.0	5982.0	6022.0
2	98.50	99.00	99.17	99.25	99.30	99.33	99.36	99.37	99.39
3	34.12	30.82	29.46	28.71	28.24	27.91	27.67	27.49	27.34
4	21.20	18.00	16.69	15.98	15.52	15.21	14.98	14.80	14.66
5	16.26	13.27	12.06	11.39	10.97	10.67	10.46	10.29	10.16
6	13.74	10.92	9.78	9.15	8.75	8.47	8.26	8.10	7.98
7	12.25	9.55	8.45	7.85	7.46	7.19	6.99	6.84	6.72
8	11.26	8.65	7.59	7.01	6.63	6.37	6.18	6.03	5.91
9	10.56	8.02	6.99	6.42	6.06	5.80	5.61	5.47	5.35
10	10.04	7.56	6.55	5.99	5.64	5.39	5.20	5.06	4.94
11	9.65	7.21	6.22	5.67	5.32	5.07	4.89	4.74	4.63
12	9.33	6.93	5.95	5.41	5.06	4.82	4.64	4.50	4.39
13	9.07	6.70	5.74	5.21	4.86	4.62	4.44	4.30	4.19
14	8.86	6.51	5.56	5.04	4.69	4.46	4.28	4.14	4.03
15	8.68	6.36	5.42	4.89	4.56	4.32	4.14	4.00	3.89
16	8.53	6.23	5.29	4.77	4.44	4.20	4.03	3.89	3.78
17	8.40	6.11	5.18	4.67	4.34	4.10	3.93	3.79	3.68
18	8.29	6.01	5.09	4.58	4.25	4.01	3.84	3.71	3.60
19	8.18	5.93	5.01	4.50	4.17	3.94	3.77	3.63	3.52
20	8.10	5.85	4.94	4.43	4.10	3.87	3.70	3.56	3.46
21	8.02	5.78	4.87	4.37	4.04	3.81	3.64	3.51	3.40
22	7.95	5.72	4.82	4.31	3.99	3.76	3.59	3.45	3.35
23	7.88	5.66	4.76	4.26	3.94	3.71	3.54	3.41	3.30
24	7.82	5.61	4.72	4.72	3.90	3.67	3.50	3.36	3.26
25	7.77	5.57	4.68	4.68	3.85	3.63	3.46	3.32	3.22
26	7.72	5.53	4.64	4.14	3.82	3.59	3.42	3.29	3.18
27	7.68	5.49	4.60	4.11	3.78	3.56	3.39	3.26	3.15
28	7.64	5.45	4.57	4.07	3.75	3.53	3.36	3.23	3.12
29	7.60	5.42	4.54	4.04	3.73	3.50	3.33	3.20	3.09
30	7.56	5.39	4.51	4.02	3.70	3.47	3.30	3.17	3.07
40	7.31	5.18	4.31	3.83	3.51	3.29	3.12	2.99	2.89
60	7.08	4.98	4.13	3.65	3.34	3.12	2.95	2.82	2.72
120	6.85	4.79	3.95	3.48	3.17	2.96	2.79	2.66	2.56
∞	6.63	4.61	3.78	3.32	3.02	2.80	2.64	2.51	2.41

$\alpha = 0.01$

ν_2 \ ν_1	10	15	20	24	30	40	60	120	∞
1	6056.0	6157.0	6209.0	6235.0	6261.0	6287.0	6313.0	6339.0	6366.0
2	99.40	99.43	99.45	99.46	99.47	99.47	99.48	99.49	99.50
3	27.23	26.87	26.69	26.60	26.50	26.41	26.32	26.22	26.12
4	14.55	14.20	14.02	13.93	13.84	13.74	13.65	13.56	13.46
5	10.05	9.72	9.55	9.47	9.38	9.29	9.20	9.11	9.02
6	7.87	7.56	7.49	7.31	7.23	7.14	7.06	6.97	6.88
7	6.62	6.31	6.16	6.07	5.99	5.91	5.82	5.74	5.65
8	5.81	5.52	5.36	5.28	5.20	5.12	5.03	4.95	4.86
9	5.26	4.96	4.81	4.73	4.65	4.57	4.48	4.40	4.31
10	4.85	4.56	4.41	4.33	4.33	4.17	4.08	4.00	3.91
11	4.54	4.25	4.10	4.02	3.94	3.86	3.78	3.69	3.60
12	4.30	4.01	3.86	3.78	3.70	3.62	3.54	3.45	3.36
13	4.10	3.82	3.66	3.59	3.51	3.43	3.34	3.25	3.17
14	3.94	3.66	3.51	3.43	3.35	3.27	3.18	3.09	3.00
15	3.80	3.52	3.37	3.29	3.21	3.13	3.05	2.96	2.87
16	3.69	3.41	3.26	3.18	3.10	3.02	2.93	2.84	2.75
17	3.59	3.31	3.16	3.08	3.00	2.92	2.83	2.75	2.65
18	3.51	3.23	3.08	3.00	2.92	2.84	2.75	2.66	2.57
19	3.43	3.15	3.00	2.92	2.84	2.76	2.67	2.58	2.49
20	3.37	3.09	2.94	2.86	2.78	2.69	2.61	2.52	2.42
21	3.31	3.03	2.88	2.80	2.72	2.64	2.55	2.46	2.36
22	3.26	2.98	2.83	2.75	2.67	2.58	2.50	2.40	2.31
23	3.21	2.93	2.78	2.70	2.62	2.54	2.45	2.35	2.26
24	3.17	2.89	2.74	2.66	2.58	2.49	2.40	2.31	2.21
25	3.13	2.85	2.70	2.62	2.54	2.45	2.36	2.27	2.17
26	3.09	2.81	2.66	2.58	2.50	2.42	2.33	2.23	2.13
27	3.06	2.78	2.63	2.55	2.47	2.38	2.29	2.20	2.10
28	3.03	2.75	2.60	2.52	2.44	2.35	2.26	2.17	2.06
29	3.00	2.73	2.57	2.49	2.41	2.33	2.23	2.14	2.03
30	2.98	2.70	2.55	2.47	2.39	2.30	2.21	2.11	2.01
40	2.80	2.52	2.37	2.29	2.20	2.11	2.02	1.92	1.80
60	2.63	2.35	2.20	2.12	2.03	1.94	1.84	1.73	1.60
120	2.47	2.19	2.03	1.95	1.86	1.76	1.66	1.53	1.38
∞	2.32	2.04	1.88	1.79	1.70	1.59	1.47	1.32	1.00

$\alpha = 0.05$

	ν_1								
ν_2	**1**	**2**	**3**	**4**	**5**	**6**	**7**	**8**	**9**
1	161.45	199.50	215.71	224.58	230.16	233.99	236.77	238.88	240.54
2	18.51	19.00	19.16	19.25	19.30	19.33	19.35	19.37	19.38
3	10.13	9.55	9.28	9.12	9.01	8.94	8.89	8.85	8.81
4	7.71	6.94	6.59	6.39	6.26	6.16	6.09	6.04	6.00
5	6.61	5.79	5.41	5.19	5.05	4.95	4.88	4.82	4.77
6	5.99	5.14	4.76	4.53	4.39	4.28	4.21	4.15	4.10
7	5.59	4.74	4.35	4.12	3.97	3.87	3.79	3.73	3.68
8	5.32	4.46	4.07	3.84	3.69	3.58	3.50	3.44	3.39
9	5.12	4.26	3.86	3.63	3.48	3.37	3.29	3.23	3.18
10	4.96	4.10	3.71	3.48	3.33	3.22	3.14	3.07	3.02
11	4.84	3.98	3.59	3.36	3.20	3.09	3.01	2.95	2.90
12	4.75	3.89	3.49	3.26	3.11	3.00	2.91	2.85	2.80
13	4.67	3.81	3.41	3.18	3.03	2.92	2.83	2.77	2.71
14	4.60	3.74	3.34	3.11	2.96	2.85	2.76	2.70	2.65
15	4.54	3.68	3.29	3.06	2.90	2.79	2.71	2.64	2.59
16	4.49	3.63	3.24	3.01	2.85	2.74	2.66	2.59	2.54
17	4.45	3.59	3.20	2.96	2.81	2.70	2.61	2.55	2.49
18	4.41	3.55	3.16	2.93	2.77	2.66	2.58	2.51	2.46
19	4.38	3.52	3.13	2.90	2.74	2.63	2.54	2.48	2.42
20	4.35	3.49	3.10	2.87	2.71	2.60	2.51	2.45	2.39
21	4.32	3.47	3.07	2.84	2.68	2.57	2.49	2.42	2.37
22	4.30	3.44	3.05	2.82	2.66	2.55	2.46	2.40	2.34
23	4.28	3.42	3.03	2.80	2.64	2.53	2.44	2.37	2.32
24	4.26	3.40	3.01	2.78	2.62	2.51	2.42	2.36	2.30
25	4.24	3.39	2.99	2.76	2.60	2.49	2.40	2.34	2.28
26	4.23	3.37	2.98	2.74	2.59	2.47	2.39	2.32	2.27
27	4.21	3.35	2.96	2.73	2.57	2.46	2.37	2.31	2.25
28	4.20	3.34	2.95	2.71	2.56	2.45	2.36	2.29	2.24
29	4.18	3.33	2.93	2.70	2.55	2.43	2.35	2.28	2.22
30	4.17	3.32	2.92	2.69	2.53	2.42	2.33	2.27	2.21
40	4.08	3.23	2.84	2.61	2.45	2.34	2.25	2.18	2.12
60	4.00	3.15	2.76	2.53	2.37	2.25	2.17	2.10	2.04
120	3.92	3.07	2.68	2.45	2.29	2.17	2.09	2.02	1.96
∞	3.84	3.00	2.60	2.37	2.21	2.10	2.01	1.94	1.88

$\alpha = 0.05$

	ν_1								
ν_2	**10**	**15**	**20**	**24**	**30**	**40**	**60**	**120**	∞
1	241.88	245.95	248.01	249.05	250.09	251.14	252.20	253.25	254.32
2	19.40	19.43	19/45	19.45	19.46	19.47	19.48	19.49	19.50
3	8.76	8.70	8.66	8.64	8.62	8.59	8.57	8.55	8.53
4	5.96	5.86	5.80	5.77	5.75	5.75	5.69	5.66	5.63
5	4.74	4.62	4.56	4.53	4.50	4.46	4.43	4.40	4.36
6	4.06	3.94	3.87	3.84	3.81	3.77	3.74	3.70	3.67
7	3.64	3.51	3.44	3.41	3.38	3.34	3.30	3.27	3.23
8	3.35	3.22	3.15	3.12	3.08	3.04	3.01	2.97	2.93
9	3.14	3.01	2.94	2.90	2.86	2.83	2.79	2.75	2.71
10	2.98	2.84	2.77	2.74	2.70	2.66	2.62	2.58	2.54
11	2.85	2.72	2.65	2.61	2.57	2.53	2.49	2.45	2.40
12	2.75	2.62	2.54	2.51	2.47	2.43	2.38	2.34	2.30
13	2.67	2.53	2.46	2.42	2.38	2.34	2.30	2.25	2.21
14	2.60	2.46	2.39	2.35	2.31	2.27	2.22	2.18	2.13
15	2.54	2.40	2.33	2.29	2.25	2.20	2.16	2.11	2.07
16	2.49	2.35	2.28	2.24	2.19	2.15	2.11	2.06	2.01
17	2.45	2.31	2.23	2.19	2.15	2.10	2.06	2.01	1.96
18	2.41	2.27	2.19	2.15	2.11	2.06	2.02	1.97	1.92
19	2.38	2.23	2.16	2.11	2.07	2.03	1.98	1.93	1.88
20	2.35	2.20	2.12	2.08	2.04	1.99	1.95	1.90	1.84
21	2.32	2.18	2.10	2.05	2.01	1.96	1.92	1.87	1.81
22	2.30	2.15	2.07	2.03	1.98	1.94	1.89	1.84	1.78
23	2.27	2.13	2.05	2.00	1.96	1.91	1.86	1.81	1.76
24	2.25	2.11	2.03	1.98	1.94	1.89	1.84	1.79	1.73
25	2.24	2.09	2.01	1.96	1.92	1.87	1.82	1.77	1.71
26	2.22	2.07	1.99	1.95	1.90	1.85	1.80	1.75	1.69
27	2.20	2.06	1.97	1.93	1.88	1.84	1.79	1.73	1.67
28	2.19	2.04	1.96	1.91	1.87	1.82	1.77	1.71	1.65
29	2.18	2.03	1.94	1.90	1.85	1.81	1.75	1.70	1.64
30	2.16	2.01	1.93	1.89	1.84	1.79	1.74	1.68	1.62
40	2.08	1.92	1.84	1.79	1.74	1.69	1.64	1.58	1.51
60	1.99	1.84	1.75	1.70	1.65	1.59	1.53	1.47	1.39
120	1.91	1.75	1.66	1.61	1.55	1.50	1.43	1.35	1.25
∞	1.83	1.67	1.57	1.52	1.46	1.39	1.31	1.22	1.00

$\alpha = 0.10$

	ν_1								
ν_2	**1**	**2**	**3**	**4**	**5**	**6**	**7**	**8**	**9**
1	39.86	49.50	53.59	55.83	57.24	58.20	58.91	59.44	59/86
2	8.53	9.00	9.16	9.24	9.29	9.33	9.35	9.37	9.38
3	5.54	5.46	5.39	5.34	5.31	5.28	5.27	5.25	5.24
4	4.54	4.32	4.19	4.11	4.05	4.01	3.98	3.95	3.94
5	4.06	3.78	3.62	3.52	3.45	3.40	3.37	3.34	3.32
6	3.78	3.46	3.29	3.18	3.11	3.05	3.01	2.98	2.6
7	3.59	3.26	3.07	2.96	2.88	2.83	2.78	2.75	2.72
8	3.46	3.11	2.92	2.81	2.73	2.67	2.62	2.59	2.56
9	3.36	3.01	2.81	2.69	2.61	2.55	2.51	2.47	2.44
10	3.28	2.92	2.73	2.61	2.52	2.46	2.41	2.38	2.35
11	3.23	2.86	2.66	2.54	2.45	2.39	2.34	2.30	2.27
12	3.13	2.81	2.61	2.48	2.39	2.33	2.28	2.24	2.21
13	3.14	2.76	2.56	2.43	2.35	2.28	2.23	2.20	2.16
14	3.10	2.73	2.52	2.39	2.31	2.24	2.19	2.15	2.12
15	3.07	2.70	2.49	2.36	2.27	2.21	2.16	2.12	2.09
16	3.05	2.67	2.46	2.33	2.24	2.18	2.13	2.09	2.06
17	3.03	2.64	2.44	2.31	2.22	2.15	2.10	2.06	2.03
18	3.01	2.62	2.42	2.29	2.20	2.13	2.08	2.04	2.00
19	2.99	2.61	2.40	2.27	2.18	2.11	2.06	2.02	1.98
20	2.97	2.59	2.38	2.25	2.16	2.09	2.04	2.00	1.96
21	2.96	2.57	2.36	2.23	2.14	2.08	2.02	1.98	1.95
22	2.95	2.56	2.35	2.22	2.13	2.06	2.01	1.97	1.93
23	2.94	2.55	2.34	2.21	2.11	2.05	1.99	1.95	1.92
24	2.93	2.54	2.33	2.19	2.10	2.04	1.98	1.94	1.91
25	2.92	2.53	2.32	2.18	2.09	2.02	1.97	1.93	1.89
26	2.91	2.52	2.31	2.17	2.08	2.01	1.96	1.92	1.88
27	2.90	2.51	2.30	2.17	2.07	2.00	1.95	1.91	1.87
28	2.89	2.50	2.29	2.16	2.06	2.00	1.94	1.90	1.87
29	2.89	2.50	2.28	2.15	2.06	1.99	1.93	1.89	1.86
30	2.88	2.49	2.28	2.14	2.05	1.98	1.93	1.88	1.85
40	2.84	2.44	2.23	2.09	2.00	1.93	1.87	1.83	1.79
60	2.79	2.39	2.18	2.04	1.95	1.87	1.82	1.77	1.74
120	2.75	2.35	2.13	1.99	1.90	1.82	1.77	1.72	1.68
∞	2.71	2.30	2.08	1.94	1.85	1.77	1.72	1.67	1.63

$\alpha = 0.10$

	ν_1									
ν_2	**10**	**12**	**15**	**20**	**24**	**30**	**40**	**60**	**120**	∞
1	60.20	60.71	61.22	61.74	62.00	62.26	62.53	62.79	63.06	63.83
2	9.39	9.41	9.42	9.44	9.45	9.46	9.47	9.47	9.48	9.49
3	5.23	5.22	5.20	5.18	5.18	5.17	5.16	5.15	5.14	5.13
4	3.92	3.90	3.87	3.84	3.83	3.82	3.80	3.79	3.78	3.76
5	3.30	3.27	3.24	3.21	3,19	3.17	3.16	3.14	3.12	3.10
6	2.94	2.90	2.87	2.84	2.82	2.80	2.78	2.70	2.74	2.72
7	2.70	2.67	2.63	2.59	2.58	2.56	2.54	2.51	2.49	2.47
8	2.54	2.50	2.46	2.42	2.40	2.38	2.36	2.34	2.32	2.29
9	2.42	2.38	2.34	2.30	2.28	2.25	2.23	2.21	2.18	2.16
10	2.32	2.28	2.24	2.20	2.18	2.16	2.13	2.11	2.08	2.06
11	2.25	2.21	2.17	2.12	2.10	2.08	2.05	2.03	2.00	1.97
12	2.19	2.15	2.10	2.06	2.04	2.01	1.99	1.96	1.93	1.90
13	2.14	2.10	2.05	2.01	1.98	1.96	1.93	1.90	1.88	1.85
14	2.10	2.05	2.01	1.96	1.94	1.91	1.89	1.86	1.83	1.80
15	2.06	2.02	1.97	1.92	1.90	1.87	1.85	1.82	1.79	1.76
16	2.03	1.99	1.94	1.89	1.87	1.84	1.81	1.78	1.75	1.72
17	2.00	1.96	1.91	1.86	1.84	1.81	1.78	1.75	1.72	1.69
18	1.98	1.93	1.89	1.84	1.81	1.78	1.75	1.72	1.69	1.66
19	1.96	1.91	1.86	1.81	1.79	1.76	1.73	1.70	1.67	1.63
20	1.94	1.89	1.84	1.79	1.77	1.74	1.71	1.68	1.64	1.61
21	1.92	1.88	1.83	1.78	1.75	1.72	1.69	1.66	1.62	1.59
22	1.90	1.86	1.81	1.76	1.73	1.70	1.67	1.64	1.60	1.57
23	1.89	1.84	1.80	1.74	1.72	1.69	1.66	1.62	1.59	1.55
24	1.88	1.83	1.78	1.73	1.70	1.67	1.64	1.61	1.57	1.53
25	1.87	1.82	1.77	1.72	1.69	1.66	1.63	1.59	1.56	1.52
26	1.86	1.81	1.76	1.71	1.68	1.65	1.61	1.58	1.54	1.50
27	1.85	1.80	1.75	1.70	1.67	1.64	1.60	1.57	1.53	1.49
28	1.84	1.79	1.74	1.69	1.66	1.63	1.59	1.56	1.52	1.48
29	1.83	1.78	1.73	1.68	1.65	1.62	1.58	1.55	1.51	1.47
30	1.82	1.77	1.72	1.67	1.64	1.61	1.57	1.54	1.50	1.49
40	1.76	1.71	1.66	1.61	1.57	1.54	1.51	1.47	1.42	1.38
60	1.71	1.66	1.60	1.54	1.51	1.48	1.44	1.40	1.35	1.29
120	1.65	1.60	1.54	1.48	1.45	1.41	1.37	1.32	1.26	1.19
∞	1.60	1.55	1.49	1.42	1.38	1.34	1.30	1.24	1.17	1.00

연습 문제 해답

제2장

4. 1) O 2) X 3) X 4) X 5) O

제3장

1. 1) 성적 2) 5개 3) 10, 75

2. 14.44 49, 7.37, 9.5, 123.98, 11.13, 77.1%

제4장

1. $P_r(A)$=1/2 $P_r(B)$=1/2

2. S={HH, HT, TH, TT}, A={HH, HT}, B={TH, TT}

3. $P_r(B|C)=\dfrac{P_r(B\cap C)}{P_r(C)}=\dfrac{300/100}{50/100}=\dfrac{30}{50}=\dfrac{3}{5}$

4. $P_r(A\cap B)=\dfrac{1}{4}=\dfrac{2}{4}\times\dfrac{2}{4}=P_r(A)\cdot P_r(B)$이므로 사상 A와 B는 서로 독립 관계

$P_r(B\cap C)=\dfrac{1}{4}\neq P_r(B)\cdot P_r(C)=\dfrac{2}{4}\times\dfrac{1}{4}=\dfrac{1}{8}$이므로 사상 B와 C는 서로 종속 관계

5. 형사범 가운데 절도범이 나올 사상을 A_1, 폭력범이 나올 사상을 A_2, 기타 형사범이 나올 사상을 A_3라고 하고, 형사범이 검거되는 사상을 B, 검거되지 않는 사상을 B^c이라 하면 구할 수 있는 확률은

$$P_r(A_1)=0.11,\ P_r(A_2)=0.18,\ P_r(A_3)=0.71$$
$$P_r(B/A_1)=0.38,\ P_r(B/A_2)=0.94,\ P_r(B/A_3)=0.92$$

구하고자 하는 확률은 사상 B의 발생을 전제로 한 사상 A_2가 발생할 확률, 즉 $P_r(A_2/B)=\dfrac{P_r(B\cap A_2)}{P_r(B)}$. 이 식에서 형사범이 검거될 확률 $P_r(B)$는 절도범, 폭력범, 기타 형사범이 검거될 확률을 모두 합한 주변 확률 $P_r(B)=P_r(A_1\cap B)+P_r(A_2\cap B)+P_r(A_3\cap B)$. 그러므로 $P_r(A_2/B)$는

$$P_r(A_2/B)=\frac{P_r(B\cap A_2)}{P_r(B)}=\frac{P_r(A_2\cap B)}{P_r(A_1\cap B)+P_r(A_2\cap B)+P_r(A_3\cap B)}$$

$$=\frac{P_r(A_2)\times P_r(B/A_2)}{P_r(A_1)\times P_r(B/A_1)+P_r(A_2)\times P_r(B/A_2)+P_r(A_3)\times P_r(B/A_3)}$$

$$=\frac{(0.18\times0.94)}{(0.11\times0.38)+(0.18\times0.94)+(0.71\times0.92)}=0.19$$

제5장

1.

X	0	1	2	3	합
확률	1/8	3/8	3/8	1/8	1

3. 1) 2.233 2) 0.414

제6장

1. $n=2,\ x \geq 1\ (x=1,\ 2)\quad P=0.25$
   $P_r(X \geq 1) = P_r(X=1) + P_r(X=2)$
   $=2C_1(0.25) \times (0.75) \times 2C_2(0.25)^2 \times (0.75)^0 = 0.375 + 0.0625 = 0.4375$
2. $E(X) = np = 250 \times 0.25 = 62.5$(명)
   $VAR(X) = \sqrt{npq} = \sqrt{250 \times 0.25 \times 0.75} = 6.85$(명)
3. 37.8%
4. $P_r(X=0) = (0.9)^0 \dfrac{\bullet\ e^{-0.9}}{0!} = 0.4066$
5. $\mu = 10,\ \sigma = \sqrt{25} = 5$이므로
   $P_r(15 \leq X \leq 20) = P_r(\dfrac{15-10}{5} \leq \dfrac{X-\mu}{\sigma} \leq \dfrac{20-10}{5}) = P_r(1 \leq Z \leq 2)$
   $P_r(1 \leq Z \leq 2) = P_r(Z \leq 2) - P_r(Z \leq 1)$
   $=0.4772 - 0.3413 = 0.1359$
6. 1) 90% 2) 95% 3) 99%

제7장

1. 1) 104 2) 4 3) 9.85 4) 3.14
2. 1) 50 2) 5 3) 13.11 4) 503.62
3. 30 28 30 38 22 30 32 30 32 40 26 28 36 36
4. 1) 76 2) 12 3) 70 80 80 80 80 90
5. 1) 76 2) 54
6. 1) 가) 서울시 중랑구 신내동에 거주하는 19세 이상의 성인, 나) 19세 이상의 성인 개개인, 다) 가구, 라) 신내동 가구명부
   4) $E(\overline{X}) = 1.31,\ \mu = 1.13$ 5) 0.4
8. 1) 1.318 2) 1.711 3) 2.064 4) 2.492
9. 1) 15.9871 2) 18.3070 3) 20.4831 4) 23.2093
10. 1) 3.06 2) 4.62 3) 3.00

제*8*장

5. $s_{\overline{X}} = \dfrac{5.5}{\sqrt{100}} = \dfrac{5.5}{10} = 0.55$. 따라서 95% 신뢰 수준에서 모평균이 있는 범위는 $\overline{X} \pm 2 \times s_{\overline{X}} = 130.5 \pm 1.1 = 129.4 \sim 131.6$

6. $t_{(0.95,\ 50)}$는 자유도가 50인 t분포의 95백분위값, 즉 상위 5백분위값 부분임.

7. 1.725

8. $3.365 \pm t_{9,0.975}(0.402/\sqrt{10}) = 3.078 \sim 3.652$

9. $\chi^2_{(0.975;\,20)} = 9.59, \quad \chi^2_{(0.025;\,20)} = 34.17$

10. $(9s^2/\chi^2_{(0.025;\,9)},\ 9s^2/\chi^2_{(0.975;\,9)}) = [9(11.77)/19.02,\ 9(11.77)/2.70] = (5.54,\ 39.23)$

11. $\hat{P} = 0.49,\ \alpha = 0.05,\ z_{1-\alpha/2} = 1.96,\ n = 10{,}000$

이므로 95% 신뢰구간은

$$[0.49 - 1.96\sqrt{(049)(0.51)/10{,}000},\ 0.49 + 1.96\sqrt{(049)(0.51)/10{,}000}$$
$$= (0.49 - 0.0098,\ 0.49 + 0.0098) = (0.4802,\ 0.4998)$$

12. $\dfrac{\sigma_1^2}{\sigma_2^2}$의 신뢰구간은 $\dfrac{1}{F_{0.05(15,\ 24)}} \times \dfrac{16}{8} \leqq \dfrac{\sigma_1^2}{\sigma_2^2} \leqq F_{0.05(24,\ 15)} \times \dfrac{16}{8}$

$$\frac{1}{2.11} \times \frac{16}{8} \leqq \frac{\sigma_1^2}{\sigma_2^2} \leqq 2.29 \times \frac{16}{8} \quad 0.95 \leqq \frac{\sigma_1^2}{\sigma_2^2} \leqq 4.58$$

13. $F_{0.05(24,15)} = 2.29$

제*9*장

1. $Z = \dfrac{24-20}{2/\sqrt{25}} = 10$

10>1.96이므로, 귀무가설 기각

2. $T = \dfrac{24-20}{4/\sqrt{25}} = 5$

검정통계량 T의 절대값 |5|가 임계값 2.06보다 크므로 귀무가설 기각

3. $T = \dfrac{1{,}800{,}000{,}000 - 1{,}000{,}000{,}000}{800{,}000{,}000/\sqrt{16}} = 4$

4 > 2.13이므로 귀무가설 기각

4. $Z = \dfrac{\overline{X_1} - \overline{X_2}}{\sqrt{\dfrac{\sigma_1^2}{n_1} + \dfrac{\sigma_2^2}{n_2}}} = \dfrac{82-78}{\sqrt{\dfrac{45}{100} + \dfrac{36}{100}}} = \dfrac{4}{0.9} = 4.4$

검정통계량 Z의 값 4.4가 임계값 1.96보다 크므로 귀무가설 기각

5. $T = \dfrac{\overline{X_1} - \overline{X_2}}{s_p \sqrt{\dfrac{1}{n_1} + \dfrac{1}{n_2}}} = \dfrac{82-78}{19.03\sqrt{\dfrac{1}{25}+\dfrac{1}{25}}} = \dfrac{4}{5.38} = 0.74$

0.74는 채택역에 속하므로 귀무가설 채택

7. 검정통계량 Z의 값 3.0이 임계값 1.96보다 크므로 귀무가설 기각

9. 검정통계량 T의 값 -3.02는 기각역에 속하므로($\alpha < -2.201$) 귀무가설 기각

제 10 장

2. 1) 통계 연수생 2) 교수법 3) 완전임의설계법

3. 임의블록설계법

4. 요인실험설계법

5. 2) 663.87 184.38

3) $F_{0.99(5,1044)} < F$, 즉 3.17<57.63이므로 모든 평균이 같다는 귀무가설 기각. 이때 $p < 0.001$.

변동	제곱합	자유도	제곱평균	분산비	p
집단 간	184.38	5	36.88	57.63	<0.001
집단 내	663.87	1044	0.64		
합계	848.25	1049			

4) 집단 내 제곱평균=0.64, 자유도= 1044

5)

비교집단	검정 결과	p
NS, PS	$6.00 \sim t_{1044}$	<0.001
NS, NI	$3.65 \sim t_{1044}$	<0.001
NS, LS	$6.88 \sim t_{1044}$	<0.001
NS, MS	$13.13 \sim t_{1044}$	<0.001
NS, HS	$14.88 \sim t_{1044}$	<0.001
PS, NI	$-0.16 \sim t_{1044}$	NS
PS, LS	$0.88 \sim t_{1044}$	NS
PS, MS	$7.13 \sim t_{1044}$	<0.001
PS, HS	$8.88 \sim t_{1044}$	<0.001
NI, LS	$0.71 \sim t_{1044}$	NS
NI, MS	$4.68 \sim t_{1044}$	<0.001
NI, HS	$5.79 \sim t_{1044}$	<0.001
LS, MS	$6.25 \sim t_{1044}$	<0.001
LS, HS	$8.00 \sim t_{1044}$	<0.001
MS, HS	$1.88 \sim t_{1044}$	NS

NS: Not significant

제 11 장

6. 2) 0.90 3) T=7.44>2.16이므로 귀무가설 기각, 즉 두 변수 간에 상관 관계가 있다.
   4) 0.719 0.966

8. 1) $\hat{Y}$=20.893+0.822X
   2) T=15.37>2.069이므로 귀무가설 기각, 즉 두 변수 간에 상관 관계가 있다.
   3) 0.89, 0.97
   4) 0.91

제 12 장

1. 1) $\hat{Y} = 4639.56 - 244.43X_1 - 422.93X_2$
   2) $R^2 = 0.93$
   3)

변동	제곱합	자유도	제곱 평균	분산비	p
회귀	8,247,389.5	2	4,123,694.80	49.57	<0.005
잔차	582,308.5	7	83,186.93		
합계	8,829,698.0	9			

   4) $T(\beta_1) = -3.45 < -2.365$ $\therefore H_0(\beta_1 = 0)$ 기각
   $T(\beta_2) = -3.22 < -2.365$ $\therefore H_0(\beta_2 = 0)$ 기각

2. 1) $\hat{Y} = 30.67 + 21.46X_1 + 6.32X_2$ 2) $R^2 = 0.98$

참고 문헌

국내 문헌

강근식 · 김충락, 회귀분석, 서울: 교우사, 1999.

강상진, 회귀분석의 이해, 서울: 교육과학사, 2003.

김동희 외, 통계학, 서울: 자유아카데미, 1998.

김두섭, 회귀분석 기초와 응용, 서울: 나남출판, 2000.

김순귀 외, SPSS를 활용한 로지스틱 회귀모형의 이해와 활용, 서울: SPSS 아카데미, 2003.

박정식 · 윤영선, 형대통계학, 서울: 다산출판사, 1990.

김호정, 사회과학통계분석, 서울: 삼영사, 2003.

노화준 외, 행정계량분석, 서울: 한국방송대학교출판부, 1999.

성웅현, 응용 로지스틱 회귀분석, 서울: 탐진, 2001.

이순묵, 요인분석의 기초, 서울: 교육과학사, 2006.

홍세희, 이항 및 다항 로지스틱 회귀분석, 서울: 교육과학사, 2005.

국외 문헌

Aday, Lu Ann, *Designing and Conducting Health Surveys*, San Francisco: Jossey-Bass Publishers, 1991.

Bates, Grace E., *Probability*, Reading, Mass.: Addison-Wesley, 1965.

Berman, Simeon M., *The Elements of Probability*, Reading, Mass: Addison-Wesley, 1968.

Cochran, William G. and Gertrude M. Cox, *Experimental Designs*, New York: Wiley, 1957.

Cox, D. R., *Planning of Experiments*, New York: Wiley, 1958.

Daniel, Wayne W., *Biostatistics: A Foundation for Analysis in the Health Sciences*, New York: John Wiley & Sons, 1983.

Davies, Owen L.(ed.), *The Design and Analysis of Experiments*, New York: Hafner, 1960.

Dixon, John R., *A Programmed Introduction to Probability*, New York: Wiley, 1964.

Earl, Boyd, William Moore, and Wendell I. Smith, *Introduction to Probability*, New York: McGraw-Hill, 1963.

Hausner, Melvin., *Elementary Probability Theory*, New York: Harper and Row, 1971.

Levy, Paul S. and Stanley Lemeshow, *Sampling of Populations: Methods and Applications*, New York: John Wiley & Sons, 1991.

Matlack, William F., *Statistics for Public Policy and Management*, Boston: PWS Publishers, 1980.

Mosteller, Frederick, Robert E. K. Rourke, and George B. Thomas, Jr., *Probability with Statistical Applications*, Second Edition, Reading, Mass: Addison-Wesley, 1970.

Mullins, Jr. E. R., and David Rosen, *Concepts of Probability*, New York: Bogden and Quigley, 1972.

Rosner, Bernard, *Fundamentals of Biostatistics*, Boston: Duxbury Press, 1986.

찾아보기

ㅈ

인명 찾아보기

저자 약력

박주문

네덜란드 사회과학원 인구/개발학과 졸업(인구통계 전공)
미국 텍사스주립대학교 행정/정책과학과 졸업(박사)
미국 텍사스주립대학교 연구교수
미국 듀크대학교 객원교수 겸 인구연구소 연구위원
현재: 인천대학교 도시과학대학 도시행정학과 교수

[저서 및 논문]

- *Korean Urbanization in the Development Context*
- *Equity of Access to Long-Term Care Among the American Elderly*
- 팔당지역 환경기초시설 설치운영 관련 정책대안 비교를 위한 비용효과분석
- 여자 경찰제도의 활성화 방안 외 다수 논문.

행정통계학개론

펴낸날 / 제1판 제1쇄 2010년 3월 2일

지은이 / 박주문

펴낸이 / 임춘환

펴낸곳 / 도서출판 대영문화사

주소 / 서울 용산구 청파동 1가 178-2 ㊐ 140-869

등록 / 1975년 12월 26일 제3-16호

전화 / (02)716-3883, (02)714-3062

팩시밀리 / (02)703-3839

우체국 온라인 / 011353-02-009106

ISBN 978-89-7644-325-0

〔값 15,000원〕